数据时代面向知识共享的企业文件与档案管理研究

李　颖／著

SHUJU SHIDAI MIANXIANG ZHISHI GONGXIANG
DE
QIYE WENJIAN YU DANGAN GUANLI
YANJIU

人民出版社

序 言

孔子认为:"智者不惑,仁者不忧,勇者不惧。"可以说,真正的治学之人应当具备"智""仁""勇"三大品质。所谓治学之智,当为善用科学方法解决思想和实践领域中所面临的各种问题和矛盾;所谓治学之仁,当为对治学者的学德表征,即以严谨的科学态度,充分的证据和符合逻辑的概念、推理与判断,公正地对待已有的学术思想和实践经验,做到"勿意、勿必、勿固、勿我",使研究工作建立在扎实的系统分析的基础上;所谓治学之勇,当为探索新领域、新问题、新矛盾之勇气。

河北大学管理学院的李颖博士,是我国青年档案学者中的佼佼者。李博士的主要研究领域为档案学基础理论、档案信息服务、文件与档案管理。她的学术研究视野开阔,治学态度严谨,有研究新问题、新矛盾的勇气。她的这部书,学术观点明确,材料翔实,逻辑严谨,研究结论对改善和推动数据时代我国企业的文件与档案管理工作,具有良好的理论指导意义和实践价值。

叶圣陶先生曾言:"写作不是无中生有。必须有了意思才动手写作,有了需要才动手写作。"李博士在充分调查企业文件与档案管理实践的基础上,通过对企业所面临的相关问题的缜密梳理和成因分析,面向现代企业数据管理、知识管理的客观需要,经过长期的系统研究,写就了这部档案学专著。

哈佛大学社会学教授加里·金认为:"庞大的数据资源使得各个领域开始了量化进程,无论学术界、商界还是政府,所有领域都将开始这种进程。"因此,现代企业的文件与档案管理,应在管理理念、管理方法、管理模式等方面适应时代发展大势的需要,并根据企业数据管理和知识管理的客观发展要求,转变观念,锐意变革,不断改进和提升文件与档案信息的开发、利用和服务效益。

档案数据是指档案内容中对人类社会活动和自然、社会现象的事实或观察结果的记录,是档案内容中最小的有意义记录单元。它可以是连续的值,比如声音、图像、音频、视频,称为模拟数据;也可以是离散的值,如符号、文字,称为数字数据。在计算机系统中,档案数据以二进制信息单元0,1的形式表示。档案数据的基本价值是由其数据的完整性、稀疏性、异常值和缺失值等因素决定的。档案数据的重复使用所体现出来的有用性,是档案数据的基本价值;在基本价值实现后,档案数据的价值仍然存在,只是处于休眠状态,直到它被再次利用并重新释放其能量。在大数据时代,人类可以利用相应的信息处理工具,来释放档案数据的隐藏价值。档案数据的价值是其所有现实的和潜在的有用性、有益性的总和。

档案知识是指档案内容中记录的感性的、经验性的知识和理性的、经过验证的科学知识。档案知识价值是指档案内容中所记录的叙述事实方面的知识、原理和规律方面的知识、管理和利用某些事物的技能知识、做事的知识等所具有的有用性和有益性。档案知识价值具有科学性、系统性、创新性和应用性等特性。科学性是档案知识价值的根本特性,是知识得以产生、传播、开发、利用的基石。凡是能够满足人类社会活动需要的有益知识,都具有一定的科学性。无论是通过感性认识的积累而形成的知识,还是通过理性认识的积累而形成的知识,都是对人类实践活动的科学总结,只是涵盖的领域和认识的水平不同而已。系统性是档案知识价值的重要特性,是人类了解、掌握、运用知识的理论概括的重要表现。系统性的档案知识的开发利用活动,能够对人类的生产和生活的进步与发展产生深刻的、长远的影响。创新性是档案知识价值的又一个重要特性,是人类了解、掌握、运用知识的灵活性的重要体现。由于自然和社会的运动是一个不断变化发展的过程,因而人们认识与改造自然和社会的过程,也是一个不断深化和完善的过程。这就决定了人类学习、掌握、运用知识的过程,也应当是一个不断进步与发展的过程。所以,人们开发利用档案知识价值就绝不能停留于某一阶段,局限于某一对象,受制于某一模式,而是要不断丰富与创造新知识,不断开发与利用档案知识的新价值。应用性亦是档案知识价值的重要特性之一,是人类学习、传播档案知识的目的性的重要体现。认识档案知识价值的科学性,把握档案知识价值的系统性,强化档案知识价值的创新性,就是为了拓展档案知识价值的应用领域,深化档案知识价值的应用程度,从而充分发挥档案知识价值的巨大效能,创造更多、更好的精神和物质财富,满足人类社会进步与发展的需求。

李博士在书中指出:知识共享是指组织的员工或内外部团队在组织内部或跨组织之间,通过各种渠道和方式,进行知识的传递、交流和利用,充分发挥知识的作用,并扩大知识的价值和创造新知识,以高效地推动个人、团队、组织的发展与创新。作为一个过程,它揭示的是知识在主体与客体之间的传递与流动,是在一系列活动的作用下使知识的作用得以发挥;作为一种结果,它揭示的是知识价值的实现与扩大,以及创新的实现。数据时代,通过企业的知识共享,将数据转化为驱动企业创新的知识,是实现数据可重用、被增值的重要过程。

李博士的研究突破传统的企业档案管理研究视阈,以面向知识共享为切入点研究企业文件与档案管理,为知识共享创新实现途径,为企业档案管理注入新的生机和活力。本书的研究内容主要包括:

第一,论述了知识共享和企业文件与档案管理的契合的思想认识。探讨了知识共享的本质与实现的路径,剖析了数据时代企业文件与档案的价值形态;并从知识资源价值、导向驱动作用、工具价值等方面,深入阐述了企业文件与档案管理是推动知识共享的内驱力的观点。

第二,论述了面向知识共享的企业文件与档案管理的科学理念。从企业组织记忆、全面质量管理、企业的信息生态系统平衡、"蓝海战略"的价值创新理念等四个方面,系统阐述了这一思想。

第三,阐述了面向知识共享的企业文件与档案管理的框架构建思想。对面向知识共享的企业文件与档案管理的框架特征;框架内容(可信任领导主体、健全的制度体系、企业文件与档案的资源聚合体以及信息管理技术);框架保障(科学的战略定位以及协同论的全局观照)进行了系统论证。

第四,系统说明了知识共享环境下企业文件与档案管理的困境及成因。

第五,论述了面向知识共享的企业文件与档案管理的路径设计。李博士认为可按照"启动—转动—推动"的整体思路,设计具有复用性的实现路径;良好的启动是开端,启动过程要从共享环境识别和企业共享文化的培育发起,落脚于"共享文化+文档管理"的融合;持续转动的实现应包括知识共享制度的构建和共享方式的选择;推动力量的形成应从共享成效的评估和共享结果的反馈来实现。

第六,提出了面向知识共享的企业文件与档案管理的关键策略。主要思想内容包括对企业文件拟制的精细化管理,对知识共享活动中文件形成的控制,大众分类法和传统文件与档案分类法的融合,推进知识共享中"场"的建设,提升文件与档案信息服务的可感知性等。

美国麻省理工学院管理学院前院长莱斯特·梭罗认为,现时代是一个以脑力决定胜负的知识经济时代。当人类进入知识经济时代后,知识就是资源,"谁拥有知识,谁就能创造财富、拥有财富"。企业作为新时代为国创富的经济实体,没有知识和有了知识而闲置不用,同样会失去生存与发展的内驱力。无论是什么样的企业,都应当注重知识的获取和有效利用。知识资源已成为现代企业存续与发展的必要生产要素。企业文件与档案是企业知识的重要存在媒介,是企业核心数据资源和知识资源。企业的档案部门唯有突破传统单纯的实体管理思想,实现观念突围,不断深化对档案信息资源的内容管理,强化知识共享思想和管理实践,才能为企业的管理决策、经营管理、产品创新、市场拓展等提供有效的数据分析结果和知识服务。

李博士的这部专著为现代企业的文件与档案管理工作的科学发展,无疑开启了一扇思想之窗。开牖自有新气入,观书亦可获新知。阅读本书,相信各位读者既可以获得新的知识和解决问题的思想,又可以为更新理念、廓清旧识、创新实践起到良好的理论指导作用。

王英玮

中国人民大学信息资源管理学院教授

2018 年 10 月 3 日于中国人民大学

目　录

图表索引

绪　论

数据时代的到来,给各行各业的发展带来了巨大的机遇和挑战,如何更好地利用数据、规避数据的纷扰,如何将数据为企业发展所用,实现以数据驱动创新,正在成为引发企业思考的重要问题。

一、数据时代面向知识共享的企业文件与档案管理研究背景

数据时代,企业已深陷"数据之海",在数据中寻求解决问题之答案,在数据中预测企业未来之发展,在数据中积淀取之不尽之资源。知识与数据有着千丝万缕的联系,比如:数据中蕴含着知识,数据中可以涤荡出知识,有知识才能运用好数据,等等。那么,知识、知识管理、知识共享在数据时代的企业中又将扮演着什么样的角色,发挥怎样的作用。数据时代、知识共享、企业文件与档案管理是本书的三个关键词,其在当下社会中所表现出来的特征、对社会发展的影响以及彼此之间的联结等,共同影响着本书的研究。

(一)以数据驱动创新正在成为企业生存之基

数据时代究竟是一个怎样的时代,很难简单地描述清楚。人类社会的发展进程,从来都与新技术的发明和应用有着密切关系。第一次工业革命,蒸汽机的发明带来了机械化,使人类社会进入工业生产时代;第二次工业革命,电力的应用推动了钢铁、机械等工业的崛起;第三次工业革命,计算机技术促进了生产的自动化,使生产力得到了进一步提高;而第四次工业革命,则是在21世纪以后发展起来的,以物联网、大数据、机器人及人工智能为代表的数字技术所驱动的社会生产方式变革。伴随着四次工业革命的推动,人类也在经历着从农业时代到工业时代、信息时代、数据时代的进步与发展。当数据时代来临之际,一个国家、一个社会、一个组织直至个人,无论是否做好准备,都将面

临着"数据"的扑面而来,捕获、分析数据,有效利用数据,规避数据之风险……都是我们以积极主动的态度在拥抱数据时代的到来。对企业而言,云、网、端各种信息技术的广泛应用,使得其生产、经营、服务、管理等所有活动都将与数据同行,企业价值的实现过程与数据的生产、分享和应用密不可分。然而,数据终究不是拿来即可用的,企业需要具备将数据转换为业务、决策、竞争力的能力,才能真正实现以数据支持决策,以数据驱动创新。每一次工业革命的发生,世界各国的竞争地位就会发生变化,一些国家崛起并成为某些领域甚至世界经济的主导者。对企业而言,也是一次洗牌,而在这次洗牌中,真正实现从数据到信息,到知识,再到智慧,进而创造价值,才是企业立足于数据时代的制胜法宝。也正如国际档案理事会主席大卫·弗里克先生所言:"未来,数据是一切,数据为王,获取数据并且善加利用,才能获得创新的来源。越能找到、发现、挖掘有用的信息和资源,就越能开拓视野、找到创新的基点。企业档案是过去与未来的衔接,它是找到未来之路的灯塔。"

(二)知识共享在数据时代对企业的影响更加重大

DIKW 金字塔模型(见图 0-1)将数据、信息、知识和智慧纳入一个体系,形象生动地揭示了彼此之间的区别和联系,有助于更好地认识知识的内涵和价值。近年来,数据规模不断扩大,数据以前所未有的速度增长和积累,然而,人类知识和智慧的积淀与运用是否与数据增长成正比呢? 事实上,当人类短暂的满足于数据的极大丰富后,便将之称为"信息爆炸""数据爆炸",甚至有人认为"人类被无边界的数据层层包裹,最终形成认知障碍"。这足以表明人类面对大数据、超数据的严峻挑战。然而,人类总是在通过主观能动性改造社会,推动社会的发展与进步。面对数据时代,人类积极探索有效利用数据、激活数据的理论、方法、技术与工具。知识管理作为一种理念与方法,知识共享作为其中的关键,也将在应对数据时代的机遇和挑战中更加丰富与完善,更加凸显其在组织中不可替代的作用。

在人类发展的历史长河中,知识是人类社会进步的重要推动力。在西方,知识管理至少可以追溯到柏拉图和亚里士多德时代,在我国则可以上溯到春秋战国时期。而当人类进入知识经济时代,知识作为一种资源成为重要的生产要素,成为最重要的竞争和生存资本。正如经济学家彼得·德鲁克指出:

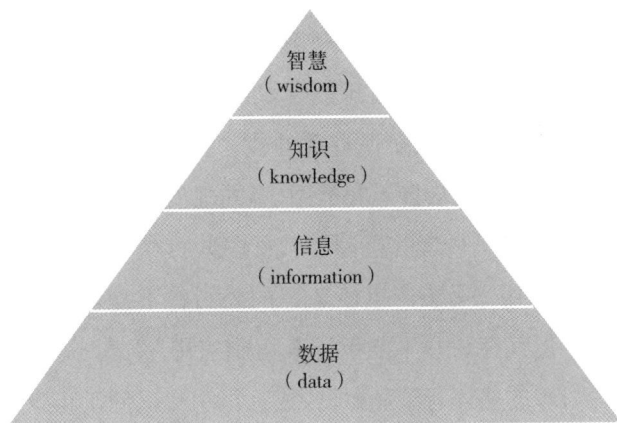

图 0-1 DIKW 金字塔模型

"知识并不是和人才、资本、土地相并列的社会资源之一,而是唯一有意义的资源。"联合国经济合作与发展组织在《以知识为基础的经济》报告中提出:"以知识为基础的经济是建立在知识和信息的生产、分配和使用之上的经济。"知识是知识经济的基础,知识管理是知识经济时代的一个重要特征。真正意义上的知识管理正是伴随着知识经济逐渐兴起的。

简言之,知识管理是通过对知识的有效管理,以更好地运用知识对组织进行管理,确保各项活动正常、高效的展开,从而不断实现知识创新,推动组织创新。知识管理已成为组织生存与发展的必然选择,以知识管理为核心的企业管理理念和发展战略已成为理论界和企业实践界的共识。而对于什么是知识,什么是知识管理,不同时代、不同国家、不同研究领域的专家学者给出了不同的答案。然而,在众多不同的观点和侧重点中,"知识的巨大价值和知识的重要性"以及"知识共享是有效的知识管理不可或缺的环节"是得到一致认可的。知识只有通过共享才能发挥其特有的价值,在知识管理领域中普遍流行的公式:KM=(P+K)S,形象地说明了知识共享在知识管理中的效应。在公式中,KM 即为知识管理,K(knowledge)表示知识,P(people)代表知识运载者,"+"表示信息技术协助知识管理的建构,S(share)代表知识共享。在公式中,假定 P+K 值不变,S 的变化带来的是结果呈倍数的变化,由此不难看出,知识共享(S)作为一个独立因数,直接决定着知识管理(KM)的实现程度。

知识是组织持续竞争优势的来源已是不争的事实,然而作为资源、生产要素和资本的知识只有被充分地共享、利用才能体现其应有的价值,实现组织的知识创新。在很大程度上,知识管理能否取得良好的绩效,知识的共享发挥着至关重要的影响作用。"组织知识管理的核心是知识共享,通过知识共享可构造组织的知识优势"①。众多不同类型、不同规模的组织在实行知识管理的过程中,越来越关注知识共享的机制、实现途径、影响因素等。"一个公司的最大财富即是它的知识,无法产生新知识的公司将不复存在","我们机构中的知识是丰富的,但其存在并不能保证其得到应用"②,知识只有通过知识共享,才能转变为组织的集体智慧和财富,成为组织知识创新和持久竞争力的源泉,可见,知识共享的实现已成为知识管理成果的关键。

(三)企业文件与档案管理在探索中发展

文件与档案管理是一项历史悠久的活动,受社会性质的直接影响,并随着社会经济和科学技术水平的发展而发展。企业文件是企业为处理事务而形成的信息记录,是企业及其成员记录、固化、传递和存储信息的一种工具,"企业档案是企业在研发、生产、经营和管理等一系列活动中形成的有保存价值的各种形式的文件。"在我国,企业文件与档案管理工作大致经历了以下阶段:创建阶段(1949—1959年),初步发展阶段(1959—1966年),挫折阶段(1966—1976年),恢复整顿阶段(1976—1986年),初步改革阶段(1986—1993年),建立现代企业制度阶段(1993—2002年),创新发展阶段(2003年至今)。企业文件与档案管理工作是企业整体工作的组成部分之一,它的最终目标服从且服务于企业的最终目标,其工作任务、工作内容、工作方式等必须与企业的活动相一致。在我国,随着市场经济的不断发展和完善、知识经济的到来,以及信息技术的强大冲击等外部条件的变化,企业的生存与发展面临着严峻的挑战和巨大的机遇,企业必须不断探索适应时代发展的现代企业管理之路。企业的发展和改革必然给企业文件与档案管理提出新的需求,如何更好地服

① 谢康、吴清津、肖静华:《企业知识分享——学习曲线与国家知识优势》,《管理科学学报》2002年第2期。

② [美]托马斯·H.达文波特、劳伦斯·普鲁萨克:《营运知识:工商企业的知识管理》,王者译,江西教育出版社1999年版,第88—89页。

务于企业的发展,不断提升企业竞争力等一系列问题,直接推动着企业文件与档案管理要不断地探索新的途径和管理方式。

我国企业类型众多,性质不同,规模不一,企业文件与档案管理呈现出不同的特点。总体来看,在国家档案行政管理部门和企业自身的共同努力下,当前企业文件与档案管理的意识在不断加强,对企业文件与档案重要性的认同度在不断提升;企业文件与档案管理在朝着规范化前进,管理机制在不断理顺,管理模式在不断创新,企业文件与档案的价值和作用在企业中正得到更加鲜明的彰显。2009年,《企业档案工作规范》的颁布为企业文件与档案管理工作提供了指导和依据;2010年,中央企业档案作为中央企业国有资产的重要组成部分,其档案工作正式进入由国资委履行指导职能的新阶段;2012年,国家档案局发布第10号令,公布《企业文件材料归档范围和档案保管期限规定》;2016年,《全国档案事业发展“十三五”规划纲要》中明确规定了“十三五”时期(2016—2020年)企业档案工作的发展目标是实现企业档案工作向信息化的转型,并提出实现这个目标的具体措施;2017年,国家档案局制定《企业数字档案馆(室)建设指南》;2018年确定并开展企业数字档案馆(室)的试点工作,等等。这一系列的举措为企业文件与档案管理创造了不断优化的外部条件,并形成直接的推动。

随着企业信息化的深入,知识管理的发展,企业文件与档案管理正在不断深入地融入企业的信息化建设和知识管理之中。数据时代的到来,“互联网+”的发展,更将为企业文件与档案管理的发展带来良好的契机。企业文件与档案管理的新探索,归根结底是要充分发挥企业档案的价值和作用,推动企业适应时代发展的要求。企业文件与档案产生和形成于企业的实践活动,既是一种管理工具,又是一种信息资源,充分发挥企业文件与档案的价值和作用,保持企业持久的竞争优势,已成为我国企业文件与档案管理不可推卸的责任,任重而道远。

二、本书研究问题的提出

企业文件是企业及其成员为履行职责、处理事务而制作形成的信息记录,是企业及其成员记录、固化、传递和存储信息的工具;企业档案则是指具有保

《企业档案工作规范》颁布

2009 年

2010 年
中央企业档案作为中央企业国有资产的重要组成部分,其档案工作正式进入由国资委履行指导职能的新阶段

国家档案局发布第10号令《企业文件材料归档范围和档案保管期限规定》

2012 年

2016 年
《全国档案事业发展"十三五"规划纲要》中明确规定了"十三五"时期(2016—2020年)企业档案工作的发展目标是实现企业档案工作向信息化的转型

国家档案局制定《企业数字档案馆(室)建设指南》

2017 年

2018 年
确定并开展企业数字档案馆(室)的试点工作

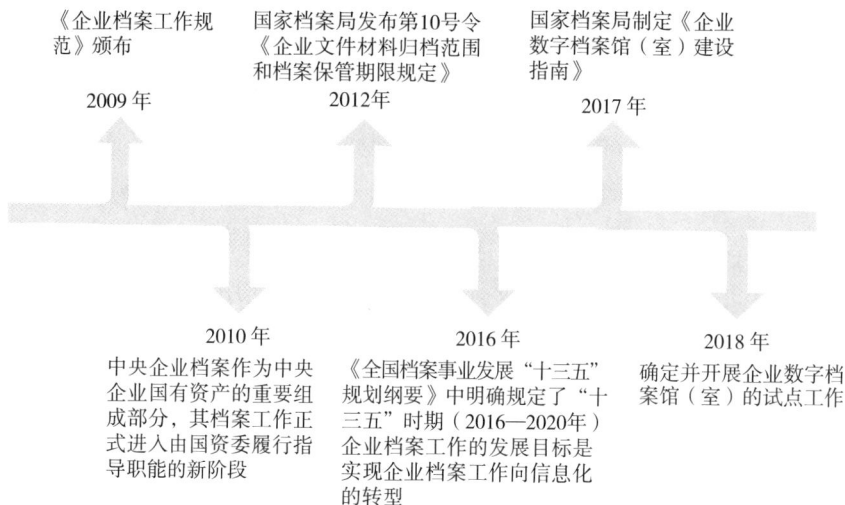

图 0-2 近十年我国企业档案工作发展关键时间节点图

存价值的企业文件。企业文件伴随企业活动而生,是事务处理的工具,是活动过程的记录;有价值的企业文件归档保存形成企业档案。企业文件与档案因其产生和形成过程而蕴含了"事务处理"和"活动过程"中不同表现形式以及不同形态的数据、信息、知识,文件与档案也凝聚了特殊的信息价值、工具价值、凭证价值。当前,从整个社会到组织,再到个人,对文件与档案价值的认识在深度、维度、力度等方面存在一定的不够深入、不够全面等表现。然而,企业文件与档案对于数据时代企业知识共享的实现具有不可替代的作用。

(一)企业文件与档案的价值亟待进一步挖掘

1. 企业档案作为信息资源的价值尚未充分发挥

从不同的角度剖析和划分,档案价值具有不同的表现形式:从效果来看,档案具有凭证价值和情报价值;从时间来看,档案价值表现为现实价值和长远价值;从价值主体来看,档案具有对形成者的价值和对社会的价值。档案的作用则较为集中地体现在行政、业务、文化、法律、教育等几个方面。在企业档案管理中,也往往从上述价值和作用中对档案资源进行开发与利用。然而,企业档案的价值和作用在很多情况下不是"立竿见影"的,甚至有些价值和作用还是以无形的方式体现出来的。这就导致了在不同的企业中,人们对企业档案

工作的认识存在一定的差异,甚至有些企业认为企业档案管理投入大产出小,是一项"可有可无"的活动,或者认为其是一项"末端工作"。在这种意识的影响下,企业档案管理得不到应有的关注,管理内容的缺失、管理方式的不规范、管理体制的不健全等多种不利因素,使档案的价值和作用很难充分发挥。此外,由于落后的档案管理意识的影响,档案难以获取、难以利用而使用户"敬而远之"也影响了档案价值的实现;而伴随着数据时代的到来,传统纸质载体档案的数据化程度也成为影响档案价值实现的重要因素。

2. 管理视阈下企业文件与档案的工具价值发挥甚微

从档案的产生和形成过程来看,对档案的价值与作用可以这样理解,"一是它作为一种行为方式,人类的初衷在于它的结构形式所赋予的功能,我把它称为工具价值;一是作为记录或者文献归属的实体,其内容负载的价值,人们都称之为信息价值。"①以"双元价值观"的视角来认识档案,扩宽了我们对档案价值的理解。"档案是人类对凭证信息的合目的性控制结构及对象。"②中国古代社会,统治阶级以档案作为控制政权,治理社会和愚弄民众的主要工具,充分体现了其工具价值。"'文件—档案'不仅仅是一种历史记录,也不仅仅是面向未来的信息资源,它更是一种非常确切的现实管理因素"③,文件是一种重要的管理方式,是管理功能实现的一种基本手段。"它所记录的不仅仅是'信息点',而是一种'管理区间',即管理程序的科学连接方式和整合模式。"④从中国档案学产生的历史来看,20世纪30年代国民政府发起的"行政效率运动"是导致中国档案学产生的直接原因,中国档案学自产生之日起,就深深地融合着"管理"的理念与思想。

在当前的企业档案管理中,人们往往更为关注的是将档案作为一种面向

---

① 覃兆刿:《中国档案事业的传统与现代化:兼论过渡时期的档案思想》,中国档案出版社2003年版,第8—9页。

② 覃兆刿:《中国档案事业的传统与现代化:兼论过渡时期的档案思想》,中国档案出版社2003年版,第39—40页。

③ 胡鸿杰:《化腐朽为神奇——中国档案学评析》,世界图书出版公司2010年版,第13—14页。

④ 任越:《从观念到理论——档案双元价值论的演变轨迹研究》,《档案学研究》2012年第1期。

过去的记录,面向未来的信息资源,忽略了将其作为面向现在(产生文件的业务活动)的管理方式的价值与作用;忽略了其真实完整地记录和维护实践,并参与社会实践的工具价值。由于脱离管理过程的视角,使得企业文件与档案管理自从开展之日起便主动放弃了"半壁江山",而"工具价值是档案内容和文化价值的内在根基,内容与文化价值是档案工具价值的转向或延续。"①工具价值如果得不到正确的体现,信息价值不可避免地会出现偏差。在企业中,文件与档案的工具价值的"失语",既带来了自身工作过程中的种种尴尬,又极易导致其信息价值的不完整。

(二)组织知识共享的实现途径有待更具可操作性

知识共享既是一种理念,也是一种行动;既是知识存在的具体方式,又是知识流动的动态体现;知识共享是知识管理的核心,亦是实现知识创新的源泉,知识共享真正架起了知识和生产力的桥梁。

在组织中,知识共享作为一种理念需要落实到具体行动中,作为一种活动需要通过一定的途径和方法来实现,其意义才能够真正体现出来。在知识共享活动中,涉及客体(知识)、人(主体)、过程和环境等种种因素,这些因素以及各种因素之间的关系直接或间接影响着知识共享的实现。在知识经济时代,无论是在实践领域还是在理论研究领域,都在探索着知识管理和知识共享的实现途径。在研究领域,由于基于不同的学科和知识背景,对知识管理的研究和实践也体现为不同的学派,可以简单地概括为以下几种:技术学派、行为学派、综合学派、过程学派、知识资产学派、战略学派等。② 不同学派的关注点与核心思想各不相同,因此,对知识共享理论的研究关注点也各有差异。在实践领域,从知识共享的策略和机制,到知识共享的具体方法;从知识的转化,到学习型组织的建立;从知识库、知识地图的出现到师徒制的传承;从组织共享文化的搭建到知识社区等,在不同层面为知识共享开拓着不同的实现途径。

理论研究和实践的探索,不断推动着组织知识共享的实现。然而,知识的多样性、组织环境的可变性、人的复杂性等因素,使得当前组织中的知识共享

---

① 任越:《从观念到理论——档案双元价值论的演变轨迹研究》,《档案学研究》2012 年第 1 期。

② 顾基发、张玲玲:《知识管理》,科学出版社 2009 年版,第 25 页。

效果难以令人满意,很多知识管理项目因知识共享未真正实现而导致最终中断或失败。据统计,很多企业中的各种知识仍只掌握在少数几个人手中,共享的状况极不普遍,且有大于50%的知识资产因没有充分分享而被荒废,没有产生应有的价值。① 可见,知识共享远非若干知识库的建立,它不是简单的知识的堆砌,也不仅仅是一个自由沟通的氛围和几个知识社区的搭建;它不仅需要理论支撑,也需要在综合考虑诸多因素的前提下,通过可行的、可操作的具体的手段和方法来确保实现。

(三)科学的文件与档案管理有助于企业知识共享的实现

按照不同的分类方法,知识可以分为不同的类别:从知识使用来看,联合国经合组织报告将知识分为"知道是什么的知识、知道为什么的知识、知道怎么做的知识、知道是谁的知识";从存储单位来看,知识分为员工个人知识和组织知识等;从可呈现度来看,知识可分为隐性知识和显性知识。不同的分类角度展现了知识的不同属性,知识的复杂性增加了组织对知识有效管理从而实现知识充分共享的难度。有效知识共享的实现受诸多因素的影响,企业文件与档案管理从宏观到微观,在企业知识共享中发挥着不可替代的作用。

第一,企业文件与档案资源的共享是企业知识共享的重要组成部分。

企业文件与档案伴随着企业的各项活动而产生和形成,是组织经营管理的有形缩影,是个人工作的真实反映。活动的主体是人,因此,企业档案不仅仅是"活动的记录",它凝聚着组织和个人智慧,沉淀着组织、团队和个人的知识。企业的文件与档案是企业不可或缺且具有独特性的信息资源,是企业知识的重要组成部分。对企业的文件与档案进行科学的管理,大力开发企业档案信息资源,通过各种编研成果和不断深化的信息服务,实现企业文件与档案资源的共享和有效利用,是企业知识共享实现的重要组成部分。

第二,企业文件与档案管理能够为知识共享梳理清晰的脉络。

在企业知识共享实现过程中,"共享什么"是我们必须首先回答的问题。在每个组织中,都蕴含着极为丰富的知识,然而,很多企业面对这些知识却是"只在此山中,云深不知处"。惠普公司前主席兼CEO L.普拉特曾经说过:"如果惠普公司熟知惠普的所知,惠普将会得到 3 倍利润。"在企业中,对于企业中的知识究竟是什么,在哪里,对组织的发展将有什么样的贡献,哪些是极易被共享,哪些应优先被共享等问题,企业往往极难得到准确答案,知识共享也因此不可避免地产生一定的盲目性,而企业文件与档案管理恰恰可以为此梳理一个清晰的脉络。企业档案是"企业在研发、生产、经营和管理活动中形成的有保存价值的各种形式的文件"①,是企业中极具价值的"知识点";企业档案管理是企业履行档案管理职责的行为和活动,它将这些分散的"知识点"以最符合企业发展需求的方式连接成了"知识线"。而这些"点"和"线",清晰地反映了这一部门的活动规律、工作任务,以及不同发展阶段的工作重点、工作变化等,并揭示了每一个部门所需要和蕴含的知识。以此为根据,我们可以在一定程度上推断并预测该部门的主要工作任务和活动走向,并进一步判断支持这些活动顺利完成所需的知识,这恰恰回答了在知识共享中,需要"共享什么"以满足组织成员的需求。可见,以企业文件与档案管理中的"点"和"线"能够梳理出企业的"已知"和"未知",倒推并吸引企业亟须共享的各种知识,为组织提供了知识共享的突破口。

第三,企业文件与档案管理能够为知识共享提供有效的实现路径。

知识共享的实现路径是多种多样的,企业档案管理在知识共享的实现中具有不可替代的作用。"档案的实质在于,它不仅记录了成就,而且记录了过程"。在一项活动中,文件不仅仅被动地记录和描述了活动过程,也积极主动地参与了活动的实现。在知识共享中,文件和档案的积极参与将直接推动知识共享的实现。从实现方式看,知识共享通常分为正式方式和非正式方式,正式方式包括正式的网络、师徒传承的传递和共享、知识库的建立、知识展览会和知识论坛;非正式方式包括非正式的网络、实践社群和非正式场所。在这些具体方式中,知识以正式的、非正式的、口头的、书面的、言语型、非言语型等不同的途径被共享。而文件和档案以其确定性、规范性、可控性等特点,在知识的固化等方面为知识共享打下了良好的基础,为知识的流动和传播提供了可靠的手段和方法,从时间和空间的角度为知识的共享提供了实现路径。

---

① 《企业档案工作规范》,国家档案局 2009 年 11 月 2 日发布,第 2—3 页。

第四,企业档案管理有助于形成良好的知识共享环境。

良好的知识共享环境是知识共享实现的重要保证。企业档案记录着企业成长的历程,是企业发展的印记,凝聚着一代代员工的智慧和汗水。通过科学的企业档案管理,最大限度地发挥其企业记忆的作用,开发和利用档案资源,充分发挥档案的文化、宣传、教育等功能,从企业档案中提炼、挖掘企业文化,并通过企业档案提升、传播企业文化,增强企业成员的凝聚力和向心力,强化企业成员对企业的认同感和归属感,从而甘于、乐于为企业做贡献,形成促进企业实现飞速发展的良好软环境,而这一良好的软环境恰恰是企业知识共享实现所需的"场",它为个体和团队知识共享扫清了障碍,有利于知识共享的实现。

三、本书的研究目的和意义

(一)本书的研究目的

企业文件与档案是企业重要的资源,具有重大的价值。如何通过对企业文件与档案的有效管理使其价值与作用得以活化并充分发挥,使其优势淋漓尽致的体现,使其"重要性"被组织和社会深刻的感知,是一个值得不断深入探讨的问题。不同的时期,企业文件与档案管理呈现出不同的特点,企业的文件与档案管理在遵循其管理基本原则与规律的基础上,必须服从并服务于企业的发展,才能沿着健康的道路前进。如今,数据时代、知识经济时代等将人类发展带入了一个前所未有的时代——数据只有转化为知识,才能有效驱动创新,知识只有得到有效管理,才能积聚"力量"并赋能企业发展,知识管理深深地影响着组织的发展,知识共享的实现直接决定着知识管理的效果。理论界和实践界都纷纷探索着知识共享的机制、实现途径等问题。企业的文件与档案既是企业知识共享实现的重要组成内容,也是其实现的工具;企业文件与档案的价值能否被激活并全面释放,对数据时代企业发展的影响更为重大。本书研究的根本目的在于以企业文件与档案价值和作用的实现作为立足点,围绕企业知识共享的实现这一目标,探索数据时代现代企业文件与档案管理的科学体系。具体来说,首先,挖掘和拓展企业文件与档案价值和作用的更大空间;其次,探索面向知识共享实现的企业文件与档案管理理论和方法;再次,研究数据时代具有生机和活力的企业文件与档案管理体系的构建思路及内容。

（二）本书的研究意义

第一，研究的理论意义。首先，深化拓展对文件与档案价值及作用的关注点。档案不仅具有信息价值，其在形成过程中的工具价值所发挥的作用也是不容忽视的；文件不仅是一种信息资源，也是一种管理方式，对企业档案的管理不仅仅是对"结果"的管理，也是对"过程"的管理。其次，在分解知识共享的机制、原理等理论的基础上，探索并发现了现代企业文件与档案管理的规律与原则。再次，探索了数据时代企业文件与档案价值实现的机理，以及企业文件与档案管理应遵循的基本原理。

第二，研究的现实意义。探索企业文件与档案管理活动在时代发展中变与不变的规律，推动企业文件与档案管理工作更好地适应数据时代的发展要求，拓宽企业档案管理的思路和视野，增强企业文件与档案管理的责任感和使命感，并为企业实现知识共享探索新的视角和易操作、易实现的方法。

四、面向知识共享的企业文件与档案管理的国内外研究现状

（一）国内研究现状

笔者在中国知网（主要是中国期刊全文数据库、中国博士学位论文全文数据库、中国优秀硕士学位论文全文数据库、中国重要会议论文全文数据库、中国重要报纸全文数据库等）、中国人民大学学位论文全文数据库、CALIS 高校学位论文数据库、国图电子书、万方数据资源系统、读秀知识库等数据库中，以篇名为"企业档案"或"企业文件"等进行检索，在检索结果中，再以知识共享为篇名、关键词进行二次检索筛选，能够检索到的有效相关文献极少。知识共享是知识管理的要求，是知识经济时代的必然选择，于是，笔者结合时代背景，扩大检索范围，分别以"数据时代""知识管理""知识经济"为篇名和关键词结合"企业文件""企业档案"进行检索，并将检索到的文献进行分析。

1. 面向知识经济时代（知识管理、知识服务）的企业文件与档案管理研究

通过对文献的分析，不难发现，在知识经济时代背景下，企业档案管理应该不断探索新途径；企业档案是企业重要的知识资源等观点在当今企业档案管理研究领域得到广泛认同。李燕在《知识经济需要企业档案工作的创新》

一文中指出,企业档案工作需要观念的创新、业务的创新、管理的创新、技术的创新;张斌教授在其《新经济时代的企业档案管理》(2007)一书中提出"知识经济时代:企业档案管理之新时代"。企业文件与档案管理和企业的改革、发展,我国经济体制的改革,以及社会主义市场经济的发展完善紧密联系在一起。知识经济时代的到来,为企业的发展提供了新的推动力,服务于企业发展的企业文件与档案管理应顺应企业和时代的发展要求,探索新的管理途径。"知识经济时代也推动档案管理朝着新方向前进,可以概括为市场取向、信息先导、协同运转、知识共享四方面。"[1]"企业的档案记录和存储了企业的各项活动,记载了企业所形成和积累的知识,具有知识储备功能,因此是企业重要的知识资源。"[2]而徐拥军等学者则称其为"企业的内源显性知识(文件、档案)"是"具有战略性、独特性、难以模仿性的资源",即"核心资源","它能为企业带来长期可持续的竞争优势"[3]。企业文件与档案记录了企业的发展轨迹,其产生和形成的过程,使其成为一种不可替代的、具有独特作用的资源,是企业知识的重要构成内容,而企业文件与档案的管理必然是企业知识管理不可或缺的有机构成。

在这一基础上,学者们对知识管理和企业文档管理的关系进行了梳理,彭明彧在阐述二者的关系时认为"文档管理系统是知识管理系统的重要基础;档案管理与知识管理终极目标具有平行性;知识管理与档案管理的运行方式具有平行性;知识管理和档案管理具有部分兼容性"[4]。徐拥军博士指出"档案管理与知识管理在管理对象、管理目的、管理流程、管理技术等方面相近相通;而又在管理层面、管理深度、管理范围、管理侧重点、管理特点等方面相差相异"。关注的角度不同,二者呈现的关系也不同,从静态的内容的角度来看,企业文件与档案管理是知识管理的重要内容;从动态的管理方法和过程的角度来看,知识管理和企业文件与档案管理既有一致性,又各具特点。而无论

---

① 王巍:《知识管理视角下构建现代企业档案管理新模式》,《现代企业》2018 年第 2 期。
② 孙军:《参与知识管理——企业档案管理的发展趋势》,《档案与建设》2003 年第 6 期。
③ 徐拥军:《企业档案知识管理模式——基于双向视角的研究》,中国档案出版社 2009 年版。
④ 彭明彧:《知识管理背景下档案工作的定位思考》,《湖北档案》2004 年第 Z1 期。

以何种角度来阐述二者的关系,都为进一步探索企业文件与档案管理的新方法、新途径奠定了坚实的理论基础。李硕认为"知识经济时代企业档案管理模式要向档案知识管理模式转变"①。徐拥军在《企业档案知识管理模式——基于双向视角的研究》(2009)一书中,更是对档案知识管理模式进行了较为深入系统的研究,书中指出"实行档案知识管理模式,即以知识管理为导向创新拓展档案管理,以档案管理为基础简单实现知识管理"。企业档案知识管理模式得到很多学者的认同,并在实践中得到进一步的检验和应用。

随着知识管理不断深入的研究,对这一背景下企业文件与档案管理的研究也在不断地深入和细化。首先,从知识服务的视角对企业档案服务进行探讨,关注企业档案知识服务的理论依据与实践方法,对于企业档案管理的研究和关注已经不仅仅局限于从管理者主体的角度出发来探讨档案管理,学者们也越来越重视企业档案服务过程的实现和用户的研究。其次,对企业文件与档案一体化管理的研究和关注。关于文件与档案一体化的研究一直以来是档案界始终关注的问题,而信息社会的不断发展,知识经济时代的到来,在企业中实行文件与档案一体化管理,已成为知识管理实现以及企业发展的必然要求。陈栋玲在论述构建企业档案知识管理的原则之资源集成原则时,分别从档案管理和知识管理的角度指出了应该实行文件与档案的一体化管理、集成管理;陈海静在《基于知识管理环境下的企业档案工作创新》一文中,引入协同原理,并联系实践,论证了一体化的必要性和优势。在当前的企业文件和档案管理中,不仅要实现文件与档案的一体化管理,还要将各种不同种类、不同来源的信息整合利用,才能为企业的发展提供及时、准确、易用的信息。再次,学者们已经开始关注文件与档案在知识管理中发挥作用的具体途径,如以文件与档案为核心的知识库的建设、档案共享服务平台的建设等,在知识管理系统的构建中关注企业显性知识的沉淀、积累,注重其在实现隐性知识向显性知识转化过程中的工具性作用等。

从以上的分析可以看出,对于知识经济时代,知识管理背景下的企业文件与档案管理工作,其重要性、必要性以及可行性等基本问题已经达成共识;对

---

① 李硕:《关于知识经济时代企业档案工作的思考》,《兰台世界》2011年第S1期。

于企业档案管理和知识管理之间的关系也进行了一定的梳理,并开始探索具体的实现途径,为本文的研究打下了坚实的基础;同时,当前研究的未尽之处,又恰恰为本文的深入研究提供了一个极大的空间。

对任何事物的认识总要经历一个由浅入深、由表及里的过程,对于知识管理的认识也不例外。从 20 世纪 60 年代,彼得·F.德鲁克最早提出"知识工作者"的概念,到 20 世纪 80 年代中期,出现了知识管理的概念,知识管理研究兴起,到 90 年代中期,全球管理学界对知识管理的研究成为一个热点,到各个学派的形成,知识管理研究的内容不断丰富,研究方法不断优化。而对于这一背景下企业文件与档案的研究却多是基于泛泛的对知识管理的认识,研究主要集中在"是什么""为什么"等问题上,缺乏更深层次的以及对关键问题的深入研究,回答"怎么做"以及结论性的研究成果尚不多见。知识共享是影响知识管理实现的关键,已引起广泛的关注,企业知识共享的研究成果颇丰;在档案学界,专家学者一致认为对文件档案的管理是实现知识共享的重要途径,但相关的论述和思想只是零星的散见于某些研究之中。可见,对如何通过企业文件与档案管理来实现知识共享的深入系统研究,尚处于相对空白,而这一研究,也恰恰是回答企业文件与档案管理"怎么做"的研究。

伴随着数据时代的到来,数据时代企业文件与档案管理正在引发大家的关注,尤其是在数据产生密集的企业和行业,比如薛洁、周智力(2017)在文章中指出,"在航天企业中,高密度、高强度的发射任务伴生着庞大量级的数据成果,这些珍贵的数据信息分散在不同载体、不同形式的介质中,航天大数据亟待新的数据管理模式,以支撑航天企业科研管理工作的全效运转。"文章在分析当前存在的问题的基础上,提出"航天企业'档案+'的数据管理模式,为企业数据管理、档案管理、知识管理工作提供一种新的方法论,使航天科研管理一线工作不断提质增效,全效聚合航天企业知识。"[①]江舟在《大数据时代电力设计企业档案管理的新思考》一文中提到要"加快实现档案管理系统与企业一体化信息平台的对接,将收文发文档案等模块按照各自流程分块实施,同

---

① 薛洁、周智力:《大数据时代航天企业"档案+"管理模式新探》,《航天工业管理》2017 年第 6 期。

时各模块的信息数据共享,有效提高各类信息数据的利用能力和归档管理。"李晓萌、任越还提出"企业档案信息资源的共建共享需要树立数据共享,互利双赢的开发与管理理念,在保证企业档案信息资源安全的前提下,有序地建立企业档案信息资源利用平台,逐步构建与社会数据保有机构、其他企业、政府相关机构相连的数据共享平台。"①

2. 关于企业知识共享的研究

关于企业知识共享的研究,以篇名为"企业"和"知识共享",时间为2000—2018年,精确匹配,在上述数据库中进行检索,对相关文献进行梳理,发现研究内容主要集中在:企业知识共享的内涵,共享的过程、技术,知识共享的模型构建,知识共享的激励机制,知识共享的障碍,隐性知识共享的实现,以及不同类型企业知识共享的相关问题研究,等等。近几年来,知识共享与企业创新方面的研究不断增多。吴欣指出"知识管理过程的四个环节中,知识共享具有核心地位。在整个知识链中,知识共享是知识获取的手段,是知识利用的前提,是知识创新的基础"②。"由于标准、角度的不同,各位学者对知识共享的界定也有所不同,但总的说来,主要有四种观点:沟通的观点、学习的观点、市场的观点、知识互动的观点。"③而对知识共享过程的研究,多数学者认同野中郁次郎的SECI模型,"而组织内部知识共享的关键则在于隐性知识与显性知识持续不断的转换过程。这一转换过程可以用社会化、外化、综合化、内化四种模式所构成的SECI模型来表述"④,SECI模型理论从多个角度为我们揭示了知识共享的基本过程。除此之外,较有影响力的观点还有汉森(M.T.Hansen)的"搜索—转移"理论,达文波特和普赛克的"传递+吸收"理论等。杨吕乐等人在研究中,从知识共享主体、知识共享客体、知识共享本体、知识共

① 李晓萌、任越:《大数据背景下企业档案信息资源共建共享机制》,《兰台世界》2016年第12期。
② 吴欣:《基于知识共享的企业集团有效运行研究》,中国人民大学博士学位论文,2007年,第31页。
③ 于国波:《基于知识共享的企业技术创新能力提升机理及路径研究》,武汉理工大学博士学位论文,2007年,第8页。
④ 惠赟:《组织隐性知识共享的管理机制研究》,大连理工大学博士学位论文,2011年,第18页。

享载体以及知识共享绩效等方面梳理了知识共享行为研究的知识体系,并指出由知识共享主体到知识共享客体,由单一组织到跨组织,由激励知识共享机制到削减知识共享障碍是目前的 3 个主要的前沿热点,同时认为"随着研究重点的转移,未来研究将会形成一个全新的知识生态体系,并给知识共享的理论研究和实践应用带来全新的变革"。[①] 由以上分析可以看出,当前企业知识共享的研究成果较为丰硕,涉及了知识共享的多个角度和不同维度,覆盖面较广,关注知识共享的学者专业领域有所差异,研究成果也各有侧重,呈多样化态势。

（二）国外研究现状

以下研究综述基于 ProQuest 系列数据库、EBSCO 数据库、ScienceDirect 数据库、Emerald 管理学数据库,分别以 enterprise /business 和 records/archives management、knowledge sharing/management 为题名、主题和摘要等进行检索,去除重复和无关检索结果,并进行概括分析。

20 世纪 70 年代以来,世界各国企业档案管理都得到了极大地发展,关于企业文件与档案管理的研究也越来越受关注,并不断深入。随着企业信息化程度的不断加强,企业电子文件大量产生,实践的发展更是推动着企业文件与档案的管理研究更加深化。各个国家的政治、经济体制不同,对"文件""档案"的认识不同,因此在研究中既有共性,又呈现出不同的关注点。

国外研究者越来越重视企业文件与档案管理的重要作用,William Saffady认为企业的文档信息是企业的战略性资产,能够对组织目标的实现做出直接的、巨大的贡献。对企业文档信息的恰当管理,可以确保组织对法律法规的遵从,确保企业在灾难性事件中持续经营,为政策的制定和决策提供支持,确保组织的权益。Swartz、Nikki 等更是认为组织中文档和信息管理从未像今天这样重要,不论是对何种规模的企业,其都直接影响着企业的生存。

随着信息技术的广泛应用,对企业文件和档案管理等软硬件系统的研究成果不断增多,Chambers 则认为企业文件管理不仅涉及技术因素,非技术因

---

① 杨吕乐、张敏、张艳:《国内外知识共享研究的系统综述:基础理论、知识体系与未来展望》,《图书馆学研究》2018 年第 8 期。

素也是重要的组成部分。在企业文件管理战略中,在实行技术之前,应该首先做到有完善的文件管理组织,文件管理的政策和程序,完善的分类标准,形成动态的应存储记录的目录,能够评价文件的使用场景,进行不间断的培训和检查等。Sprehe J.Timothy 认为,对企业电子文件的有效管理能够节约成本,提高效益,但企业电子文件管理只有有机地融入企业的情景之中,融入企业的内容管理中,才能充分发挥其作用。

美国对企业档案管理的研究则更加关注如何为企业的发展服务,而Richard Medina 等认为企业文件与档案管理应该为每一个企业员工,每一个生产流程服务。

在国外,关于知识共享的研究,论文数量以美国的研究居首,其次是中国台湾地区,第三位是中国大陆地区以及香港澳门①。研究内容主要集中在关于知识共享的理论研究——知识创新理论、知识共享与转化模型、知识服务理论、社会网络理论等,关于知识共享技术的研究以及知识共享在实践领域的应用等。20 世纪 90 年代中后期以来,知识管理在美国、英国等西方发达国家的企业中愈加得到重视,许多公司逐年加大在知识管理方面的投入,并取得了良好的效果,形成了一系列关于知识管理的优秀案例,比如"英国石油公司专门成立了知识管理小组,其任务是通过分享最好的做法、重复利用知识、加快学习过程以及诸如此类的手段,来改善公司的业绩"②。

综上所述,梳理外国企业文件与档案管理的研究现状,可以发现,企业文件与档案管理的研究已经越来越受到重视。各个国家,尤其是发达国家,都很重视信息技术对企业文件与档案产生的影响,将其视作研究的重要内容。企业文件与档案管理不是一个孤立的研究对象,必须与整个企业的管理、业务活动、流程紧密结合,需为企业在市场竞争中取胜提供依据、凭证和信息支持。关于知识经济时代背景下企业文件与档案管理的研究,尤其是面向企业知识共享的实现,只是在文章中零星可见,笔者未检索到相关的论著。

---

① 王伟军、官思发、李亚芳:《知识共享研究热点与前沿的可视化分析》,《图书情报知识》2012 年第 1 期。
② 吕璐、张朝、冯佩茹:《国外企业知识管理研究综述》,《知识经济》2018 年第 13 期。

（三）国内外研究现状分析

企业文件与档案是伴随着企业各项活动的开展而产生和形成的,其具有资源性,同时也具有工具性。因此,对企业文件与档案的管理,一方面是对资源的开发与利用,另一方面是确保对工具的准确把握和合理利用,以提高管理效率。从已有研究成果看,对企业文件与档案管理的研究,长期以来一直多集中在将文件与档案视为被动的管理对象,从静态的角度,对"结果"进行管理,即只将文件与档案视作一种资源,忽略了其工具性。这也是企业文件与档案工作在很多企业中处于"弱势"的重要原因之一。在知识管理实现中,在知识共享这一关键问题上,各个领域的研究者一致认为文件与档案有着重要的作用,但由于只看到其资源性,忽略其工具性,或者是对工具性认识有误,以致文件与档案颇具价值生命力的价值尚未被挖掘出来。伴随着数据时代的到来,国内外企业文件与档案管理机构都已开始审视,在这个新时代文件与档案管理工作应如何发挥更大的作用。面向知识共享开发利用档案,不断深挖档案的价值,正在成为国内外学术研究领域和实践界的共识。

五、本书核心概念界定和研究内容

（一）核心概念

1. 企业文件与档案

本书研究的主要内容是面向知识共享的企业文件与档案管理体系,在这一研究中,对企业文件与档案的理解,直接影响着本书的研究内容和边界,而在当前学术研究领域,学者们对文件、档案等基本概念的界定仍存在不同观点,对 records、archives、documents 等的翻译也仍有不同表述,为了避免因对何为"文件""档案"等概念认识的不同而可能导致的争议,本书对企业文件与企业档案以及其之间的关系做如下梳理与描述。

不同时期,不同的领域对何为文件、何为档案,存在不同的表述;不同的国家,对文件与档案也有不同的认识,之所以会存在种种不同,源于文件、档案不是孤立存在的事物,也不是纯粹的自然现象,它们是社会活动的产物。因此,对文件、档案的界定应结合其产生的领域、背景完整理解和描述。在我国,"文件"一词约在清朝末期开始使用,公文和文书是与之相类似的事物,虽然人们在研究中努力辨析三者之间的区别与联系,但是,在实践中,不同的组织总是会随约定俗成的习惯而称呼。虽然称谓有所差异,但对事物本质的认识是基本一致的——从我国公文的发展历史来看,"公文是治理国家、管理社会的工具"[①]是毫无争议的。在档案管理领域,我们习惯选择使用"文件"一词,从古到今,文件从内容到形式,从组织机构到制度,从文种到风格等伴随着时代的发展而发生了一定的变化。在现代社会,文件是"国家机构、社会组织或个人在履行其法定职责或处理事务中形成的各种形式的信息记录"[②],这是一种广义的文件观,"即把文件看成是所有的社会成员在其实践活动中直接形成和使用的信息记录,无论载体形式和记录方式如何"。[③] 关于档案,"档案是一种在社会现实生活中广泛存在且表现形态多种多样的复杂事物"[④],对于档案定义的表述众说纷纭,但多数都未能从根本上脱离"文件"的踪迹,关于文件与档案的联系,也已形成"档案是文件有条件的转化而来的,档案是文件的精华部分,档案是有机联系的文件整体"等共识。

基于上述已有研究,在本书中,我们从广义文件观来界定企业文件,即企业文件是企业及其成员为履行职责、处理事务而制作形成的信息记录,是企业及其成员记录、固化、传递和存储信息的工具。企业档案则是指具有保存价值的企业文件。因此,在面向知识共享的企业文件与档案管理的研究过程中,有保存价值的文件在转化为档案前后的全生命周期内,都属于本书的研究对象;与此同时,在现代企业中,有些文件,虽最终未转化为档案,但其在一定时间之内同样具有价值,此类文件,亦在本书的研究范畴之内。

值得注意的是,通常语境下,我们所提的文件与档案往往是针对形成于党政机关及其相关部门的。而企业的规模、性质、职能等巨大的差异,使得其所形成的企业文件与档案多种多样、各具特色,因此,在对企业文件与档案进行研究与管理的过程中,既要重视文件和档案形成与管理的一般规律,又要重视

① 李昌远:《中国公文发展简史》,复旦大学出版社 2007 年版,第 1—2 页。
② 王健主编:《电子时代机构核心信息资源管理:OA 环境中的文件、档案一体化管理战略》,中国档案出版社 2003 年版,第 30—31 页。
③ 王健主编:《电子时代机构核心信息资源管理:OA 环境中的文件、档案一体化管理战略》,中国档案出版社 2003 年版,第 30—32 页。
④ 冯惠玲、张辑哲:《档案学概论》(第二版),中国人民大学出版社 2006 年版,第 8 页。

企业与党政机关等其他组织的不同特点，灵活运用基本原理与规律。比如，《归档文件整理规则》为机关档案归档工作提供了有力的指导，《企业文件材料归档范围和档案保管期限规定》（国家档案局第 10 号令），也为企业文件归档提供了依据。但是，日益激烈的市场竞争，变幻莫测的内外部环境，不断增加着实现企业文件科学归档的难度，对企业文件价值判断虽然可以根据对事物发展客观规律的认识将条件具体化（如制定归档文件的范围和保管期限），但这种"条件"更应该是适应企业发展要求的"自然生长""自然选择"的结果，承载着对过去、对现在和对未来负责的使命。在知识经济时代，知识的发展日新月异，企业文件所蕴含的知识价值应该在最佳的时间，及时的以最正确的方式传递给最恰当的人，而不论其最终是否被"归档"；而经归档保存的企业档案，同样应该适时被激活，在最佳时间释放其所沉淀与蕴含的知识。而面对数据时代的到来，"数据、信息、知识、文件、档案、记录……"这些词语因使用语境、使用者主体的专业背景等不同，其所指表现的有所不同，甚至有时差异较大，因此，无论是在研究中还是实际工作中，我们更应透过"词语"看所指，避免因纠结于"词语"名称而导致的混乱。在本书中，我们也更多的基于企业文件与档案之间的动态联系、文件档案与其他事物的本质区别和联系，来理解和把握相关事物之间"同与不同"，并探讨彼此之间的"通与融"。

此外，随着信息技术的发展，电子政务、电子商务以及各类电子业务活动的广泛开展，企业的数字信息大量激增，"数字环境"已经成为文件与档案管理活动的一种"常态"，在未作特殊说明的情况下，本书中的企业文件与档案均包括数字化环境中生成的文件与档案和传统的纸质文件与档案。需要注意的是，开放和共享都是相对的，信息安全和保密永远是不容忽视的，本书所探讨的企业文件与档案不含涉及个人隐私、国家安全和企业商业秘密的部分。

2. 知识共享

目前，人们对于知识共享的作用已达成共识，但是对知识共享的概念却始终没有一个统一的表述，基于知识的不同特性和研究的关注点不同，对于知识共享的实现途径也有不同的探索。被誉为"知识管理的拓荒者"的野中郁次郎和竹内弘高从认识论、本体论、时间与活动以及组织情境等角度对知识的创造和共享做出了详细而深刻的解释，并以 SECI 模型进行阐述，在理论和实践领域得到一致认可。结合国内外的相关探讨和研究,本书将知识共享定义为"组织的员工或内外部团队在组织内部或跨组织之间,彼此通过各种渠道(例如讨论、会议网络和知识库)进行交换和讨论知识,其目的在于通过知识的交流扩大知识的利用价值并产生知识的效应。"[①]在本书中,作为企业文件与档案管理所面向的对象,既做名词理解,也做动词理解,表现为知识共享既是一个过程,也是一种结果;既是一种指导理念,也是一种具体行为;既是一种动态的实现,也是一种静态的状态。它是组织知识管理成功的关键,是企业战略的重要组成部分。

当今时代,企业发展处于数据化、网络化、智能化的共同作用之中,企业扁平化、无边界化等特点更加明显,知识共享在企业知识沉淀、知识积累、知识创新中的意义更加凸显;而信息技术的日新月异,也为企业知识共享的实现提供了更多的新手段和新方法。

(二)研究内容

本书的写作思路大体如下:首先结合研究背景,明确研究对象、研究问题、研究目标等基本要素;之后,对问题研究所依托的核心理论进行分析阐述;据此,形成数据时代面向知识共享的企业文件与档案管理的科学理念与体系框架;同时,分析当前知识共享环境下企业文件与档案管理的困境及其成因,进行应然与实然的对比分析,确认差距,在此基础上设计实现路径,并提出关键策略;最后选取较为经典的案例对数据时代面向知识共享的企业文件与档案管理进行呈现和体验。

如图0-3所示,本书的主要内容包括以下部分:

第一部分,绪论。主要包括研究背景和问题的提出,研究目的和意义,国内外文献综述,概念界定和研究内容,研究方法,创新之处等。

第二部分,知识共享和企业文件与档案管理的契合。在此部分中,首先对知识共享的本质与实现进行探讨;然后结合数据时代的特点对企业文件与档案的价值形态进行研究和剖析;接着从知识资源价值、导向驱动作用、工具价值等方面阐述企业文件与档案管理推动知识共享的内驱力。

---

① 廖开际主编:《知识管理原理与应用》,清华大学出版社2007年版,第176—177页。

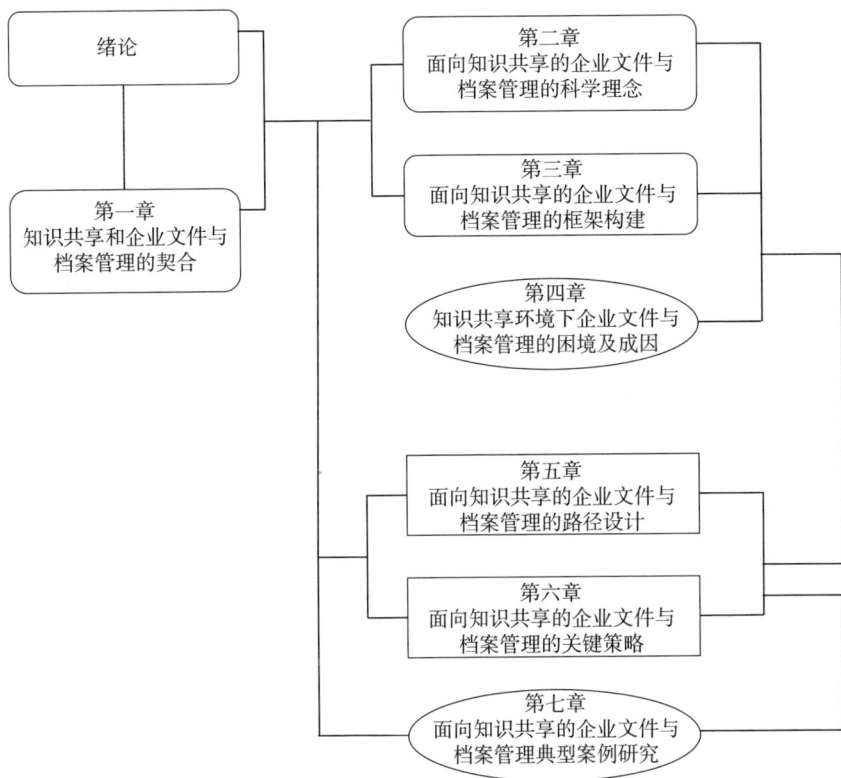

图 0-3　本书框架结构图

第三部分,面向知识共享的企业文件与档案管理的科学理念。主要从诠释企业组织记忆,以全面质量管理确保企业文件与档案的价值实现,维持企业信息生态系统平衡,"蓝海战略"的价值创新理念等四个方面进行分析和论证。

第四部分,面向知识共享的企业文件与档案管理的框架构建。本部分包括框架特征分析、框架内容阐述和框架保障研究。框架特征主要从稳定性、完整性、动态适应性进行论述;框架内容主要从可信任领导主体、健全的制度体系、企业文件与档案的资源聚合体以及信息管理技术进行分析;框架保障主要从科学的战略定位以及协同论的全局观照进行阐释。

第五部分,知识共享环境下企业文件与档案管理的困境及成因。主要内容包括从企业文件与档案的表现力、与知识共享的关联度、管理战略规划以及与企业活动的共振力等方面进行困境表象的研究;从管理对象、工作愿景、工作方式等方面进行成因分析。

第六部分,面向知识共享的企业文件与档案管理的路径设计。按照"启动—转动—推动"的整体思路,环环紧扣的设计具有复用性实现路径。良好的启动是开端,启动过程要从共享环境识别和企业共享文化的培育发起,落脚于"共享文化+文档管理"的融合;持续转动的实现应包括知识共享制度的构建和共享方式的选择;推动力量的形成应从共享成效的评估和共享结果的反馈来论证。

第七部分,面向知识共享的企业文件与档案管理的关键策略。主要内容包括对企业文件拟制的精细化管理,对知识共享活动中文件形成的控制,大众分类法和传统文件与档案分类法的融合,推进知识共享中"场"的建设,提升文件与档案信息服务的可感知性等。

最后一部分,面向知识共享的企业文件与档案管理典型案例研究。选取国家电网档案馆、中国中化集团、沙特阿美石油公司等案例,结合其中文件与档案管理活动和知识共享的契合进行分析和总结。

六、本书研究方法与主要创新点

(一)研究方法

1. 文献研究法

通过多种途径查阅文献,将国内外相关研究进行梳理,通过分析,把握研究基础,明确研究空间,在充分吸收借鉴前人的研究成果的基础上,发现新内容,提出新观点。

2. 实地调研法

为了更好地了解面向知识共享的企业文件与档案管理的现状,更好地分析问题、解决问题,选取有代表性的企业,通过问卷、访谈等方式,了解企业目前文档管理的进展。

3. 归纳与演绎

对企业文件与档案管理之所以能够推动知识共享的实现的要素进行归纳和总结,运用演绎推理的方法,以不同类型知识共享的实现为切入点,对现代企业文档管理体系的实现进行研究。

4. 系统分析法

企业文件与档案管理自身是一个系统，企业知识共享的实现也是一个系统，而此两者又置于企业这个大系统中，系统中的各个要素，各要素之间的相互联系，都直接影响着本书的研究。可见，只有以系统分析法，才能全面、准确地构建出科学合理的企业文档管理体系。

5. 比较研究法

将国内外企业文件与档案管理以及知识共享的实现中的有关概念、理论与实践进行对比分析，以更深入具体的认识和了解事物，进而得出科学全面的结论。

6. 问卷调查法

基于书中所研究的主要内容，设计调查问卷，收集相关数据，全面把握当前我国企业文件与档案管理的现状，验证理论的合理性，并为更加深入的分析问题提供丰富的素材。

（二）主要创新点

1. 研究视角的创新

随着社会的发展，市场竞争的不断激烈，企业已置身于一个时时变化的内外部环境之中，对企业档案管理更为深入、细化的研究势在必行。本书研究突破传统的企业档案管理研究视阈，以面向知识共享为切入点研究企业文件与档案管理，为知识共享创新实现途径，为企业档案管理注入新的生机和活力。

2. 研究内容的创新

本书从文件形成的根本动因出发，将文件与档案视作"管理控制、信息资源及证据价值"三位一体的资源，并以此为三条线索进行研究，拓宽了企业档案管理的研究内容；本书通过对知识共享和企业文件与档案管理的互动过程、互相影响的深入分析，拓展了企业档案管理的视野，并以推动知识共享的实现为线梳理了知识经济时代企业档案管理工作的路径，真正实现了对企业档案管理全过程、系统化的研究，大大丰富和深化了以往的企业档案管理的研究内容。

3. 研究思路的创新

企业文件与档案管理体系包含着多种颗粒度不同的要素，是一个复杂的结构体系。本书以理念—框架—对策选择为思路,梳理了体系构建的过程,并进行了相关要素的分析和研究,有助于构建较为科学完善的管理体系,并为企业文件与档案管理体系的构建提供了一种可供借鉴与参考的思路与方法;在研究过程中,既将知识共享作为文件与档案管理的一种"环境背景",又将其作为活动目标;同时也关注了活动过程自身的文件与档案管理,在对"面向知识共享"进行全面多维分析的基础上,以多线并行的方式对企业文件与档案管理进行研究。

第一章　知识共享和企业文件与
档案管理的契合

知识共享是知识管理的重要内容,它既是一个动态的过程,也是一种静态的结果。知识共享的实现受各种因素的影响和制约,不同领域的专家学者从各自的角度出发,从不同的关注点对知识共享的相关问题展开讨论。本书中,我们将知识共享作为"面向对象",主要集中在文件与档案在推动企业知识共享实现中扮演了什么样的角色,其如何推动企业知识共享的实现,等等。在此基础上,对企业文件与档案管理进行研究。因此,我们首先要对企业的知识共享有一个系统的、清晰的认识,找到企业知识共享的实现与企业文件与档案以及其管理活动之间的关联和契合,论证企业文件与档案管理具有推动知识共享的能力,以便为后文奠定基础。

第一节　知识共享的本质与实现

一、知识共享的内涵与要素分析

知识共享是指组织的员工或内外部团队在组织内部或跨组织之间,通过各种渠道和方式,进行知识的传递、交流和利用,充分发挥知识的作用,并扩大知识的价值和创造新知识,以高效地推动个人、团队、组织的发展与创新。作为一个过程,它揭示的是知识在主体与客体之间的传递与流动,是在一系列活动的作用下使知识的作用得以发挥;作为一种结果,它揭示的是知识价值的实现与扩大,以及创新的实现。数据时代,通过企业的知识共享,将数据转化为驱动企业创新的知识,是实现数据可重用、被增值的重要过程。

无论作为一个过程,还是一种结果,知识共享都包含了一系列的要素,这些要素体现为在何种情境(situation)之中、由谁(who)、以何种渠道和方式(how)、将什么样的知识(what)、传递给谁(who)等。这些要素都直接影响着知识共享的实现,而这其中的各项要素又分别受若干因素的影响和制约,影响要素的复杂性,决定了知识共享必然是一个复杂的过程,是一个极易充满不确定性的结果。

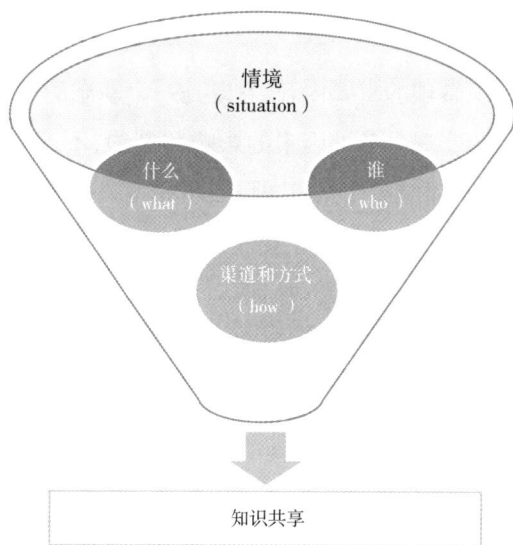

图 1-1　知识共享要素呈现图

(一)关于"情境"

"所谓的情境——是由历史遗留及对未来的预期而决定的、表现形式多样的、现行的占主流地位的环境因素"①。人类各项实践活动都会发生在一定的情境之中,受情境整体作用的影响,同时又积极的作用于情境。知识共享的实现,不可能脱离情境而独立存在,必然基于一定的社会背景,发生在一定的群体范围之中。托夫勒认为②,情境需由"物品、场合、角色、社会组织系统的

---

① [美]拉比尔·S.巴塞:《情境管理——全球新视角》,石晓军等译,机械工业出版社 2000 年版,第 2—3 页。

② [美]阿尔温·托夫勒:《未来的冲击》,中国对外翻译出版公司 1985 年版,第 30—31 页。

场所、概念和信息的来龙去脉"等五个要素构成,如表 1-1 所示。

表 1-1　情境要素分析表

	构成要素	要素分析
情境	物品	由天然或人造物体构成的物质背景
	场合	行动发生的舞台或地点
	角色	通常表现为人
	社会组织系统的场所	社会组织系统的客观"大环境"
	概念和信息的来龙去脉	人类所赋予的意义

在知识共享中,情境可分为"软情境"和"硬情境",软情境主要体现为组织(或团队的)制度、文化、信任、各种关系等;硬环境主要体现为技术、设备、工作条件等,软情境和硬情境在宏观层面共同构成影响组织知识共享能否顺利实现的背景因素,如表 1-2 所示。

表 1-2　组织知识共享情境构成表

	组成	具体要素
知识共享情境	软情境	组织(或团队的)制度、文化、信任、各种关系等
	硬情境	技术、设备、工作条件等

一个具体的行动或选择,在某一情境中可能是成功的,而转换到另一种情境中就不一定能成功,所以应该正确的评价、认识每种情境的特定要求,并由此确定合适的行动,只有当行动和现行情境相一致时,才能取得预期的效果。

思考 1:情境是知识共享的重要影响因素,文件与档案在为企业创设良好的情境中有何作用?

(二)关于"谁"

在知识共享中,"谁"包括知识的传授者和知识的接受者双方,二者既可以是个体,也可以是群体(如团队或组织),二者之间的关系可呈现为个体—个体,个体—群体,群体—个体,群体—群体,正是二者之间的彼此联系,赋予了知识共享生命和意义。从知识传授者的角度来看,知识传授者的心理动机、自身的能力与素养、知识结构和业务技能、对组织(团队)的信任感、归属感强度等因素,都直接影响着知识共享的效果。其中,知识传授者的心理动机、对组织(团队)的信任感、归属感强度影响着其传授知识的意愿,即愿不愿意贡献知识,意愿的强烈程度是内外因共同作用的体现,是自身情感因素与情境共同作用的结果;知识传授者的知识结构和业务技能影响着可供传授知识的质量和数量,即有没有可供传授的知识;传授者的自身的能力与素养影响着其传授知识的效果,即能不能将知识进行有效传授。从接受者的角度看,接受者的态度和角色,影响着其接受知识的意愿;接受者自身的能力和素养、已有的知识积累和知识结构,影响着其能否有效的接受知识。野中郁次郎认为,知识是通过知识持有者和接受者的信念模式和约束来创造、组织和传递的。"谁"的主观能动性极大地影响着知识共享的过程,只有知识的传授者和接受者从心理、能力等各方面实现了对应的匹配,知识共享才能产生最佳的效果。

思考2:"谁"在知识共享中具有主观能动性,企业文件与档案由"谁"形成、被"谁"使用、为"谁"所有? 此"谁"与彼"谁"之间的关系如何? 如何处理好彼此之间的关系?

(三)关于"媒介和方式"

知识共享伴随着知识的传播和交流而实现,这个过程需运用一定的媒介,以一定的方式来实现。媒介是介于传播者和受传者之间,用以负载、传递、延伸、扩大特定符号的物质实体。① 对媒介的选择和应用,直接影响着知识传播与交流的速度、范围和效率。按照媒介出现的先后顺序,媒介可分为符号媒介、语言媒介、文字媒介、印刷媒介、电子媒介和网络媒介。随着现代科学技术的进步和发展,有人将媒介分为纸媒、电子媒体和第五媒体②以充分显示不同媒介传播的特点,其中,纸媒包括书籍、报纸、杂志、各种刊物等;电子媒体包括电视、广播、数字产品等;第五媒体包括手机、便携网络等。不同媒介各具优缺点,适合不同的传播内容和对象。比如网络,它具有交互性、持久性、密集性、

---

① 段鹏著:《传播学基础:历史、框架与外延》,中国传媒出版社 2013 年版,第 171 页。
② 《传播媒介选择》,2012 年 9 月 9 日,见 http://pr. shisu. edu. cn/s/19/t/50/0b/60/info2912.htm。

多元性等特点,正在以其快速、高效的优势将信息传递带到一个全新的境界。在知识共享中,不同媒介的选用也将直接影响到知识传递的效果,应根据不同类型知识的特点,与知识利用者的需求,选用恰当的媒介。传播的方式是指传播者进行传播活动时所采用的作用于受众的具体形式,知识共享的方式一般分为正式和非正式两类,比如师徒制、知识库的建立、知识展览会和知识论坛等属于正式的方式;非正式网络、在非正式场所进行的知识交流和共享等则属于非正式的方式。

当下,新媒体的广泛应用为企业知识共享提供了新的传播媒介和传播方式,新媒体是“以二进制形式进行信息的储存、处理、传递和交换,以实现用户之间的自由交流的新技术支撑下出现的数字媒体形态”[①]。通常,新媒体的表现形式包括社交媒体、移动媒体、数字媒体、即时通信、智能手机、网络电视、数字杂志和电子书等。据2015年中国企业新媒体报告显示,中国企业500强中已有300多家企业建立了自己的官方微博、微信、移动客户端和海外社交媒体账号,可见,新媒体正成为企业知识传播和知识共享的重要途径。

思考3:企业文件与档案对知识共享选择恰当的“媒介和方式”有何贡献?企业知识共享所运用的“媒介和方式”对企业文件与档案管理及利用方式有何影响?

(四)关于“知识”

在知识共享中,作为被传递、交流、共享的对象,知识自身的特性是知识共享中不容忽略的因素,知识的复杂性使知识共享的实现变得更加复杂。从可呈现度看,知识可分为隐性知识和显性知识,且隐性知识与显性知识并非绝对二分法,大部分的知识同时具有隐性与显性的部分;从知识的承载主体来看,知识可分为个人的知识、团队的知识、组织的知识等;按照联合国经济合作与发展组织(ODEC)1997年报告的分类法,知识可分为知道是什么的知识、知道为什么的知识、知道怎样做的知识、知道是谁的知识四类,等等。可见,按照不同的分类标准,知识可以被分为不同的类别,不同类别的知识呈现出不同的特

---

① 郭宇等:《新媒体环境下企业知识共享模式研究——基于信息生态位视角》,《图书情报工作》2016年第15期。

点,在可用性、易用性、规范化、标准化、准确性等方面都存在较大差异,这一系列的差异直接增加了知识共享实现的不确定性和难以控制性;与此同时,在传统环境下,当人们提到知识的时候,往往强调它的完整性、系统性,而伴随着新媒体的出现和被广泛应用,知识的传播与共享更加突破时空的限制,在知识传播过程中,知识单元被不断打散,碎片化的知识正在大量出现,"知识"正在以更加多样的形式呈现和被共享利用。因此,对知识内容的性质、属性、种类、特点做出准确判断作为知识共享中不可逾越的基础性工作在现代社会变得更加重要。

思考4:这是我们一直在思考的问题,知识和文件档案究竟是一种怎样的关系?

从上面的分析不难看出,首先,知识共享的实现受多种要素的共同影响;其次,各要素之间相互影响;再次,各种要素各自又受多种因子的影响。可见,知识共享的实现是一项复杂的系统工程,对任何一种要素和因子考虑的欠缺,都将直接影响到其实现效果。

二、知识共享的内在机理与外在过程

(一)知识共享的内在机理

1. 知识自身的特性是知识共享的原动力

在人类文明发展的历史长河中,各个国家、各种领域的研究者从认识论、本体论、经济学、信息论、心理学、社会学、管理学等不同的角度,给出了知识的多种定义。古代哲学家柏拉图把知识定义为"经过验证的正确的认识",达文波特和普鲁萨克对知识的定义表述为"知识是一种包含了结构化的经验、价值观、语境信息、专家见解和直觉等要素的动态混合体,它为评估和利用新经验与信息提供了环境和框架"①。从经济学的角度看,知识是人类劳动的产品,是具有价值与使用价值的人类劳动产品,等等。尽管各种定义表述不同,但是,大家对知识的可分享性、可传递性、可重复利用性等特征的认识却是一致的。

---

① 廖开际主编:《知识管理原理与应用》,清华大学出版社 2007 年版,第 6—8 页。

伴随着人类社会的发展,知识已经成为推动国家、民族、社会前进的一种不可替代的资源,成为一个组织生存和发展的关键要素,知识的价值与作用正在凸显,也恰恰是知识自身不同于物质、能量等资源的特性,使得知识成为创新和发展的源泉。知识的可分享性、可传递性、可重复利用性决定了知识只有在共享中才能实现价值最大化。在一个组织中,组织成员具有不同的知识优势,知识传授者与他人分享知识不仅不会减少自身的知识存量,且由于知识共享的双向性,知识接受者的反馈往往可以促进知识传授者对拓展知识的理解;此外,知识在传递过程中会受到种种外界因素的影响,这种影响实为一种"碰撞",有些情况下,碰撞会对原有知识带来消极影响,比如降低知识的准确性、可靠性,但与此同时,很多碰撞会给原有知识带来积极影响,使原有知识更加丰满,甚至会产生新的知识;对于知识的可重复利用而言,通过共享实现知识在更大的范围内的叠加利用,有利于实现知识创新,将知识彻底的、全面的转化为生产力。由此可见,知识自身的属性使得知识只有在共享的"动态"中才能更好地实现其不可替代的价值和作用,知识共享是避免知识衰竭的重要保障,是源自知识存在的一种内在诉求。

2. 知识生命周期

生命周期是借用生物学中的概念而来的,生物生命的发展过程一般是由出生、成长到死亡等不同阶段构成的一个完整周期,这个周期由不同的阶段构成,其每个阶段呈现出不同的特点。同时,这个周期是一个完整的、连续的过程。我们把知识从产生到消亡的过程称为知识的生命周期,这个周期包括知识的孕育期、成长期、成熟期和衰老期,知识在每个阶段体现出不同的价值。通常,从孕育期到成长期,再到成熟期,知识的价值不断增长,知识向上成长的过程,实际上也是我们对知识进行管理的过程,对应于知识的获取、组织、共享、利用、创新等活动。知识从成熟期到衰老期,一方面体现为知识自身的老化与过时,当其不再与人类实践活动以及与社会需求相适应时而被淘汰;同时也表现为在对知识充分利用的基础上,实现的新知识的产生,即螺旋式上升到下一个新的知识生命周期之中。美国知识管理咨询专家马克·麦克尔罗伊曾在《新知识管理——复杂性、学习和可持续创新》一书中提到,知识是在人类社会系统中产生的,通过个体间的、共享的途径来获取,并把组织层面的这种知识共享过程称为"知识生命周期"。可见,知识生命周期进程的延续,知识的螺旋式上升必然孕育了知识共享的诞生,知识共享也是知识在其生命周期中真正富有生命力的不可或缺的保障。

从以上分析可以看出,共享不是以外力强加于"知识"的结果。知识自身的特性、知识存在的意义,以及知识生命周期的运动过程,是知识共享实现的内在机理,知识共享是内因推动而产生的一种必然。

(二)知识共享的外在实现过程

IDC(International Data Corporation)的研究报告显示,组织中,员工做的90%的所谓"创新工作"是重复工作,因为这些知识已经存在(存在于组织内部或组织外部)。知识存在不等于知识价值的体现,必须通过有效共享的实现,知识才能被充分利用。知识共享并不是简单的"给予"与"取得"的单方面动作,它需要通过互动、渗透,才能成功地将知识(包括隐性知识和显性知识)传递给他人,而知识接受者也是在已有知识结构的基础上,并受主观选择意愿的影响来吸收知识、利用知识的。知识共享的实现是将知识贡献与知识接受进行有效的匹配,进而实现知识的价值、推动知识创新的外在表现过程。日本管理学家野中郁次郎和竹内弘高1995年在《知识创造企业》一书中提出的SECI模型是知识管理的经典模型,生动地阐释了知识共享的过程,被认为是"知识共享过程方面最具影响力的模型"[1],"SECI是近年来比较经典的模型,其核心文章在相关研究领域被引用次数最多,也得到企业的普遍应用"[2]。SECI模型梳理了隐性知识和显性知识相互转化的过程,提出了社会化(或共同化)、外部化、组合化和内部化的四种模式[3],这四种模式实现的知识转化的过程,恰恰是知识共享的直接或间接的表现,见图1-2。

外部化(externalization),是从隐性知识到显性知识的转化过程。隐性知识具有高度的个人化,不易传递,很难甚至不能被准确表达,但它往往对个人、

---

[1] 廖开际主编:《知识管理原理与应用》,清华大学出版社2007年版,第178页。

[2] 顾基发、张玲玲:《知识管理》,科学出版社2009年版,第32页。

[3] Nonaka I,Takeuchi H,*The Knowledge-creating Company:How Japanese Companies Create the Dynamics of Innovation*,New York:Oxford University Press,1995.

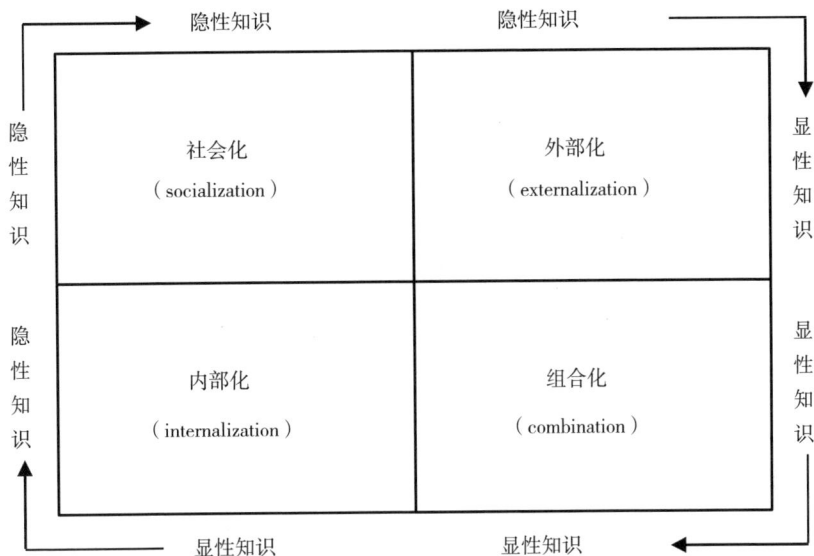

图1-2 知识共享的SECI模型

团队、组织的发展都具有重大的价值。我们通过隐喻、模拟、模型序列的使用等方式,形成显性概念,进行存储并分享给其他员工或团队,这实际上是一个实现隐性知识共享的过程,包含使隐性知识变得易于获取并传递给其他人两个方面的内容。

组合化(combination),是从显性知识到显性知识的过程,这个过程产生系统知识,是在共享中升华知识的过程。知识共享不仅要"互通有无",而且要提高知识的存量和质量,并创造新知识。组合化是对显性知识的充分共享和利用的过程。

内部化(internalization),是从显性知识到隐性知识的转化过程。这一过程主要是将从其他员工、团队、组织中已获得的显性知识,转化成头脑中新的知识,这是一个显性知识共享的过程,包括接受并吸收显性知识,达到知识增量。

社会化(socialization),也称共同化,是从隐性知识到隐性知识的过程。社会化是共享"经验"的过程,比如通过体验、潜移默化等方式,直接从他人那里获得隐性知识,实现了隐性知识的有效传递和共享。

（三）知识共享实现的保障机制

知识共享实现的保障机制可从以下三个方面理解（见图1-3）：首先，情境管理是知识共享顺利实现的基本保证；其次，依培养分析理论消减知识共享中的沟通障碍；再次，提升知识本体的规范性、准确性、可用性。

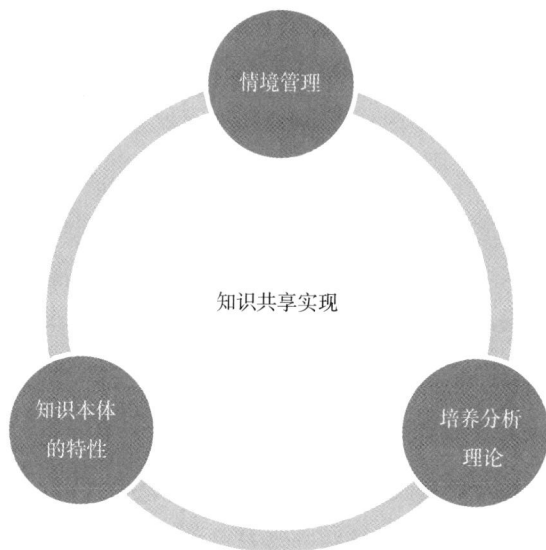

图1-3　知识共享实现保障机制

1. 情境管理是知识共享顺利实现的基本保证

"有效的管理者必须善于'读懂'他们进行组织和管理工作所处的环境"①。情境管理理论认为执行管理职能的类型和风格取决于管理实践所处的情境，情境不同，管理实践也要随之变化。日本的知识管理学教授Nonaka曾系统地概括了知识和情境的关系：知识是环境影响下的产物，组织成员必须在某种特定的情境（时间、空间、与他人的关联）下才能有效地分享、创造和利用知识，并引入了"场"（Ba，源于日语哲学词汇）的概念，将它定义为"一种群体共享的环境状况"②。知识共享总是发生在一定的情境之中，因此，只有当

① Gareth Morgan, *Images of Organization*, Beverly Hills: Sage Publications, 1986.
② ［日］野中郁次郎、纮野登：《知识经营的魅力：知识管理与当今时代》，赵群译，中信出版社2012年版，第133页。

我们所采取的行动和现行的情境(包括宏观环境和微观环境)相一致时,知识共享才能顺利实现。在组织中,组织文化、组织成员的价值观、组织的结构、员工的成熟度、领导风格等,都是影响知识共享的情境因素。比如,"你会发现在美国企业、北美企业,甚至欧洲的一些企业,有一个很重要的知识分享的环境或者手段叫'咖啡屋'这样的方法,就是喝咖啡","他们很多的思想火花的出现,或者知识的分享是在那个环境,除此之外还有一些沙龙,还有小的学术讨论会"。张斌教授在 2012 年中国知识管理论坛上曾谈到,日本人后来在做知识分享的时候,他就很少提咖啡间,他们后来就提出叫工作午餐或者周末午餐会这种形式。可见,不同的文化传统形成了不同的宏观环境,决定了不同国家所采取的知识共享的策略和方法是不同的。在知识共享的实现过程中,没有一个万能的可供套用的模型,在某个组织中成功的知识共享案例的经验,在其他组织中极有可能难以运行,当前在我国很多企业中失败的知识管理的案例,归根结底是忽略了对"情境"的关注。

在知识共享过程中,一方面,"情境"具有客观存在性、相对稳定性、难以改变性,比如上述提到的传统文化,以及种种在社会、组织长期的历史发展过程中形成的种种物质和意识的积累与积淀,此类情境需要知识共享活动与之适应并顺从;另一方面,"情境"也具有主观性、灵活性、可塑性,也就是说,在知识共享中,有意塑造有助于知识共享实现的情境。

众所周知,虽然知识共享具有种种优势,但是,由于企业及其成员也意识到很多极具价值的知识往往涉及团队、员工个人的核心竞争力,此类知识的共享将在一定程度上对其各自的生存和发展产生威胁,因而产生了共享意愿的障碍。在这种情况下,只有当共享所带来的收益大于风险之时,障碍才可能消除,共享才可能实现。此时,企业就应主动创设并塑造一种有助于激发员工贡献知识的意愿,能够从多方面创造满足员工及其团队的收益、补偿等在内的情境,以实现共享过程,并实现良性循环,以衍生并形成相对稳定的适应共享的情境。

2. 依培养分析理论消减知识共享中的沟通障碍

关于培养分析理论的研究最早出现于 20 世纪 60 年代的美国,被以格布纳为代表的批判学者提出并进行了系统的实证调查分析,后亦被称作培养理论。该理论最先关注的是 20 世纪掌握绝对传播话语权的电视媒体,深入探讨了作为最具影响力的大众传播手段,电视媒体传播内容中的暴力内容对于整个社会的影响,后将其研究拓展到大众媒体中蕴含的"象征性现实"与人类在社会生活中形成"现实观"过程的相互作用,并认为社会人现实观的形成受制于传媒提示的"象征性现实"的长远影响,其过程颇为漫长且潜移默化。它的基本观点是,社会的存在与发展需要社会成员具备某种"共识",这种共识主要指人类对于社会生活中客观存在的各种事物、各个因素、各个部分及其相互关系要形成总体相似的认知,只有这样,社会才能作为统一的整体和谐地存在与发展。

笔者无意探讨该理论对传播学和社会学产生的影响,但认为在该理论的观照下,知识共享能够更加顺利的实现。在知识共享中,被贡献的知识无人问津,所需要的知识无处可寻,贡献和需求不相匹配的现象非常多见。如此循环,既造成了成本的浪费,又产生了员工的不满,由于缺少"共识"的积淀,知识共享难以避免穷途末路的惨败。员工未经过"培养",在选择和利用知识的时候,往往带有一定的随意性和主观性,比如受个人喜好、情绪的影响,受已有知识结构的制约,不能正确理解和表述知识需求等;而知识贡献者往往是贡献自己认为有用的知识,或者在制度的约束下被动贡献组织需要的知识,而未经过"培养分析"的知识需求往往带有极大的不准确性、不可靠性。因此,为了确保知识共享的顺利实现,组织应该发挥如大众传媒一样的作用,潜移默化地培养和影响员工,形成关于知识共享的"共识",比如关于共享知识的内容、关于获取知识的途径和方式等方面的共同认识。

知识共享中的培养分析,是将组织关于知识共享的理念、方法、意义潜移默化地传递给组织员工,员工形成对于知识共享的基本一致的认识,在此基础上,进行知识的贡献、分享和利用等。它有助于实现知识需求与知识贡献的匹配,有助于实现知识的充分利用。首先,知识共享不是某几个人或者某个部门的工作项目,它需要各个部门及其员工从上到下全员参与。当组织要开展知识共享之时,应先让其员工了解知识共享"是什么,为什么,做什么",进而积极主动地参与到此项活动之中。其次,通过分析组织的职能,当前及今后的工作任务,确定组织发展中知识共享的重点内容,并实时传递给员工,员工通过与自身已有知识的比对,形成知识需求或知识"贡献欲"。再次,由于某方面知识的欠缺,员工往往对自己的知识需求表述较为模糊、不够全面,或者难以意识到自身潜在的知识需求,这就需要组织协助其准确地表述知识需求,并指引其获得合理的途径。此外,协助知识贡献者将有价值的知识及时、准确地贡献给组织,避免产生"知识垃圾"。上述过程就是在知识共享中对员工培养分析的具体体现,尤其是在知识共享实施之初,培养分析将是工作的重中之重,当员工在反复的参与过程中达成了基本的共识,后继工作将事半功倍,呈螺旋式上升之势顺利进行。

3. 提升知识本体的规范性、准确性、可用性

知识的数量和质量直接影响着知识共享的效果。在确保知识质量的前提下,提高知识的数量,获取并存储大量可供共享的知识,是知识共享实施的重要环节。然而,知识的不同来源、不同存在方式等差异在一定程度上影响着知识的准确性和可用性。在知识共享中,被共享的知识必须具有真实性、准确性,才不会产生"适得其反"的负效应;被共享的知识只有具有规范性、可用性才能提高知识共享的效率。因此,组织需要对所获取的知识进行一系列的编辑加工、分类整理、分析整合等,以提升知识的价值,确保知识的适用性。

规范性是知识可被共享利用的最根本保障,知识以不同的形式,存在于不同的载体之上,简单地将这些知识进行叠加存储,会导致难以检索利用。因此,有必要通过格式的规范,语言表述的规范,主题词的规范,元数据的规范,知识自身、知识间的联系的建立等方式,在知识存储时对其进行规范化处理,以保证知识可被检索和可被发现。

准确性对于知识共享则发挥着决定性的作用,尤其是在知识经济时代,科技发展日新月异,知识更新异常迅速,一方面,当我们获取并存储之时需要验证知识的准确性;另一方面,对于已经获取和存储的知识需要随时更新和完善,否则,已过时的知识被共享和利用,将给组织的发展带来极大的危害。此外,知识的准确性还表现在对知识是否适合本组织的判断,本身正确但不适合本组织的知识,在应用过程中同样是不准确的。

知识的可用性则强调尽可能地确保知识"拿来即可用"。当今信息爆炸的时代,信息量的极大丰富,也使组织员工面临着如何高效而准确地获取所需信息的严峻挑战。在知识共享中,被共享的知识不应该是碎片化的、简单的

"泛存在"的状态,从知识本身的内容,到其呈现方式,到其检索获取途径,对组织成员来说应该更具"个性化",针对不同的利用者,减少知识复杂性、冗余性,确保方便、快捷的为员工所取、所用。

第二节　企业文件与档案的价值形态

企业文件是企业为处理事务而制作形成的,是企业及其成员记录、固化、传递和存储信息的一种工具,是在企业的实践活动中直接形成和使用的信息记录,不论其载体形式和记录方式如何。企业档案是指企业在研发、生产、经营和管理活动中形成的有保存价值的各种形式的文件。"档案蕴含着集团发展历程、竞争态势、市场分布、发展趋势、人力资源、科研开发、经营管理、客户资源等各方面信息,是集团制定发展战略、重构商业模式、优化生产流程、完善产品设计、把握竞争优势、抢占市场先机、推进精益管理,实现可持续发展和转型升级的重要基础性和战略性资源……"①企业文件与档案的价值是指企业文件与档案这一客体对企业在从事各项活动中所具有或表现出来的信息支持、管理控制、证据力等意义或作用。在不同的企业中,企业及其成员对于文件与档案价值认知的准确度和深度存在一定差异。对企业文件与档案价值的认知直接影响着其价值的实现,而文件与档案价值的实现程度也直接影响着企业及其成员对文件与档案价值的认知认可。

准确把握文件与档案的价值,是讨论诸多与文件档案相关理论及实践问题的重要前提和基础。从计划经济到市场经济,再到当今知识经济、数据时代,企业文件与档案价值在企业中的彰显和表现形式各不相同。现代社会,知识经济时代已经到来,而伴随着科技发展而来的大数据也正在充斥着社会的方方面面,在企业中,"互联网+"、管理信息系统、Web 信息系统、物理信息系统、科学实验系统等都为企业提供了大量的数据,企业所拥有和可用的数据量

---

① 《国家档案局联合国防科工局对中国航发建设项目档案工作进行专项检查》,2018 年 8 月 30 日,见 https://mp.weixin.qq.com/s/8bJHvT_26xe_NBn0a0Qs5A。

较之以往任何社会更为丰富。而大数据自身的特点也使企业面临着如何有效地将极大丰富的数据转化为适用于自身发展的知识等严峻挑战。也恰是在此背景下,深入透彻地分析企业文件与档案的价值,并将其有效融入推动企业知识共享的实现过程中,便显得尤为重要。

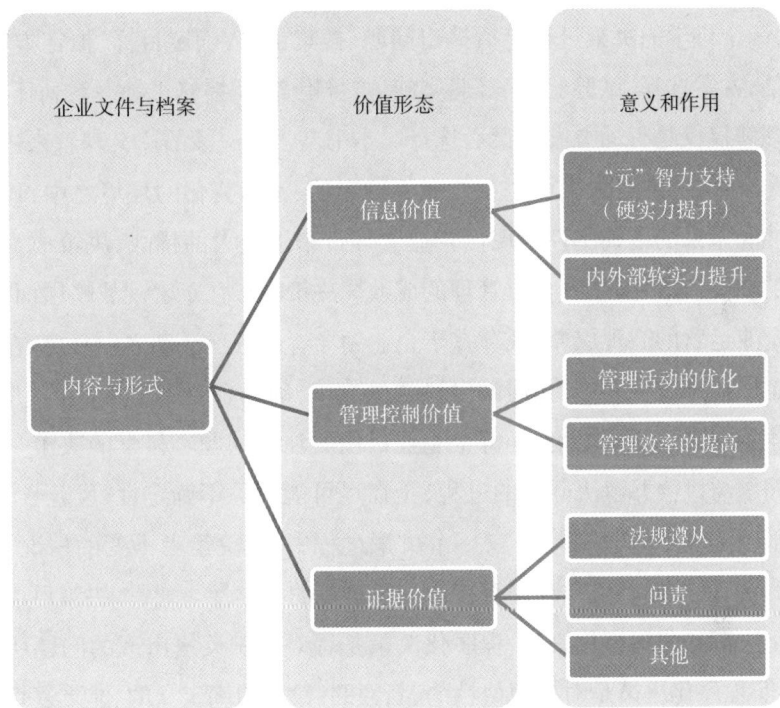

图1-4　企业文件与档案价值形态图

一、企业文件与档案的信息价值

信息是事物运动的状态与方式,物质、能量和信息是构成现实世界的三大要素①,信息的基本功能在于"消除不确定性",维持和强化世界的有序性;信息的社会功能表现为维系社会的生存,促进人类文明的进化和人自身的发展。它是人类认识世界和改造世界的中介,是维系社会生产与发展的动因,智慧的源泉。在庞大的信息家族中,文件与档案是在社会实践活动中产生的,真实地

----

① 孟广均等:《信息资源管理导论》,科学出版社2012年版,第12—13页。

记录和反映了社会实践活动的发展过程,是最具真实性、可靠性的原生信息,是一种不可再生、不可替代的信息。企业的文件与档案,记录的是企业的"过去和历史",其信息价值源于所记录的内容,并面向企业的"现在和未来"。

(一)企业科学决策的"元"智力支持

现代管理中,决策有广义和狭义两种解释,广义的理解把决策理解为一个过程,一个科学的决策过程包括提出问题、搜集信息、确定目标、拟定方案、分析评估、方案选择、试验验证、普遍实施、监督检查、反馈修正等一系列环节;狭义的理解仅仅是行动方案的最后选择。本书基于对决策的广义理解来进行阐述。在现代社会中,大多数企业处在不确定的、不断变化的环境之中,环境的复杂性和未来的不确定性给现代企业管理带来了极大的挑战,决策成为企业管理的核心,直接关系着企业管理的成败。决策既存在于宏观战略层面,也存在于企业运营的微观层面;既存在于企业领导者的各项活动之中,也存在于企业员工的业务过程之中,如何做出科学的决策,确保企业的正常运转,并在未来的竞争中立于不败之地,是每个企业极度关注的问题。科学的决策是一个识别问题与机会并解决问题的过程,是在尽可能消除不确定性、风险性、含混性的基础上做出的"抉择"。在一个决策过程中,在决策者不变的情况下,对信息的占有、挖掘、分析、利用直接影响了决策的科学性。通常,决策可以分为程序化决策和非程序化决策,程序化决策是针对组织反复出现的问题所做的决策;非程序化决策是对非规律性的、新颖的、没有明确定义的、非重复性的情况所进行的决策。

对于程序化决策,组织可以制定决策规则,并将这些规则用于未来的决策之中,而这些决策规则往往是对企业中以往类似实践活动的总结和升华。相关企业活动产生的文件与档案是这些反复出现问题的最直接、最客观的记录,是总结经验教训,制定规则、程序,不断提高决策效率与科学性的最重要、最可靠的信息源。对于非程序化决策,所要解决的问题往往是企业从未遇到过的,在解决过程中更需要对问题进行全面的分析和正确的把握;而问题和情况不是孤立存在的,植根于不同的组织,处理和解决的方案也不同,因此,面对非程序化的新问题,企业要正确认识本组织的历史和现状,优势和不足,在此基础上,全面地、历史地、客观地分析问题,才能做出科学的决策。无疑,企业的历史和现状,优势和不足在丰富的企业文件与档案中展现得最为完整和系统。可见,企业文档的价值在不同决策过程中都得到了充分的展示。

在此,笔者强调企业文件与档案是一种"元"智力支持,在决策过程中,领导的素质与能力,外部信息等都会对决策的过程产生重大的影响,但是,对文件与档案信息的分析与利用是基础。一般情况下,无论是哪种类型的决策,不论管理者采取何种决策模型,有效的决策过程都包括识别决策需求、原因诊断与分析、拟定备选方案、选择理想方案、实施选定方案、评价与反馈等六个步骤,而其中对决策需求识别的是否准确,对原因的诊断与分析是否全面合理,是直接关系决策成败的两个关键性步骤,而这两个步骤恰恰是基于对企业文件与档案的分析得出的结论。如果在决策过程的前两个关键性步骤出现了误区和盲区,其他任何影响决策的积极因素与环节都将使决策更具风险性。数据时代,现代企业的决策中,信息如泉,源源不断,然而"数据大爆炸导致数据过剩",数据失真、数据依赖等正在产生种种数据风险,"在超数据时代,一项决策万不能没有数据支撑,但仅仅依靠数据支撑来做决策又是万万不能的",企业文件与档案包含数据,其信息价值又体现在数据之外的"关联"以及因关联而生的"元"智力支持。

(二)企业软实力提升的支撑性资源

20世纪90年代美国哈佛大学教授约瑟夫·奈首先最早提出"软实力"的概念,从最初作为国际政治界的新概念,到在国家、区域、组织、个人等各个领域被广泛关注,得到众多国家和人群的认同和广泛使用。对于国家、社会、组织而言,我们可以将推动其发展的实力因形态上的不同分为软实力和硬实力,硬实力是物化的、有形的,比如资金、土地等的物质力量;软实力则是无形的、非物化的,比如文化、制度、影响力等。企业软实力是指企业的宗旨、价值观、创新机制、社会责任意识等以及由此形成的企业文化、社会声誉和品牌影响力。① 企业软实力由内外部多种因素的共同影响和作用而形成,在企业内部,表现为企业文化、管理制度、组织模式、领导能力、创新能力等,而在企业外部,表现为品牌和服务、社会责任、企业美誉度等。随着社会经济的发展,企业软

---

① 王超逸主编:《软实力与文化力管理》,中国经济出版社2009年版,第66—68页。

实力在竞争中的价值和作用越来越重要,对于一个企业,硬实力是软实力的载体和基础,软实力是硬实力的灵魂和延伸。在硬实力一定的基础上,企业软实力是一个指数变量,它可以使企业的综合实力呈大幅波动状态。尤其是我国企业,长期以来受传统经济的粗放式、外延式发展模式的影响,提升软实力在当今市场竞争中更显得尤为重要。企业软实力的积淀来源于历史的发展,企业软实力的提升需要在传承中缔造——传承已有的优秀成果,缔造符合时代发展的新突破。而这种传承与缔造都要以记录企业发展的档案为支持,企业的文件与档案正在成为企业软实力提升的支撑性资源。

从企业内部来看,企业文化、管理制度、组织模式、领导能力、创新能力等都属于企业软实力的要素,其提升均需以档案资源为基础。从文化的角度来看,档案是人类文化、文明的记录与物质载体,"历史的经验告诉我们,一种文化,一种文明的连续、健康的发展,常常需要有完整系统的档案信息作为保证"①,可见,企业文化蕴含于档案之中,档案信息的开发与利用有利于企业文化的挖掘与提升。从管理制度、组织模式、领导能力等方面进行分析,管理制度、组织模式、领导能力在企业中以动态方式存在,它们需要随着组织的发展不断完善,这种完善的过程是依靠对企业管理活动中已形成的文件与档案内容的审视与反思做出预测的结果,只有基于本企业的现状,基于文件与档案信息,认清组织当前的制度、模式、领导者与被领导者的状态,才能形成具有企业特色的更加和谐、人本的组织模式、管理制度,形成无法复制的企业遗传基因密码,从根本上提升企业软实力。此外,从文件的形成及其内容来看,"中国绵延数千年的公文的变革和发展,其根本动力都是植根于社会的基本矛盾和社会形态的演变之中"②,国家性质决定了制发公文的内容是为少数人谋利益还是为多数人服务,公文的名称、格式、行文方向反映了收发人之间的地位和关系,而文风则反映了事务处理的效率。可见,在企业中,其文件与档案的种类、格式、语言规范、运转过程等,直接体现着企业治理的理念,是组织结构、领导模式的具体体现。再具体到创新能力,创新能力是关系到现代企业生存与发展的一种核心

---

① 王英玮主编:《档案文化论》,中国人民大学出版社1998年版,第62—63页。
② 李昌远:《中国公文发展简史》,复旦大学出版社2007年版,第262页。

竞争力,创新的实现方式多种多样,而它的主体归根结底是人,从软实力的角度看,企业的创新能力是企业文化、组织、领导、制度等各种要素共同作用的结果,创新是"回望于过去,放眼于未来,着眼于现在"的过程。企业的文件与档案是对企业过去的记录,不回避成功与失败的原始记录是创新的信息基础,了解"已知",才能确定如何突破"未知";企业文件与档案沉淀的企业文化、管理制度为创新提供了精神动力和环境保障,是创新实现的重要支撑。

而在企业外部,品牌和服务、社会责任、企业美誉度是企业软实力的重要要素,是企业内部硬实力和软实力共同作用的体现,直接影响着企业的生存与发展。首先,来源于外部的软实力,离不开硬实力的物质基础。企业文件与档案为业务活动的开展提供的具有一致性、连续性的记录,为企业的运营管理提供的快速、准确的服务以及所进行的资源管理和成本控制,有助于企业形成具有竞争力的产品,为提升企业软实力奠定基础性条件。其次,公共关系已成为提升企业外部软实力的重要途径。公共关系的最终目标是在公众中树立起良好的形象,它有机的包含了品牌服务、社会责任、美誉度等多种元素,并将它们有机融合,共同丰富组织的良好形象。企业公共关系建设分为内部公共关系建设和外部公共关系建设。其中,外部公共关系建设,是提升企业软实力外在影响的重要手段,已成为国内外企业的一项重要活动。被尊为"公共关系之父"的艾维·李奠定了公共关系的第一原则,即真实,真诚。真诚是一种态度,这种态度的展现基于事实的真实,基于实事求是。企业文件与档案最根本的特性就是真实性、原始性,它以其真实性维护客户的利益,提供帮助外部公众对企业认知、认可、选择的活动记录,并帮助企业形成正确的公共关系模式,是企业公共关系建设中不可替代的信息原材料。

二、企业文件与档案的管理控制价值

文件与档案作为社会实践活动的信息记录,作为结果,属于一种信息资源,体现出信息价值;另一方面,之所以产生这一结果,最终形成了历史记录,源于文件是记录、传递、存储信息的一种工具。文件总是基于某种载体,由适当的制发主体,将相应的信息内容,按照一定的结构进行组织,并传递给对应的接收者。当这种工具及时、准确地将信息内容在信息发出者和信息接收者之间进行了有

效的传递之时,相对应的形成了管理活动顺利开展的表征,文件的形成、运转和处理,是管理的一种重要方式。"在我国古代,朝廷、各级衙门和官吏通过发布文件来宣布统治方针和策略;通过控制文件运转,来行使行政权力和提高传统社会行政效率;通过保存和编纂档案,来延续统治权力和维护其正统地位"①,充分体现了文件与档案的管理控制价值。在现代社会,以对文件的精简来提高行政效率,简化事务处理程序,更形象地说明了文件与管理控制之间的必然联系。1930 年,美国哈默米耳纸张公司曾对表格和表格式函件进行了研究,在《通过业务表格实行管理控制》一文中,笔者提出"对表格,特别是把它当作一个整体作一番研究,就可以具体发现,何种步骤或做法可以取消,何种相应的变革必须进行"②,也充分体现了文件对业务活动的管理和控制价值。

在现代企业管理中,企业文件与档案的管理和控制价值,将越来越鲜明地体现出来。企业文件与档案的形成和运转,是对企业资源配置和管理流程的直接控制,是对企业管理合法合规的管理与控制。文件载体的多样化有助于企业信息流更高效的运转;文件格式的规范化有助于管理内容更准确、生动鲜明的传递,有助于业务流程的规范化;文件结构的规律化有助于提高信息传播者和信息接收者沟通效果,在各项活动中实现无障碍的信息交流;文件收发者的合法合理性提升了管理中职、责、权分配的科学性,文件处理的优化有助于业务活动的顺利推进,管理效率的提高。在现代企业管理中,越来越多的活动是依企业文件与档案的形成和运转而实现的。从管理的各项具体职能来看,控制是一项非常关键的职能,它是管理者规范组织活动,以实现预定目标和绩效标准的过程;控制可以防止和及时纠正偏差,不断降低成本,提高效率。比如,生产控制,即对各生产阶段的流程加以控制,以便能在预定的日程内,以最低的成本生产合乎规格及预定数量的产品。③ 在这一过程中,以"图表"形式实现控制或管理的目的,在现代企业中得到了广泛的应用,生产控制图表以直

---

① 梁继红:《中国古代档案学的学术传统与价值》,《中国社会科学报》2012 年 4 月 18 日。

② [美]T.R.谢伦伯格:《现代档案——原则与技术》,黄坤坊等译,档案出版社 1983 年版,第 55—56 页。

③ 王关义等编著:《现代企业管理》(第二版),清华大学出版社 2007 年版,第 271—273 页。

线图、曲线图、甘特图等形式来记录生产过程中人工操作和机器的使用情形、工作进展、工作负荷等情况,这些图表伴随着生产过程而产生,是生产过程中产生的文件,已成为控制生产过程的重要工具。又如质量控制,质量是企业的生存之本,是现代企业赢得竞争优势的重要手段,质量管理在企业管理中的地位不断提高,质量管理理论不断发展和完善。在质量管理中,从确定质量方针和目标,到建立质量体系,到开展质量控制和质量保证活动,再到质量改进、质量手册、管理性程序文件、质量计划、质量记录等各种类型的文件是实施质量控制的直接手段和依据,它们产生并服务于质量管理的各个阶段。

近年来,党中央、国务院积极推动"互联网+"行动和"大众创业　万众创新"活动,我国基于互联网的新业态、新模式蓬勃发展。这一过程中,企业文件与档案的形成环境、形成过程及价值实现过程较之传统环境下发生了极大的改变。电子文件与电子档案在各种实践活动中的管理控制价值更加凸显。如2013年国家发改委联合有关部委下发的《关于进一步促进电子商务健康快速发展有关工作的通知》中就提出应充分发挥电子会计档案在电子商务领域会计信息数据管理、利用等方面的作用;2015年5月4日,国务院下发《关于大力发展电子商务加快培育经济新动力的意见》,专门要求税务总局、财政部、国家档案局、国家标准委等部门"逐步推行电子发票和电子会计档案,完善相关技术标准和规章制度";2015年12月11日,新修订的《会计档案管理办法》(以下简称《办法》)正式公布,新办法有利于推动互联网创新经济的发展,有利于促进绿色、低碳的发展方式,有利于推进国家治理能力的现代化,是文件与档案的管理控制价值在"互联网+"时代实现的具体表现。

文件产生于社会实践活动中,又从不同的角度(比如文件的各构成要素、文件运动的不同阶段)直接作用于社会实践活动,正是在这种相互作用的过程中,文件的管理和控制价值被淋漓尽致地体现出来。因此,对文件的管理不应是开始于文件形成之后的被动管理,不应是为了存留而进行的"额外"管理,正确认识文件与档案在提高企业管理效率,维持企业高效运转中体现出来的管理与控制价值,真正将其视作管理元素和方式而进行全程管理,既有助于管理效率的提高,又有助于文件与档案管理活动自身的健康发展。

三、企业文件与档案的证据价值

证据是证明事实的依据,企业文件与档案的证据价值是指其能够成为真实反映企业活动事实的依据。它来源于文件所具有的真实性、可靠性、完整性、可用性以及连续性,表现为"为法律诉讼提供保护和支持,包括对于机构活动证据存在与否伴随的风险管理提供的保护和支持","保护机构的利益,保护员工、客户和当前及未来受益人的权利","提供事务活动、个人活动和文化活动的证据"①等。文件与档案的证据价值体现在:首先,能够证明活动的主体是谁,文件中的发文者、签发人等都是与活动有直接关系的主体;其次,能够证明与活动相关联的主体,比如,收文者以及文件运转过程所涉及的相关人员,在不同程度上与活动有直接或间接的关系;再次,能够客观反映"事件"的来龙去脉,证明活动发生、发展的过程;最后,揭示企业的行为及原因,证明"企业做了什么,为什么""没有做什么,为什么",即反映企业所为与所不为的结果与原因。

在现代企业中,企业文件与档案的证据价值日趋重要,成为企业得以立足与发展的强有力保障。首先,随着我国民主法治建设的加强,随着全球经济一体化的发展,企业在法规遵从方面所面临的形势更加复杂,企业的法规遵从(compliance)是指"企业和组织在业务运作中,不仅要遵守自己的各项规章,而且要遵守政府和行业制定的各项法律、法规及规章,同时又能证明自己确实做到了相关的要求"②。法规遵从可以遏制违规经营、虚假交易等不法企业的恶性竞争,是现代经济社会发展趋向完善的一个重要标志。从整体而言,企业的法规遵从主要有以下几层含义:一是要求企业必须严格遵守的,多涉及各国政府和行业管理部门制定的强制性的法律法规;二是由企业自主选择的,多指非强制性的业界标杆;三是企业自己制定的各种规章制度。"法规遵从的关键点,或者说是动机,不是为了遵从而遵从,而是为了证明自己"③,而这种证明,最具说服力的、最具证据力的则是企业的文件与档案。2002 年,美国国会通过了《萨班斯—奥克斯利法案》,对美国的上市公司内部控制提出了严格的要求和限制,除此法案外,美国还颁布了一系列与企业内控管理相关的法

---

① 安小米、焦红艳:《文件管理国际标准 ISO15489》,《城建档案》2002 年第 3 期。
② 田野:《法规遵从,证明你自己》,《中国计算机用户》2005 年第 23 期。
③ 田野:《法规遵从,证明你自己》,《中国计算机用户》2005 年第 23 期。

案,"这些法案的焦点都集中于记录管理"①;我国于 2009 年 7 月 1 日开始实施《企业内部控制基本规范》,在该规范中,"多条与企业档案管理直接或间接相关"②,国内外企业内部控制规范,对文件与档案的关注,正是源于企业文件与档案自身所具有的证据价值,以及对其证据价值应用的结果。其次,在企业问责制实施的过程中,文件与档案也是最有力的证据。所谓问责制,"就是在某项活动中针对相应的权力明确相应的责任,并对相应责任履行进行严格科学的考核,及时察觉失责,依据相应的失责度量对当事人追究和惩罚的一种机制。"③企业引入问责制,是企业建立现代企业制度的重要保障,有助于提高各级管理者的责任感,使企业管理更加科学化、规范化、透明化。在问责制实施的过程中,责与权是否对等,是否存在失职等问题的答案,都要靠企业文件与档案来阐明,而且在多种证据中,企业文件与档案以其原始记录的特性更具可采纳性。此外,企业文件与档案的证据价值还表现在企业活动中的很多方面,如证明各类信息是否可靠,在知识共享中,证明知识的可用性、证明知识间的关联、证明知识与人的关系等。2016 年 12 月,商务部、中央网信办、发展改革委三部门联合发布《电子商务"十三五"发展规划》(以下简称《规划》),《规划》要求,"十三五"期间,"要加快企业电子档案管理制度及平台建设。完善电子发票、电子会计档案等管理制度和规范标准;推进电子档案管理,形成电子发票信息库,建设国家及地方电子发票信息管理与服务平台,发挥电子会计档案对电子商务的促进和保障作用"。在蓬勃发展的电子商务活动中,企业文件与档案对于各方主体以及整个活动过程的证据价值将更备受关注。

第三节　企业文件与档案管理是知识共享的内驱力

从上面的分析可以清楚地了解到,企业的文件与档案具有信息价值、管理

---

① 刘家真等:《电子文件管理——电子文件与证据保留》,科学出版社 2009 年版,第 35—37 页。

② 覃兆刿主编:《企业档案的价值与管理规范》,世界图书出版公司 2010 年版,第 39—40 页。

③ 孙萍:《论企业问责制与内部控制制度的有效实施》,《现代商贸工业》2010 年第 13 期。

控制价值、证据价值。知识共享是企业的一项重要活动,通过科学的企业文件与档案管理,有效激活文件与档案的各种价值,有助于推动企业知识共享的实现。首先,企业文件与档案所具有的信息价值,决定了它是企业知识资源的重要组成,并且具有不可代替的优势,既能为企业知识创新提供智力支持,又能为企业的知识共享的高效实现提供信息保障;其次,企业文件与档案所具有的管理控制价值,则可以推动知识共享的优化实现、形成确保知识共享良性循环的长效机制;再次,企业文件与档案所具有的证据价值,从知识源头上提升了知识共享的可信度和可操作性。在此基础上,之所以说企业文件与档案管理是知识共享的内驱力,主要表现在企业文件与档案是知识共享的重要内容,企业文件与档案对知识共享具有导向驱动作用,企业文件与档案是知识共享的重要手段和工具等。

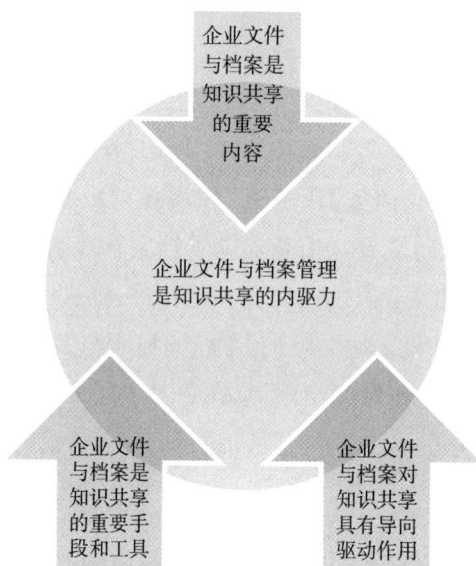

图1-5　知识共享内驱力阐释图

原GE公司首席执行官杰克·韦尔奇认为:"一个组织机构获取知识以及将知识转化为行动的能力是其最终唯一的竞争优势。"现代社会,"线性的世界已分崩离析,平台的时代来临,'连接'才是这个时代的烙印。重要的已不再是你掌握了哪些资源,而是你可以利用哪些资源"①,"平台将知识交流集合

---

① 见 http://finance.jrj.com.cn/tech/2017/01/13180021967350.shtml。

在一起,其相关构架中蕴藏着执行能力,以协作方式探索机会"。在这个平台上,员工和组织随着知识的共享和交流,能够更好地利用有限资源,创造更多的价值与财富。然而,一个好的知识共享平台需要具备良好的内容、资源以及流动性,企业文件与档案所具有的价值使其具备成为知识共享平台上最优内容与资源的条件,而科学、有效的企业文件与档案管理活动必将从多方面驱动"流"的形成和知识共享的实现。

一、企业文件与档案是知识共享的重要内容

企业的知识资源是企业在长期的发展中积累的,是能够给企业带来财富增长并推动企业发展的重要资源。知识资源具有极强的可利用性,表示企业现有的价值和竞争力,并能为企业创造更多的利益和价值。企业的文件与档案产生形成于企业的各项实践活动中,是企业从成立,到不断发展强大的真实记录;是企业有序运转,立足于激烈的市场竞争中的真实写照与缩影;是企业活动中人类智慧的结晶,是劳动过程和劳动成果有机融合的产物,伴随着产生和形成过程所产生的独特天性,使企业文件与档案成为知识共享中极具活力和价值的资源,成为知识共享实现中的活跃因素。

(一)企业文件与档案作为知识资源更具全面性

首先,从内容来看,只要有企业活动的开展,就会产生相应的文件与档案,企业文件与档案一般包括经营管理类、生产管理类、行政管理类、党群管理类、产品生产类、科研开发类、项目建设类、设备仪器类、会计业务类、职工管理类等,每大类下面又涵盖丰富的内容,可见,企业文件与档案浓缩了全过程、全方位的企业活动。而其他各种类型的知识,往往只涉及企业活动的某一方面,或某一领域。其次,从主体来看,企业成员、不同的团队以及企业自身都是档案形成的主体,而这些主体也正是企业活动的主体,在组织中,档案形成主体的全面性使知识的来源更具全面性;同时,文件与档案形成主体与知识共享主体具有一致性,这种一致性有助于提升知识共享中知识贡献与知识利用的匹配。

(二)企业文件与档案是提升企业竞争力的基础性知识资源

知识经济时代,知识将取代土地、劳动、资本与机器设备,成为最重要的生产因素。知识在企业创新、竞争力提升中发挥着至关重要的作用,丰富的、高

质量的知识共同支撑着企业的生存与发展。企业文件与档案从内容上，最能彰显企业发展个性与特点，最具适用性和可靠性；从获取途径上，相对于其他知识获取的渠道更为便捷，成本更为可控；此外明确"有什么"知识，"需要什么"知识，才能厘清"缺什么"，企业文件与档案则清晰地展示了企业"有什么""需要什么"。可见，企业文件与档案是寻找企业知识缺口，获取其他类型知识的具有线索意义的基础性资源。

（三）企业文件与档案更具智慧性

智慧一般是指人对事物能迅速、灵活、正确的理解和处理的能力。在此，文件与档案的智慧性表现为在被运用中，能够快速、灵活、准确地与需求相适应，以其丰富的内涵因地制宜地发挥应有的作用。通常我们认为，有价值的文件归档保存，转化为档案。档案是活动记录中的"精华"，文件转化为档案的过程，不是简单的若干文件的"聚集"，在全宗理论、来源原则、宏观职能鉴定论等理论的指导下，档案"承载"了更多的智慧，它遵循事物发展的规律，体现了活动之间的联系，将大量的描述性知识、程序性知识与因果性知识、情境性知识和关系性知识有机地结合起来，不仅增加了知识的独特性，更使知识具有较强的智慧性和更大的价值。

（四）企业文件与档案是一种异质性知识资源

异质性资源"表现为有价值性、稀缺性、难以模仿性和难以替代性，构成了企业竞争优势的内生来源"①。随着知识经济的到来，企业异质性知识资源的重要性凸显，传统的劳动力、资本、土地三大生产要素必须与知识的运用相结合才能为企业创造财富。企业所拥有的知识直接影响着企业的资源配置、生产方式和生产效率，企业的文件与档案是本企业发展的产物，是企业智慧的结晶，是企业精华的沉淀，其自身以及衍生价值与作用是其他任何资源难以代替的，是其他任何组织难以模仿的，这种异质性知识资源则已成为提升企业核心竞争能力，创造竞争优势的直接动力。

---

① 《什么是异质性资源》，2012 年 11 月 27 日，见 http://management.yidaba.com/201003/26164303100110010000010 2653.shtml。

二、企业文件与档案对知识共享具有导向驱动作用

在知识共享中，纵然存在诸多最佳实践，优秀案例，但如前所述，知识共享涉及多种影响因素，任何一项因素的差异，都可能导致最佳实践的失败。很多知识共享失败的教训告诉我们，"拿来主义"在知识共享中是不可行的。企业文件与档案对知识共享的实现的驱动作用，重在"导向"，导向指引着活动的发展方向，决定着活动成败。企业文件与档案对知识共享的导向驱动力主要体现在，基于对文件与档案的分析和管理，认清企业的现状，分析和把握知识共享的内外部环境，确定适合本企业知识共享的实现的指导思想，选择最优的共享策略，制定可操作的行动方案。

（一）企业文件与档案是形成知识共享科学指导思想的导向驱动

思想是行动的先导，知识共享指导思想的科学性、先进性，将直接影响知识共享活动的开展。作为企业的成员，在活动过程中，必须基于对本组织的全面了解而产生行动。正确的知识共享指导思想的形成不仅来源于对知识共享实践和理论的认识和升华，更来源于对本组织现状进行全面的分析，将知识共享"本土化""具体化"，进而抽象提升而形成。企业文件与档案管理活动为企业成员所提供的关于企业过去的素材，从大量的文件与档案中寻找企业发展的历史，了解企业的现状，比如关于企业文化的发展，关于企业组织结构的变革历史，关于企业管理制度的发展完善，等等，以及企业成员对这些素材的理解与吸收，都影响着知识共享指导思想的形成。

（二）企业文件与档案管理是知识共享策略选择的引导

编码化和个人化是知识共享的两种基本策略。编码化是将知识进行分类编纂并存储于知识库中，以便组织中任何人都能容易地接近并使用。现代信息技术为知识的编码化提供了良好的条件，通过将知识从"人员到文档"而实现知识大规模的再利用。个人化主要是通过企业中人与人的直接接触和交流，实现知识的传播与交流。文件与档案管理的规范化、丰富度以及管理过程的优化程度等因素，影响着编码化策略能够顺利实现、应该如何实施；而对于个人化策略的选择，要根据企业中不同团队的特点，不同员工的特点，决定该策略在本企业中是否适用，在何种范围内适用，如何应用等。企业文件与档案真实记录了企业各部门及其成员的活动过程，反映了其工作特点，为个人化策

略的选择提供了重要的参考。编码化策略与个人化策略不是互相对立的,而是互相补充、互相配合的。企业在知识共享中是采用编码化还是个人化策略,如何实现两种策略的完美配合,以及孰先孰后、孰轻孰重的选择过程中,文件与档案的管理活动以及已产生的效果,都将成为一种选择实现的推动力。

(三)企业文件与档案管理是提升知识共享方法有效性的助推器

在企业知识共享中,知识库、知识地图、知识社区的建设,是最常用的方法。其一,知识库是集知识的获取、分类、组织、存储、传播、维护、共享于一体的智能知识处理系统,是知识表达的工具、知识交流的平台,然而,正如联想原CKO张后启曾说过一个知识库和一个垃圾库只有一步之遥,文件与档案管理有助于知识库中数据的净化,知识去冗,知识整序,知识的准确性、完整性、可用性,并保证知识库在动态中实现知识的"活用"和增值。其二,知识地图是知识的库存目录,用来帮助寻找相关的人或部门有哪些知识及分布的地点位置。企业文件与档案不仅富含了丰富的知识内容,也揭示了人和知识的关系。传统的著录标引、电子文件的元数据管理,为知识地图的建立提供了完整的框架,有助于发现知识孤岛并建立起相互之间的联系。其三,知识社区是企业通过促进员工自发或半自发而组成的知识分享团体,有助于分享知识,特别是隐性知识。知识社区强调员工交流的自觉自愿性,环境氛围的轻松性,值得注意的是,对于员工个人而言,在知识社区中学习交流的成果,应该及时沉淀固化,必要时形成相应的记录,以确保自身知识和能力的提高,发挥知识社区活动的有效性。

三、企业文件与档案是知识共享的重要手段和工具

在知识经济时代,知识共享是直接关系到企业的生存与发展的一项重要活动。企业文件与档案在企业管理活动中具有管理和控制的工具价值,它是一种重要的管理方式。在知识共享活动中,也不例外,文件与档案是知识共享实现的重要手段和工具。

从知识共享的不同阶段来看:

第一阶段,知识共享活动开展的前期准备。这一阶段的主要工作任务包括知识共享活动计划的制订,活动的组织筹划,活动的宣传等。以文件的形式

传递、记录信息是工作任务完成的重要手段。曾有一个"知识管理标杆企业"的部门经理在被问到该企业知识管理的相关问题时,却对该项工作知之甚少①,知识管理本应是"共建共享",但在很多企业中却上演着"独角戏",除了知识管理的职能部门和相关领导,多数的中层和员工却更多的是在"被知识管理"。此外,有些企业,高层、中层与普通员工各自对知识共享有自己的认识和想法,因缺少必要的沟通而难以形成共识,导致难以推动知识共享持续有效的开展。在组织中,一项活动、一项变革,对于员工而言,其心理上往往需要一个认知—理解—接受—行动的过程。知识共享活动,需要每个员工、每个团队的参与,以文件的方式,直观、准确、详细地将知识共享开展的原因、目的和意义、计划等信息传递给员工,保证员工知情权,并阐明员工因此可能获得的收益,是知识共享成功的前提。

第二阶段,在知识共享活动具体实施的过程中,文件与档案则是直接推动知识转化的完成以实现共享的工具。知识的共享包括显性知识的共享和隐性知识的共享:首先,在显性知识共享中,通过对档案管理过程中的前端服务,规范文件与档案在形成阶段的格式、种类、写作,有利于形成规范化的知识存储体系,为知识共享打下了良好的基础;将对档案的分类整理理念有机地融入组织知识分类过程,能够形成适用于组织的人性化知识分类体系,以该体系吸引并呈现知识,便于组织成员准确、快速地"找到"所需知识。其次,在隐性知识共享中,隐性知识是高度个人化的,难以形式化的知识——不可表述的、不易表述的、尚未表述的知识,都属于隐性知识;隐性知识的未编码、非格式化,以及对环境的依赖性和个体性,增加了隐性知识共享的难度。将隐性知识显性化和从隐性知识到隐性知识是隐性知识共享的重要实现方式。在隐性知识显性化过程中,通过文档的结构框架引导隐性知识所有者将不易表述、尚未表述的知识外化出来,层层深入挖掘,并形成文档以固化隐性知识,从而确保隐性知识在时空上连续传播和共享。而在从隐性知识到隐性知识的共享过程中,文档则是提高共享效率的重要工具。在知识共享后期,形成总结经验教训等

---

① 《知识管理六大失败案例深入剖析》,2009 年 4 月 19 日,见 http://finance.ifeng.com/leadership/alzx/200 90419/556438.shtml。

富含反馈信息的文档,并收集和保存记录知识共享的过程和结果的文档,为新一轮共享活动的开展提供宝贵的素材,以实现知识共享的螺旋式上升。

本章小结

在现代企业中,知识共享和文件与档案管理的根本目标具有一致性,即服务于企业的发展;而"知识"和"文件与档案"又有着千丝万缕的联系,密不可分;二者在实现进程中必然包含着一定的关联。企业文件与档案的产生和形成过程赋予了其独特的价值与功能,并形成了相应的管理过程。综观知识共享的内在本质、构成要素以及实现机理和外在实现过程,内隐和外在显示着二者的种种吻合与同步之处。企业文件与档案管理,从管理内容、管理方式、管理手段等方面驱动着知识共享的实现,而在推动知识共享的顺利实现过程中,恰恰充分发挥了企业文件与档案的价值与功能,完成了其管理的使命,这也正是二者"契合"的重要表现。而从另外一个角度,即从克服知识共享实现的障碍来进行分析,知识共享实现保障机制又紧密的和文件与档案管理交融在一起。多层面的契合性与一致性,构成了面向知识共享的企业文件与档案管理体系研究和架构的基础。

第二章　面向知识共享的企业文件与
档案管理的科学理念

　　企业文件与档案管理对于企业知识共享的实现具有强大的推动作用和重要的意义。然而,在我国,企业在探索知识共享实现的路径中,对文件与档案管理的关注却始终处于相对缺位状态。文件与档案管理和知识共享契合桥梁的搭建仍然任重而道远。在这个被信息、数据充斥的时代,在各个领域发展都愈加强调创新的时代,以科学的文件与档案管理助推企业实现知识共享,进而助推企业实现知识创新被呼之欲出。

　　"理念是人们对于某一事物或现象的理性认识、理想追求及其所形成的观念体系"①。科学的理念是正确行动的先导,企业文件与档案管理理念是对企业文件与档案管理实践及其观念的理性构建,是文件与档案管理活动不断发展完善的思想先导,它驾驭、统领和辐射具体的文件与档案管理实践活动。知识共享是"知识就是生产力"在现代企业发生作用而产生的诉求,面对这一诉求,企业文件与档案管理工作应不断调整、更新已有的管理理念,以提升企业竞争力为根本目标,形成适应现代企业发展的科学的观念体系,形成有助于推动企业知识共享实现的观念体系。在本章中,主要从四个方面来阐述面向知识共享的企业文件与档案管理理念(见图 2-1)。

---

　　①　韩延明:《理念、教育理念及大学理念探析》,《教育研究》2003 年第 9 期。

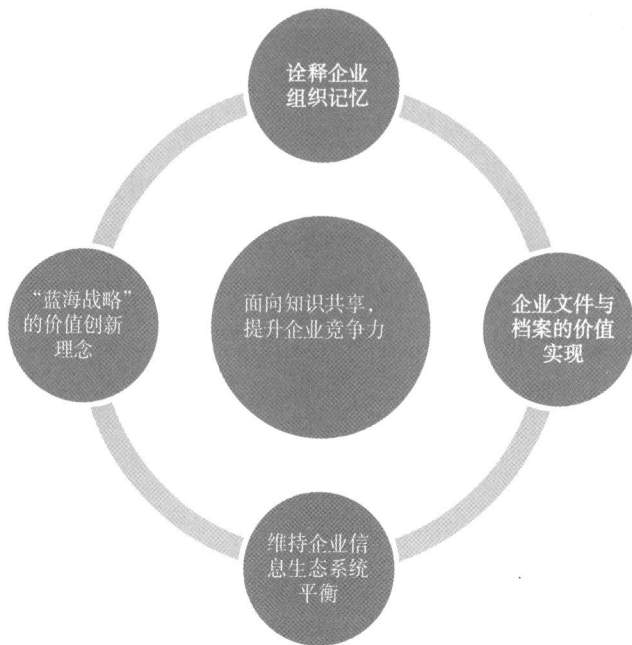

图 2-1　企业文件与档案管理理念示意图

第一节　诠释企业组织记忆

塞缪尔斯引用奥威尔的话说:"谁掌握过去,谁就掌握未来;谁掌握现在,谁就掌握过去……过去的事件只存活于档案记录和人类记忆之中。所谓过去,就是档案和记忆所认可的东西。"①

一、企业文件与档案是企业组织记忆的重要构成

Kingston 和 Macintosh 认为"组织所拥有的知识资产的总和可以看作组织记忆"②。Walsh 和 Ungson 将组织记忆定义为"由组织历史存储的用于影响目

---

① [加]特里·库克:《记录现代社会与档案鉴定》,李音译,《档案学研究》2012 年第 4 期。
② Kingston J,Macintosh A,"Knowledge Management through Multi-perspective Modeling:Representing and Distributing Organizational Memory",*Knowledge-based System*,No. 13(2000),pp. 121-131.

前决策的信息"①。Stein 则认为"组织记忆是组织将过去的知识运用于当前活动导致组织效率水平变化的一种方式"②。Moorman 和 Miner 认为"组织记忆是有着不同内容、水平、传播性和获得性的集体信念、行为惯例或是人工物品"③，Anand 等认为"组织记忆是组织存储的知识和信息以及组织成员获得存储和提取知识过程的一种隐喻"④。综上所述，我们将企业组织记忆概括为"借用人类记忆的概念来描述组织中对技术、运作方式、程序化、内容及文化等的代代传递，它储存了以员工和组织为载体的知识、经验、习惯、规则等"。组织记忆以多种形式存在，既有物质层面的，也有精神层面的；既有显性存在的，也有隐性存在的，各种不同的存在形式融合在一起，共同构建、传承、塑造着组织记忆。在企业中，无论其记忆以何种形式存在与传承，必然依赖于一定的媒介，这种媒介可以是一种物质客体，比如一尊雕像、一座建筑，也可以是组织中的某个人或者某个团队，也可以是一种仪式、一种活动，也可以是一种记录，口述历史等。

企业文件与档案伴随着企业的各项活动产生和形成，并不断丰富、记录着企业从起步到不断发展壮大的整个过程。虽然企业组织记忆内容广泛，表现形式多种多样，但是，企业文件与档案具有独特的品质优势，使其成为企业组织记忆的构建与传承中最核心、最关键的组成部分。比如，从产生过程看，企业文件与档案所承载的组织记忆具有原始性、真实性、连续性；从来源看，企业文件与档案所承载的组织记忆具有广泛性、完整性；从存在方式看，企业文件与档案所承载的组织记忆更具稳定性、可传递性和可利用性。

企业档案馆是存留和传承企业记忆的重要殿堂。比如，在香港太古城附近，有一间特殊的历史档案馆——太古集团香港历史档案部，存放着太古集

①　Walsh J P, Ungson G P, "Organization Memory", *The Academy of Management Review*, No.16 (1991), pp.57-59.

②　Stein E W, "Organization Memory, Review of Concepts and Recommendations for Management", *International Journal of Information Management*, No.15(1995), pp.17-19.

③　Moorman C, Miner A S, "The Impact of Organizational Memory on New Product Performance and Creativity", *Journal of Marking Research*, No.34(1997), pp.91-100.

④　Anand V, Manz C C, Glick W H, "An Organizational Memory Approach to Information Management", *The Academy of Management Review*, No.4(1998), pp.796-800.

团及旗下公司 200 年来的历史记忆,藏品包括超过 2500 个档案盒的纸本历史文件,超过 49000 张照片及 900 卷胶片。"一家公司的历史,记录的不仅是其自身发展的历程,它所经历的起起伏伏、荣辱兴衰,更像是一面镜子,反映一个时代的缩影。"又如,中国银行(以下简称"中行")是我国唯一连续经营超过百年的银行,它的建行史可以追溯至 1912 年。中行历史悠久,文化积淀深厚,"打造与企业百年历史相匹配的档案馆馆藏是中行档案人一直努力奋斗的目标"①,而恰恰是中行丰富的历史档案,形象地讲述着中行发展的光辉历程。

二、诠释企业组织记忆的意义

(一)之于企业自身的视角

企业文件与档案管理以诠释企业组织记忆为理念的根本意义在于,它有助于以独特的视角,推进企业竞争力的提升。国际档案理事会主席大卫·弗里克先生在 2018 年 5 月 16 日的企业档案工作国际研讨会上曾提到"为了让企业更具有竞争性,就必须要利用好企业自身的记忆,并将其转变为知识产权,继而转变为自身文化"。在企业管理中,企业竞争力表现在很多方面,企业各项管理活动在提升企业竞争力方面的功能和作用也各有所侧重。企业文件与档案是企业组织记忆的重要构成,其所诠释的企业组织记忆的"状态"将从不同层面直接影响着企业竞争力。改革开放以来,我国企业逐步意识到竞争是市场经济的主旋律,企业竞争力问题在学界和业界引起了广泛的关注,企业竞争力评价的指标、方法,企业竞争力的影响要素分析,各类企业竞争力的比较,企业核心竞争力的内涵等问题,都得到不断深入的研究。"企业竞争力是企业在竞争性市场条件下,通过培育自身资源和能力,并获取外部资源加以综合利用,在为顾客创造价值的基础上,实现自身价值的综合性能力"②。企业竞争力往往通过生存能力、反馈能力、创新能力、发展能力等多种形式表现出来,一般包括三个层面:第一个层面是产品层,比如企业成本控制、营销、

---

① 见 http://www.zgdazxw.com.cn/news/2017-02/07/content_174762.htm。
② 鲁自玉:《浅谈强化企业管理提高市场竞争力》,《科技信息》2012 年第 28 期。

研发能力等；第二个层面是制度层，比如企业运行机制、各经营要素组成的结构平台、企业规模、产权制度等；第三个层面是核心层，包括企业文化、企业形象、企业创新能力等。

任何组织的发展都具有连续性，这种连续性使得企业任一阶段的发展都是基于过去而产生的结果，鉴史而识今，历史现象背后往往蕴含着错综复杂的内在联系和企业发展规律，而这些丰富的内涵又是与特定的企业组织相融合的，具有个性化、独特性等特点。"随着全球竞争的不断深化，企业的地理优势也将淡化，各种国家和地区性的保护措施也将逐步取消，一项专利很快会被模仿、复制、推广，创新将越来越艰难"①，难以模仿、不可复制的企业组织记忆将成为企业创新、企业竞争力提升的新的源泉。此外，对应企业竞争力所涉及的三个层面，企业文件与档案也可以从产品层、制度层、核心层来阐释企业组织记忆，为企业正确认识自身发展的历程提供依据；为企业采用新技术、不断完善经营管理、提高生产效率、实现创新奠定坚实的基础；从根源上为企业增强组织适应能力、提升组织动态能力、寻找自身竞争优势提供营养。任何一种企业竞争力的提高，抑或是基于对企业组织记忆的反思与突破，抑或是基于对企业组织记忆的传承与延续而持续实现的。

（二）之于社会的视角

诠释企业组织记忆对整个社会的发展具有重要意义。企业作为整个社会的一分子，其发展变革是整个社会发展变革的重要组成部分，企业组织记忆是社会记忆的重要构成。比如，苏州市工商档案管理中心是苏州市档案局所属的事业单位，"负责统一管理全市改制企事业单位档案以及应该集中管理的其他历史档案资料；负责对库藏改制企事业单位档案进行规范整理、编目、鉴定，对价值珍贵、破损严重的档案组织开展抢救、保护、数字加工等工作；负责改制企事业单位档案信息资源开发，为社会各界和职工个人提供查档服务；负责本市工业史料和相关历史资料的研究和编撰工作；负责相关档案史料陈列，

---

① 百灵等：《企业数据的秘密》，2012年11月12日，见 http://finance.sina.com.cn/business/20121112/103913 645557.shtml。

展示本市民族工业、国有企业发展历史和重要成果"①,等等。它不仅是为社会公众服务的重要窗口,同时完整地保存了苏州市民族工业、国有企业发展的记忆,为认识苏州民族工业的发展提供了丰富的依据,也为认识我国民族工业的发展提供了宝贵的素材。

中国民族工商业发展的历史和记忆,正是若干个企业组织记忆的共同反映,个体记忆不可避免地会衰退,企业组织记忆不仅仅靠员工的代代传承,更要依靠文件与档案的固化与诠释。真实完整地诠释企业组织记忆,是历史发展、社会发展对企业文件与档案管理的渴求。

三、如何诠释企业组织记忆

首先,企业文件与档案在形成过程中具有不可再生性、不可逆性,只有对企业文件与档案的及时捕获,完整保存,才可能客观全面地诠释企业组织记忆。变幻莫测的市场环境,飞速发展的信息技术,使得企业文件与档案的捕获、保存变得日趋复杂。企业根据市场的变化和社会的发展而不断优化竞争战略,调整经营管理策略,这种调整与变革必然导致文件与档案种类、数量、形式等方面的变化,文件与档案工作要具有预见性和灵活性,以与企业的动态变化"和谐共振";同时,数字环境下,各种新型载体的文件数量激增,且确保实现此类文件真实性、完整性、可读性、可用性的影响因素更加难以控制,刻录在其中的企业组织记忆可能瞬间被毁灭,所以对企业文件与档案的捕获与收集应更具实时性和敏锐性。以企业的电子邮件为例,"根据企业战略集团(Enterprise Strategy Group)的行业分析,超过70%的公司的知识产权信息存放于其用户的电子邮箱中"②。随着互联网的广泛应用,2012年1月,来自中国互联网络信息中心的统计显示,"截至2011年12月,我国网民中,电子邮件用户占网民总数的47.9%"③。电子邮件广泛应用于企业内外部事务处理、信息交

---

① 《苏州市工商档案管理中心》,2012年11月22日,见 http://www.daj.suzhou.gov.cn/web5/zxgk/zxjj.html。

② 张衡:《邮件归档,降低企业风险》,2006年4月12日,见 http://news.ccidnet.com/art/38209/20060427/531969_1.html。

③ 卞咸杰:《论电子邮件归档中的"法规遵从"原则》,《浙江档案》2012年第8期。

流以及相关的业务活动之中,它承担着企业指令和知识的传递、客户的交流、业务往来等重要使命。企业电子邮件正在成为企业管理活动的重要"伴生物",将企业中有价值的公务电子邮件进行妥善管理,已成为确保企业组织记忆完整的重要任务。然而,企业公务电子邮件管理的复杂和高成本性等因素,使得很多企业的公务电子邮件处于未收集、未管理、未处置的游离状态,Iron Mountain 数字归档高级产品经理 Claire Lima 曾表示,对于电子邮件的管理存在难以置信的复杂性。为了确保客观、完整地阐释企业组织记忆,企业文件与档案管理工作者必须迎难而上,探索企业公务电子邮件管理的思路和方法。

其次,以科学的鉴定观维护和塑造真实的企业组织记忆。"当档案工作者鉴定档案时,他们在决定历史将知道怎样一个过去;谁将继续发出声音,谁将无声无息"①,档案收藏的深度和广度决定着回忆的结构和能力,"负责的文件与档案管理带来丰富完整的记忆,而不负责的文件与档案管理导致部分的社会遗忘症"②。对企业文件与档案鉴定的同时,文件与档案管理者也在为企业的明天形塑着企业的昨天与今天,种种档案鉴定理论在融合到实践的过程中,都加入了鉴定者的主观因素。在企业对企业文件与档案进行鉴定中,第一,要基于企业内外部环境,综合企业的发展战略,即"大处着眼",在此基础上,根据企业文化、企业的发展史,结合企业活动的业务流,确定企业的哪些职能和活动应该被记录,站在企业的高度规划企业的记忆内容构架。第二,"判断在制定和执行关键职能、项目计划以及事务处理中,谁会形成这些文件,形成哪些类型的文件"③,厘清企业文件与档案形成主体之间的层次和关系,并根据文件的流向和处理过程,对与文件发生关系的主客体进行判断,为做出准确的取舍判读提供依据。第三,确定哪些文件形成者或职能是最为重要的,以及对企业产生了巨大影响的主体或职能。综上所述,企业文件与档案的科学鉴定观首先包含着形成对鉴定职责与企业组织记忆的正确认识,而后树立正确的鉴定态度,在实施过程中结合相关的鉴定理论,并结合企业自身的特点,灵活选择运用鉴定方法等一系列内容。

---

① ［加］特里·库克:《记录现代社会与档案鉴定》,李音译,《档案学研究》2012 年第 4 期。
② ［加］欧文斯:《档案馆:记忆的中心和传承者》,李音译,《中国档案》2011 年第 4 期。
③ 李颖:《档案记忆观视野下的企业档案管理探析》,《档案学通讯》2013 年第 1 期。

再次,"互联网+"时代的到来,企业的经营运作模式发生了极大改变。企业文件与档案的生成环境、形成节点等较之传统环境发生了很大改变,企业记忆的"书写"变得更加复杂,企业记忆的捕获与存留变得更具挑战性,这就更需要企业文件与档案工作者以更加敏锐的专业视角,本着对企业今天与明天负责的态度,甄别并妥善保管企业最具历史价值的原始记录。

第二节　以全面质量管理确保企业文件与档案的价值实现

一、价值实现是企业文件与档案管理活动的出发点和落脚点

价值实现是事物价值的外在表现形式,是事物价值得以充分彰显而被外界选择和认可的过程。档案价值实现是指主体利用档案客体、档案客体作用于主体的运动过程[①],是档案的潜在价值向现实价值转化的过程。关于档案价值的研究,在档案界曾引起过激烈的争论,主要表现为三种观点[②]:一是档案"客体价值说",即认为档案价值是档案本身固有的、内在的,与人们的利用需求无关;二是档案"主体价值说",即认为档案的价值是由利用者及其需要决定的,也称为"利用决定论";三是档案"主客体价值说",即认为档案的价值是档案这一客体对主体的意义,是档案的存在、属性及其变化是否满足主体生存和发展的需要,以及满足的程度,持这一观点的人居多,笔者也赞同这种观点。"主客体价值说"是档案价值实现的基础,只有当事物的某些属性与需求相匹配时,"价值"才是有意义的;只有价值的实现,事物以及各项活动的存在才是有意义的。虽然多数人都认为档案"客体价值说"和"主体价值说"都存在一定的偏颇,但现实中对文件与档案的管理却又无形中受着这两种思想的影响,"客体价值说"使得文件与档案工作故步自封,重藏轻用。档案的真实性、原始性等特征使档案成为一种不可替代的信息资源,我们以"档案有重要

---

① 张斌:《档案价值论》,中央文献出版社 2000 年版,第 136—138 页。
② 张斌:《档案价值论》,中央文献出版社 2000 年版,第 3—5 页。

的价值与作用"这一命题为安身立命之本,然而,企业文件与档案工作中忽视利用者主体以及过分自信的"自娱自乐",使得外界虽认可档案的价值,但又因难以在活动中体验其价值而对文件与档案的价值产生"雾里看花""海市蜃楼"等挥之不去的质疑。"主体价值说"则使文件与档案管理陷入坐等上门、被动提供利用的工作状态,否认积极探索、主动创新能为工作带来生机与活力,认为文件与档案工作的命运由他人所掌控。认识的偏颇导致工作的缺失,工作的缺失影响文件与档案价值的实现,恶性循环,文件与档案工作难以避免门可罗雀的尴尬。

强调主客体相互关系的"主客体价值说",以客体与主体需求的匹配,客体对主体需求的满足来阐释档案的价值。档案价值的实现是档案价值的根本所在,只有价值的实现才有深层次讨论"有何种价值""有何等价值"的话语权,价值的实现使"价值"本身更具说服力。在企业中,企业文件与档案的产生与形成过程赋予了其特有的优秀品质,这些优秀品质成为其具有的"客体价值",然而,这一价值如果不被认可或选择,将正如马克思所言"一件衣服由于穿的行为才现实的成为衣服;房屋无人居住,事实上就不称其为房屋"。文件与档案的优秀品质只有满足利用主体的需求,通过价值实现,来得到对其价值的认可。企业的文件与档案管理是搭建文件与档案客体与利用主体的桥梁,并实现二者的有效匹配的过程。在信息时代,信息数量激增,科技的飞速发展使获取信息的方式与渠道不断丰富和多样化,成本正在不断降低,企业文件与档案管理活动只有不断提升客体价值的确定性、可见性、有形化,即实现企业文件与档案的价值,才能彰显存在的意义并获得长足的发展。反之,如果企业文件与档案的优秀品质仅以"客观价值"或"主观价值"而单方面孤立存在,将面临因其潜在性、获取的高成本性而被放弃利用。在激烈的市场竞争中,"投入—产出"已成为企业衡量各项活动的一个重要标准,文件与档案管理活动必然需要必要的成本,但其如果价值得不到实现,甚至是实现的滞后性,都将表现为"产出"的不足,导致企业文件与档案及其管理活动被"边缘化",直至被淘汰。

二、以全面质量管理为实现保障

与生物界的"自然选择""适者生存"同理,在企业中,自然选择的结果是:

与推动企业的发展无关的各种活动和职能都将被"淘汰"。"皮之不存,毛将焉附",企业文件与档案的价值得不到实现,文件与档案管理工作的意义便随之失去。价值的实现是企业文件与档案、企业文件与档案管理活动存在与发展的基本前提。理论与实践反复证明,企业文件与档案及其管理活动的"客体价值"又是不可替代的。基于此,如何敏捷而又深入完整地实现企业文件与档案的价值;尤其是在知识经济时代,如何通过面向知识共享的文件与档案管理活动推动、提升其价值,都成为令我们深思的问题。正确的理念,是正确的行动的先导。在价值实现过程中,全面质量管理是确保企业文件与档案价值实现的先导。

全面质量管理是在传统的质量管理基础上,随着科学技术的发展和管理的需要而发展企业的现代化的质量管理。通常,质量管理是指"确定质量方针、目标和职责,并通过质量体系中的质量策划、质量控制、质量保证和质量改进来使其实现的所有管理职能的全部活动"①。质量管理是一系列的活动,这种活动源于质量已成为经济发展的强大驱动力和企业占领市场的强有力的武器的基本要求,质量管理既是企业生产控制中具体的手段与方法,也是质量观念在企业管理中"渗透"的表现,是一种理念的普及与践行。人们通常将质量管理的发展划分为三个阶段:质量检验阶段(Quality Inspect)、统计质量控制阶段(Statistical Quality Control)、全面质量管理阶段(Total Quality Management)②。20 世纪 50 年代,美国通用电气公司的费根堡姆和质量管理专家朱兰提出了全面质量管理的概念,他们认为"除了依靠统计方法控制生产过程外,还需要开展一系列的企业管理工作,对设计、制造、生产准备以及产品使用等所有环节进行全过程的质量管理,公司全体人员都要具有质量观念,承担质量管理的职能"③。这一思想一经发布,在世界范围内得到普遍接受和应用。全面质量管理的特点是"全员参与,全过程,全方位,利用多种多样的工具和方法"的质量管理。现代企业以全面质量管理的理念与方法来提高效率、灵

---

① 王关义等主编:《现代企业管理》(第二版),清华大学出版社 2007 年版,第 293 — 295 页。

② 安景文主编:《现代企业管理》,北京大学出版社 2012 年版,第 213 — 216 页。

③ 安景文主编:《现代企业管理》,北京大学出版社 2012 年版,第 214 — 215 页。

活性和竞争力;企业的正常运转是由若干项既独立又相互联系的活动,分工合作,相互协同而共同完成的,因此,企业的全面质量管理既体现在企业"宏观"层面整体的管理与控制,又体现在"微观"层面的企业各个部门与各项具体活动之中。

以全面质量管理确保企业文件与档案管理高效的正常运转,有利于文件与档案价值的实现,有利于文件与档案管理活动价值的实现。企业文件与档案管理是以科学的理念为依托,运用先进的信息技术,以一定的手段和方式,使企业文件与档案在全生命周期内实现可读性、可用性最大化等一系列活动的有机组配。企业文件与档案管理的"原材料"是文件与档案,"产品"则具有多样性,多样性一方面体现在产品的表现形式丰富多样,另一方面表现为在文件与档案管理的不同阶段都能形成可供利用的产品。一般情况下,产品是通过一系列的流程,将输入转化为输出的结果。文件与档案管理活动同样是基于一定的流程产生"产品"。企业文件与档案管理的流程可以粗线条地概括为"文件的形成—运转—归档—整理—保管—提供利用"等,这一流程环环紧扣,最终形成可提供利用的"产品"。同时,在流程进行过程中,文件与档案管理活动"产品"的形成又具有特殊之处,即在每个环节之中或在部分环节共同作用之下,都会随时形成可供利用的"产品"。如此,每一个环节既影响着下一个环节的活动,又直接影响着本环节活动的"产出",并且共同影响着最终环节。由此可见,全面质量控制在企业文件与档案管理中产生的效果和影响力是难以估算的。

技术环境的变化凸显了企业文件与档案管理活动中全面质量控制的必要性和紧迫性,并且对企业文件与档案的全面质量管理提出了更高的要求。信息技术的发展给现代社会的发展带来了巨大影响,新的技术环境要求管理思想、组织结构、管理策略随之发生变革。信息技术对企业文件与档案管理活动的影响直接表现为企业文件与档案的载体和形式不断多样化,来源更具复杂性,文件与档案的形成和运转可控难度增大,长久保存面临严峻挑战,文件与档案信息利用的手段与方法更加灵活丰富等。

以企业文件与档案管理的流程为入口进行分析:首先,文件以何种面貌"呱呱落地",即文件形成的质量直接影响着文件与档案作为管理工具、管理方式的价值的实现。规范、标准、真实、完整的文件与档案有助于管理活动信息及时、准确的传递,有助于管理效率的提高,同时,它又是后续活动环节的"原材料",原材料的可用性、完整性直接影响着其他环节活动的质量。

其次,收发文处理的质量,直接反映了企业对信息流的控制能力,文件运转的速度、流向,揭示了企业管理活动顺畅的程度。

再次,对文件与档案信息捕获存储的质量,影响着企业的知识积累。"当前机构所获取的知识资源大约46%以文件的形式存在"[1],1979年美国信息管理专家霍顿指出,信息资源首先是指"包含在文件和公文中的信息"[2]。

最后,将企业文件与档案信息传递给用户群利用的质量,包括所传递的内容,传递的时间,传递的方式等,直接影响着用户接收信息的意愿和深度,影响着文件与档案信息内容价值的发挥,以及相关各方对文件与档案及管理活动的认可。

同时,上述每一个环节的高质量都离不开"人",全员参与不言而喻。笔者仅以企业文件与档案管理活动中的几个关键点为例分析,已不难看出全面质量管理的重要性和复杂性。从全面质量管理提出至今,随着质量管理体系的不断完善,大家对这一概念并不陌生,而这一概念在档案管理界也得到了一定的关注。我们不否定它是一套管理模式,但在此我们更加强调它是一种理念。在企业文件与档案管理中,固然有一定的规律可循,有一定的程序可供参考,然而在市场风云变幻莫测的今天,企业为了生存与发展必须不断增强组织的动态能力和组织适应力,变革是重要的表现。企业的不断变革必然导致所形成文件与档案的变革及与档案管理活动的变革,由此,能否合理地运用规律、流程,灵活地运用标准规章,成为影响企业文件与档案管理活动是否具有生命力的重要因素。"合理地、灵活地"在很大程度上带有主观性、不确定性,因人而异。树立全面质量管理的理念,有助于从根本上寻找"合理地、灵活地"管理方法,并在适应企业变革中发挥正向作用。此外,全面质量管理不只

---

① 田晨、毕小青:《知识视角下的企业文档管理》,《档案学通讯》2001年第1期。
② 张会超:《档案内容管理引论》,《山西档案》2007年第1期。

是依靠标准体系刚性实现的,在企业文件与档案管理活动中以柔性的理念,不断"渗透",真正了解全面质量管理"是什么,为什么",在认同的基础上树立全面质量管理的理念,"怎么做"才能事半功倍。

第三节　维持企业信息生态系统平衡

现代社会,信息对企业的影响程度日益加深,甚至直接影响着企业的成败。企业信息生态系统的平衡直接影响着企业的信息资源建设,影响着企业知识管理、知识创新的实现程度。而企业文件与档案管理活动是企业信息生态系统的重要影响因素,以维持企业信息生态系统平衡为理念的文件与档案管理活动,才能为企业在现代竞争中从信息、资源的层面创造更多的竞争优势。

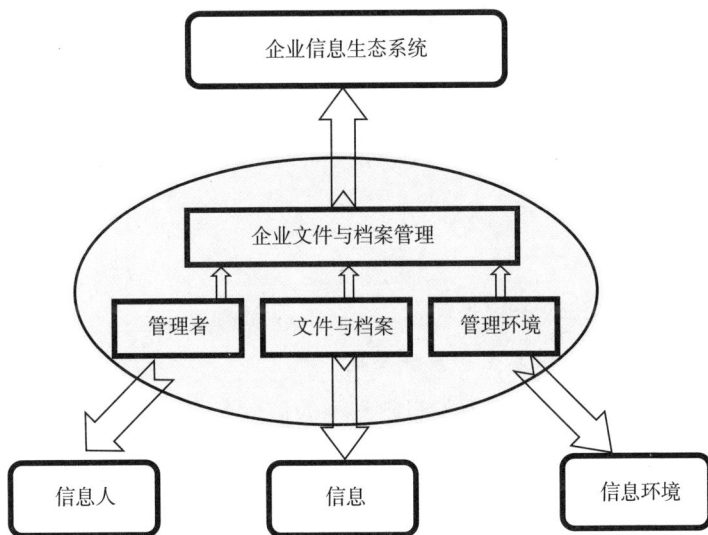

图 2-2　企业信息生态系统与文件档案管理关系图

一、信息生态系统

"生态系统"是伴随着生态学的发展而产生的。英国生态学家 Arthur

George Tansley 于 1935 年首次明确提出了"生态系统"的概念,他认为"生态系统是一个'系统的'整体。这个系统不仅包括有机复合体,而且包括形成环境的整个物理因子复合体"[1]。信息生态系统是从生态学理论中移植过来,建立在生态系统理论基础之上的概念。"信息生态系统是指以实现信息的生产、聚集、传递、开发、利用为目的,具有特定的结构和秩序的由各种要素组成的相互关系的总和"[2],它是一个具有多样性、复杂性的动态系统,通常由信息人、信息、信息环境等各个要素相互影响,共同作用而形成。

一个健康、良好的信息生态系统,有助于实现信息在人和组织、社会中的合理优化配置,实现组织与社会的可持续发展,"一个理想的信息生态系统应该是平衡的、稳定的系统"[3]。从信息人的角度看,既要确保单个信息人的素质,同时又要强调信息人整体的结构;从信息的角度看,要从数量上确保信息极大丰富,从内容上提升信息质量;从信息环境的角度看,应确保信息软硬件条件的适度性和优良性,进而实现系统自身的正常运转,以及与外部的和谐、互推共进。然而,在现代社会,受政治、经济、科技和文化等发展的影响,信息生态系统失衡的现象也尤为突出,诸如信息超载、信息垄断、信息污染、数字鸿沟等都是信息生态系统不平衡的表现。平衡与失衡是矛盾统一的,信息生态系统正是在失衡—平衡—失衡—平衡的不断调节过程中,来实现组织和人类社会的可持续发展。

二、企业信息生态系统平衡

(一)什么是企业信息生态系统平衡

企业信息生态系统是企业信息空间中的信息人、信息、信息环境等要素及其相互关系的总和,这一系统既包括企业信息活动中的各组成要素,也包含这些要素在企业信息活动过程中的相互作用机制。企业信息生态系统的平衡表现为,各个构成要素最大限度地充分发挥自身的作用,各个要素之间形成和谐

---

[1]　Arthur George Tansley, "1947, The Early History of Modern Plant Ecology in Britain", *Journal of Ecology*, No.35(2000), pp.130—137.

[2]　靖继鹏等主编:《情报科学理论》,科学出版社 2009 年版,第 401—403 页。

[3]　靖继鹏等主编:《情报科学理论》,科学出版社 2009 年版,第 401—403 页。

的作用机制,实现信息在企业内外部的良性循环,即"信息人"在"信息环境"中通过对信息的获取、组织、加工分析等,充分发挥信息的价值,确保企业的正常运转,推动企业创新的实现。在国内外竞争日趋激烈的当今社会,企业面临着比以往任何一个时代都更加严峻的挑战,对信息生态系统平衡的诉求比以往任何一个时代都更加强烈。然而,信息社会在带给我们先进的信息技术与极大丰富的信息内容之时,也增加了对信息生态系统平衡与稳定的可控难度,信息生态失调现象产生的频度更高,范围更广。

(二)企业信息生态系统平衡影响因素分析

在企业信息生态系统中,信息人是企业信息生态系统平衡的主导影响因素,信息人表现为信息生产者、信息分配者、信息消费者和信息分解者等。在企业信息生态系统中,企业组织内部的全体成员和企业外部与企业活动相关的群体或个人都属于信息人的范畴。信息人如何作用于信息,如何在信息环境中趋利避害,如何影响信息环境都直接影响到系统的平衡性。高素质的信息人成为维持信息生态系统平衡的重要因素。在企业中,"高素质的信息人"包括具有较高信息素养的信息用户,能够统筹规划信息管理战略的中高层信息管理领军者,擅长信息处理、熟悉信息专业流程的信息工作者。

信息是维持信息生态系统平衡的重要客体因素,信息是人类社会"最熟悉的陌生人"。在企业中,信息在正确的时间,合适的地点,以恰当的方式呈现,是企业信息生态系统平衡中对"信息"的客观要求。

信息环境由一系列影响信息发挥作用的因素共同构成,既包括信息技术、基础设施等物质因素,也包括观念、制度、行为准则、文化等非物质因素;既涉及微观层面,也涉及宏观层面。各种因素独自或者与其他因素一起对整个信息生态系统产生影响,同时它们又受信息人、信息等系统中其他因素的影响。在企业信息生态系统中,信息文化是组织的信息价值观的反映,对企业的信息活动具有导向作用,直接影响着企业信息战略、信息制度的制定,影响着信息组织结构的模式的选择,影响着信息技术、基础设施的构建。先进的信息文化是维持企业信息生态系统平衡的根源。信息战略、信息制度等是整个企业战略、制度的重要组成部分:战略是"有关全局的重大筹划和谋略"①,信息战略从整体上影响着信息生态系统的"走向",并通过对信息活动的影响作用于整个企业的发展;制度是要求大家共同遵守的办事规程或行动准则,信息制度规范着信息人个体行为,科学合理的信息制度有利于信息资源的合理配置,有助于实现对信息资源的充分开发与利用。组织结构详细说明了任务如何分组、资源如何配置以及部门之间如何协调等问题,信息组织结构直接决定了信息生态系统功能的发挥。信息技术、基础设施等是信息生态系统得以正常运转的最基本的物质保障,在现代科学技术飞速发展的今天,其为信息生态系统的健康运转提供了强有力的支持,但只有当它们与企业信息生态系统的其他要素"匹配"之时,功能才能最大化,作用才能完整的体现。

三、文件与档案管理对企业信息生态系统平衡的影响

文件与档案管理是企业信息生态系统的一个子系统,它既作为有机整体直接影响着企业信息生态系统平衡,同时,影响文件与档案管理活动的各个因素也直接对企业信息生态系统的对应因素产生影响,进而影响着整个企业信息生态系统的和谐与健康。

(一)从文件与档案管理的对象进行分析

首先,"文件的方式"是推动企业管理活动顺利开展的重要形式。文件的拟写是将信息以结构化、更具适用性的方式固化并传递出去;收发文是将信息按照供需关系进行配置;文件的办理是将信息作用于事物并产生所期望的结果的过程。可见,文件高效、有序的运转是企业信息流畅的重要表现,是企业与内外部信息交换实现的保障;文件与档案产生和运转的不及时、不准确、不完整将直接导致企业信息流的缺失和中断,从而影响企业信息生态系统的平衡。

其次,企业文件与档案是信息生态系统内"信息"的重要组成部分,"文件是记载组织各项活动历史原貌的真实记录,是组织履行职能活动的原始凭证,也是解决实际工作中许多具体问题不可或缺的参考资料,因而被称为机构的

---

① 王关义等主编:《现代企业管理》(第二版),清华大学出版社 2007 年版,第 161—162 页。

核心信息资源"①。这一信息具有的唯一性、原始性使其成为企业中难以模仿和不可替代的资源。这部分信息能否发挥作用,如何发挥作用,关系到企业信息生态系统中"信息"的数量、质量以及由此产生的效用。

再次,企业文件与档案具有的真实性、凭证性有利于信息生态系统的"净化"。现代社会,尤其是在网络环境下,博客、微博、论坛等正在将人类带入自媒体时代,自媒体平台改变了传统的信息传播模式。传播者随心所欲地发布信息,信息量激增,信息内容更加广泛,信息质量良莠不齐,随之而来的信息失调现象更加突出。在企业管理中,以文件与档案信息为基础,通过分析研究判断信息的真实性,衡量对本企业的适用性,净化企业的信息环境,避免由信息爆炸、信息污染等引发的因对信息的"无所适从"和错误利用而产生的信息生态系统失调。

(二)从文件与档案管理的主体进行分析

管理活动中的主体是人,作为信息生态系统的重要组成部分,信息人在文件与档案管理活动中具体表现为文件与档案管理者、文件与档案用户等。文件与档案管理者的素质、理念、工作方式直接影响着在管理活动中管什么、如何管、为什么管等基本问题的解决。比如,文件与档案产生于企业的业务活动中,从结果的角度而言,文件与档案对业务具有一定的跟从性;然而从管理过程的角度来看,它并非完全被动跟从,而是对企业的业务活动具有一定的引导性。文件体系构成的梳理,文件流程的优化,有助于实现企业的流程再造,提高管理效率,降低管理成本。文件与档案管理者对文件与企业活动关系的认识——是被动跟从,还是双向作用,导致了文件与档案管理者的工作范围、工作思路、工作结果的不同。这种结果反映在信息生态系统中则表现为是否有效地控制了企业的核心信息资源,能否在有效发挥企业文件与档案价值的基础上为企业提供服务,而此又将影响到企业对外部信息的吸引和利用。文件与档案活动中的信息人,发挥着最活跃的作用,从根源上影响着企业信息生态系统的平衡。

---

① 冯惠玲等:《电子文件风险管理》,中国人民大学出版社 2008 年版,第44页。

(三)从文件与档案管理对信息环境的影响进行分析

在信息生态环境中,既包括"硬环境"(如技术、设备等),也包括"软环境"(如认知和态度等),二者共同揭示和反映着信息生态环境的状态。企业文件与档案的管理制度、对文件与档案的认知和态度、文件与档案管理活动的技术和设备以及发展规划等都是企业信息生态环境的具体表现。"熵"是体系混乱程度的量度,是组织无序的量度,对系统中熵的控制,是维持系统平衡和稳定的积极表现。规范的企业文件与档案管理制度,科学的管理战略,文件与档案价值的充分彰显以及对其的认可,加之相匹配的技术支持,为企业文件与档案管理活动协调有序开展营造良好的条件,是对文件与档案管理活动系统熵的控制的重要表现,是维持企业信息生态系统平衡和稳定不可或缺的举措。环境具有无边界性,子系统的环境对整个系统的环境具有极强的渗透和晕染作用。作为企业信息生态系统的一个子系统,文件与档案管理在自身的长期发展中形成的子环境,对企业信息生态系统环境潜移默化的影响也将不断增强。

综上所述,文件与档案管理作为企业信息生态系统的重要组成部分,从信息、信息人、信息环境等对信息生态系统的平衡有决定性的影响,因此,在文件与档案管理活动中,以维持企业信息生态系统的平衡为活动理念,从上述三方面着手,实现企业信息生态系统的和谐、可持续发展。

第四节 "蓝海战略"的价值创新理念

一、文件与档案管理中"蓝海战略"的引入

"蓝海战略"是 W.钱·金和勒妮·莫博涅在《蓝海战略:超越产业竞争,开创全新市场》一书中正式提出的,被誉为"为全球的企业界寻求新的战略手段提供了一种新的管理范式"[①],"蓝海"代表未知的新兴市场,蕴含巨大的利

---

① 许婷、陈礼标、程书萍:《蓝海战略的价值创新内涵及案例分析》,《科学学与科学技术管理》2007 年第 7 期。

润高速增长的机会。相对于"蓝海战略"的是目前企业竞争中广泛使用的"红海战略","红海"表示已知的饱和市场。

在"蓝海战略"实施中,通常遵循以下六项原则重建市场边界、关注全景而非数字、超越现有需求、遵循合理战略顺序、克服关键组织障碍、寓执行于战略,并运用"战略布局图""四步操作框架""四象限战略视觉图"等工具进行分析,它为企业指出了一条通向未来增长的新方向。"发掘传统市场边界之外的潜在需求——规则再造"和"创造差异化兼具低成本的有效供给——价值创新"①是"蓝海战略"助推企业在竞争中取胜的重要途径。"蓝海战略"引导下的企业尽量规避竞争,打破限制竞争的既有边界,不受空间约束,通过差异化等手段得到崭新的市场领域,创造和获得新的需求,从而实现企业新的增长点。价值创新是它的理论基石。

"蓝海战略"不仅是推动企业发展、立足于市场的战略观,同时,它也是一种理念,一种创新思维方式,并为企业战略管理提供了一系列的分析工具和框架。从企业管理的微观角度而言,企业内部的各项活动也应以"蓝海战略"为指导,推动各自业务领域的价值创新。面向知识共享的企业文件与档案管理,以"蓝海战略"为活动理念,意在打破传统管理活动的约束,开拓文件与档案价值创新的新途径。

二、开拓知识共享中的"蓝海"

管理大师彼得·德鲁克在《大变革时代的管理》一书中提到"知识已经成为关键性的经济资源和支配因素,也许是唯一的比较优势的来源"②。知识共享是推动知识创新实现的重要力量已成为现代企业的共识,各企业都在纷纷探索知识共享的理念和方法。在知识共享中,被人们普遍关注到的区域,成为知识共享活动中的"红海",比如知识库的建立、对知识共享的探索、最佳实践的转移、对知识管理技术的"痴迷","红海"确实为知识共享的发展提供了广阔的空间。但是,当"红海"空间变得日益拥挤的时候,知识共享的效果将受

---

① 王建军、吴海民:《"蓝海战略"的经济学解释》,《中国工业经济》2007年第5期。
② 曹兴、刘芳、邬陈锋:《知识共享理论的研究述评》,《软科学》2010年第9期。

到限制,知识共享为企业创新带来的价值将呈下降趋势,而"蓝海"则为知识共享的实现提供了"用之不竭"的源泉,进而实现知识共享的价值创新。

文件与档案是隐藏在"蓝海"中实现知识共享价值创新的重要资源。"根据知识的存在状态,可以把知识分为主观知识和客观知识两种类型"①:主观知识是存在于人的大脑等一定的主体记忆之中,形成一定的认知图示的知识;客观知识是存在于各种物质载体如书刊、电子存储介质等的知识。从企业知识管理来看,客观知识是每个企业通过一定的途径或方式都可以获取的,不具有稀有性和不可模仿性;主观知识,可分为依附于人的知识和依附于企业的知识。依附于人的知识具有一定的不可模仿性,但是,这种不可模仿性的知识往往因人员的流动性变得稀有性下降;依附于企业的知识,伴随着企业的发展而形成和内化,既具有稀有性又具有不可模仿性。企业的文件与档案是企业的记忆,是企业知识的重要组成部分,是企业知识创新的重要源泉,而在当前企业知识管理中,却疏于对其的挖掘和共享,以致其价值远远未发挥出来。

此外,企业文件与档案属于显性知识。在当前的知识共享中,显性知识往往被比喻为"冰山一角",认为隐性知识是冰山底部的大部分,认为"隐性知识是给大树提供营养的树根,显性知识不过是树上的果实"②,因此很多企业将关注点放在了隐性知识和人力资源管理上,采取个人化策略推动知识共享的实现。对隐性知识的挖掘和共享无疑很重要,也大有可为,但这并不意味着可以对显性知识忽略。虽然,部分企业采用编码化策略,建立知识库,知识库中也存储了大量的文件与档案,但由于对所存文件与档案的质量控制不足,缺乏实时的动态管理,很多知识库最终变为"死库"。还有一类知识库存储了大量来自行业或专业的显性知识,此类知识虽然在企业经营管理、业务活动中不可或缺,但很难基于此形成竞争优势。

综上所述,在当前企业的知识共享中,对隐性知识共享的过分关注而产生的知识共享的趋同,以及对显性知识关注的不深入、共享的不到位,使得知识共享远远未触及"蓝海"的空间。基于此,在面向知识共享的企业文件与档案管理

---

① 王众托编著:《知识管理》,科学出版社 2009 年版,第 26—27 页。
② 易凌峰、朱景琪:《知识管理》,复旦大学出版社 2008 年版,第 26—30 页。

中,应更关注以企业文件与档案为原料,为企业知识创新提供低成本的、差异化的养分,在做足可控显性知识共享的基础上,因人而异、因地制宜挖掘隐性知识。

三、开拓文件与档案管理中的"蓝海"

作为信息资源的重要组成部分,企业文件与档案管理有着与其他各类信息管理共同的规律和环节步骤,但同时,文件与档案也有其自身的特性,并决定了文件与档案管理活动的特性。近30年来,人类生产的信息已超过去五千年信息生产的总和,有调查称"对世界10家跨国公司的调查表明,由于每天要处理的信息超过它们的分析能力,妨碍了它们的决策效率,甚至导致决策失误或难以做出最佳决策"①。虽然信息技术迅猛发展,但在今后相当长的一段时间内,仍难以解决信息量大、杂与信息需求的精、准之间的矛盾。

在我国,伴随着企业从计划经济到市场经济,企业文件与档案管理活动的内容、空间都在不断的调整。面向知识经济时代,面向处于数据爆炸之中的企业,文件与档案管理活动如何发挥自身的特点与优势,在众多名目的信息管理活动之中脱颖而出,是时代带给我们的考验。吸收"蓝海战略"的精髓,在企业文件与档案管理中,结合文件与档案自身的特点,放眼未来,超越现有需求,打破活动常规,克服关键障碍,关注全景,制定自发展战略,实现企业文件与档案管理活动中的价值创新。其中,"四步动作框架"既具宏观指导性,又具微观可操作性,尤其具有借鉴意义。"四步动作框架"是"蓝海战略"中为形成新的价值曲线,发现和构建买方价值因素而制作完成的,其中包括四个至关重要的核心问题。在企业中,文件与档案管理活动不存在竞争,"买方"表现为管理活动的作用对象,"四步动作框架"应该成为文件与档案管理审视、分析自身活动的工具,并结合"剔除—减少—增加—创造"四坐标格,通过对四个问题的回答,实现企业文件与档案管理活动的价值创新(见图2-3)。

据此,第一,我们应该分析在企业文件与档案管理中,已有的管理活动中哪些理念、工具或管理方式已不适应时代发展的需求,但受思维惯性的影响仍

---

① 百度百科:《信息爆炸》,2012 年 12 月 25 日,见 http://baike.baidu.com/view/888194.htm。

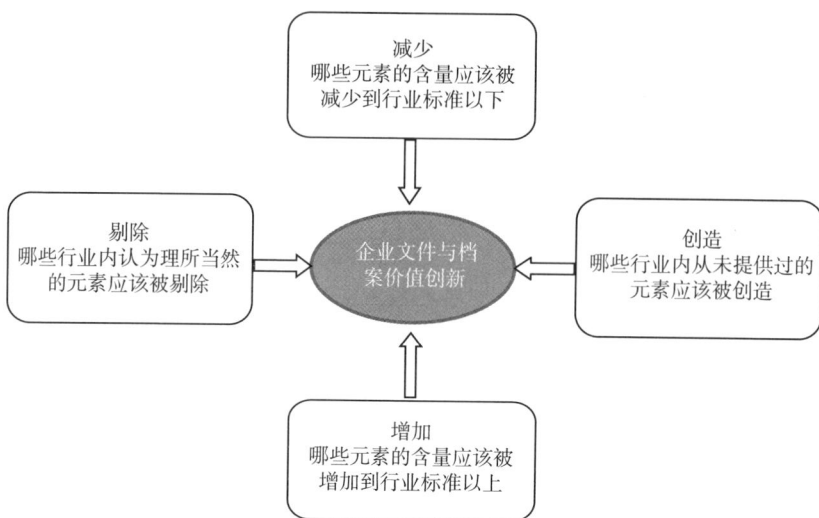

图 2-3 企业文件与档案价值创新四步动作坐标格

然存在,应该及时剔除;第二,我们应该分析管理活动中哪些过程和结果是从文件与档案管理者的角度而进行的,哪些活动只是为了便于文件与档案的管理,但却为利用者的获取利用增加了障碍;第三,发掘和消除利用者为了共享文件与档案而做出的妥协;第四,善于从利用者的角度发现全新的价值源泉,以创造新的需求,实现文件与档案管理活动的价值创新。

此外,清华大学杨百寅教授将知识看成是由感性知识、理性知识和活性知识所构成的三元知识有机体,其中活性知识是人类对于价值重要性的认识,是基于情感和价值判断的知识,它包含着人们看待周围世界及事物的情绪和情感,既可以是隐性的,也可以是显性的。活性知识一个重要的功能,就是激活感性知识和理性知识。对于企业管理层面而言,活性知识主要是指企业的战略导向、理想以及企业文化等。在当前日趋激烈的国际竞争中,活性知识是中国企业崛起的激活剂,"大部分有竞争力的中国企业都特别重视企业价值观的宣传和教育,而且在此基础上,形成了一种强有力的企业文化,共同构成了这些各具特色的企业活性知识,激活它们的成长壮大和强壮的生命力。"①在

---

① 杨百寅、单许昌:《活性知识——中国企业崛起的激活剂》,《清华管理评论》2017 年第 Z1 期。

数据时代,技术、算法、数据的有效融合、高效利用,需要在活性知识的"土壤"中才能发光发热,更具有价值与意义。而企业文件与档案又是企业活性知识的重要源泉,探索对企业文件与档案的有效管理和共享,更多地为组织输出活性知识,是企业文件与档案的又一"蓝海"。

本章小结

　　理念是管理活动中至关重要的影响因素,它以无形作用于有形。文件与档案管理的理念始终被专家学者所关注和探讨。不断变化的国内外环境,激烈的市场竞争,对企业的影响都最为强烈和直接。在企业的特定环境下,有效的文件与档案管理活动的理念也随之更加复杂,企业文件与档案的管理理念是在"变"与"不变"的消长中被不断阐释和创新的。现代企业的文件与档案管理理念是在遵循文件与档案管理基本规律的基础之上,着眼于企业管理效率的提高,适应知识经济、数据时代企业不断增强自身的动态调整能力而形成的。诠释企业组织记忆,以全面质量管理确保企业文件与档案的价值实现,维持企业信息生态系统的平衡,以及"蓝海战略"的价值创新理念,是在面向知识共享环境下,确保企业文件与档案工作生命力的理念探索,是为现代企业文件与档案量身定制而形成的宏观理论指导。

第三章　面向知识共享的企业文件与档案管理的框架构建

面向知识共享的企业文件与档案管理的框架构建,实质上是对文件与档案管理体系的一种理性设计。"设计"是一个"构建有意义的秩序"的过程,是将理性的意识逐步外显化的过程。面向知识共享的企业文件与档案管理框架的特征也是设计的基本准则;企业文件与档案管理框架的内容,正如设计的主导元素,框架内不同的元素在一定原则指导下建立有机联系并紧密结合在一起而形成多维空间。在本章研究中,选定可信任的领导主体、健全的制度体系、文件与档案资源聚合体以及先进的信息管理技术作为体系框架的主要内容元素,并始终围绕实现功能、突出特色等建立要素之间的联系,探索性地构建了具有稳定性、完整性与动态适应性为基本特征的面向知识共享的企业文件与档案管理框架体系,为后文的深入研究奠定了基础。框架的保障从科学战略和协同论两条线索阐述,首先提出化整为零和合零为整的战略,以使战略明确化;然后提出档案数据化和数据档案化以使战略具体化;同时,协同论具体分析了面向知识共享体系中各种要素之间的协同如何实现。

第一节　面向知识共享的企业文件与档案管理的框架特征

一、稳定性:服务与共享

框架稳定是框架功能实现的基础。稳定性是面向知识共享的企业文件与档案管理体系框架的最基本特性,是该体系在知识共享中发挥价值和优势的结构化保障。服务与共享是稳定性的两大关键性支柱,是构建与维系具有稳定性框架的核心因素,同时也是框架基本特性的重要表现,也就是说,服务和共享是确保面向知识共享的企业文件与档案管理框架的两大根本。

（一）服务

服务是指一方向另一方提供的活动或行动,通常服务被认为是不以实物形式而以提供活劳动的形式满足他人某种特殊需要。事实上,服务存在的方式不是绝对的,一般表现为两种:一种是以有形实物为依托,比如餐馆的服务更多地与其提供食物密切结合;另一种是纯粹的无形的服务,比如心理咨询服务。在服务的过程中,被用户认可并选择,吸引客户,留住客户,组织或者某项活动、某个产品的价值才能够实现。在服务的过程中,有这样一个颇具哲理性的等式:$100-1=0$,其寓意是:员工一次劣质服务带来的不良影响可以抵消100次优质服务产生的良好影响,由此可见服务对管理活动产生的重大影响。面向知识共享的企业文件与档案管理需以服务为中心来定位,在服务过程将所拥有的资源转换成用户所期望的某种产品或服务,从而实现文件与档案管理对企业的价值。

面向知识共享的企业文件与档案管理体系中的服务体现在以下三个层次:

第一,即时服务。档案是企业中的基础性信息资源,是一种序化信息,蕴含了员工、团队或企业发展所需的优质知识。这些知识应该及时地提供给用户,被充分共享和利用,为知识创造提供丰富的素材。即时服务是将档案原件、档案编研成果等产品,主动提供或被动满足用户需求。在当前企业中,文件与档案服务多以这种方式存在,被称为"传统而古老"的服务方式。知识共享环境下,这一服务方式的优势应得到传承,同时也应向纵深方向发展。一方面,通过对文件与档案不同信息单元之间关联性的研究、对文件与档案和其他信息资源共同作用的挖掘,发挥档案资源"智库"的价值;另一方面,利用先进的信息技术,实时、适时为用户提供更加精确的文档资源,提高用户满意度;此外,应重视在服务与企业的知识需求相匹配的过程中更好地活化文件与档案资源。即时服务既包括为企业当前利益的服务,也包括为企业长远利益的服务;既包括对大众用户的服务,也包括对小众用户的关注和服务;既包括被动服务,也包括主动服务。它归根结底是一种基础性的服务,在面向知识共享的企业文件与档案管理中,其将更加常态化、精细化、优良化。

第二,柔性服务。如果将上述即时服务比作点上的服务,那么柔性服务则是面上的服务;即时服务是"当下"定向的价值传递,柔性服务是持久的、多向的价值传播,是即时服务等服务形式实现的保障和推动力。柔性服务着眼于面向知识共享的企业文件与档案管理体系的整体构建,以实现"文档自觉"为表现形式。在此,笔者借用费孝通先生的"文化自觉",类比提出"文档自觉"的概念,来阐释文件与档案管理体系构建中的柔性服务。"文化自觉是指生活在一定文化中的人对其文化有'自知之明',明白它的来历,形成过程,所具的特色和它发展的趋向"①。文化自觉强调正确地认识自己的文化,"正确地认识"是为了更好地适应新环境、新时代的发展和变化。没有最基本的文化自觉,我国的文化建设即如梗泛萍漂,随波逐流。在一个企业中,"文档自觉"是指企业及其成员对文件与档案形成的正确的认识,了解为什么形成、如何形成,在弄清其来历的基础上,认识它所具有的价值,进而去选择它、利用它。在信息爆炸时代,形形色色的信息充斥着每个人的生活,极易产生"因缺少认知而放弃"的信息利用现象。柔性服务正是对提升企业"文档自觉"的使命的担当。

然而,亦如"文化自觉是一个艰巨的过程,首先要认识自己的文化,理解所接触到的多种文化"②,企业"文档自觉"的实现也是一个漫长的过程,尤其是我国文件与档案长期笼罩在神秘面纱之下。受传统思想的影响,即便在企业中,很多员工也认为它是一种为少数人所用的资源。柔性服务的具体表现便是在企业中形成高度的"文档自觉",主要包含以下几个方面:一是对文件与档案的解读。通过一对一、一对多、多对多、多对一等形式,定期和不定期相结合,集中和分散相结合,主动、反复向企业成员传播关于企业文件与档案的相关知识,一般涉及什么是文件、档案,企业文件与档案的种类,企业文件与档案管理的理念和方法,企业文件与档案和企业发展、业务活动之间的关系等,

---

① 费孝通:《反思·对话·文化自觉》,《北京大学学报(哲学社会科学版)》1997 年第 3 期。

② 李艳:《文化自觉的三重释义》,《东北师大学报(哲学社会科学版)》2012 年第 4 期。

提高企业及其成员对文件与档案的认知度。二是在认知的基础上形成对文件与档案的正确理解，并产生偏好。在种类繁多、数量巨大的信息的海洋中，通过形象的案例、抽象的理论等多种途径，有理有据地影响企业及其成员形成对文件与档案的认可和在信息选择中的偏爱。三是促成主动选择利用文件与档案的实际行动。当在业务活动中需要信息支持时，会意识到答案极可能蕴含在文件与档案之中，这一点将柔性服务和即时服务有机地结合起来，也是柔性服务的结果性外在表现。

第三，隐性服务。"人们对信息的注意完全是以个人为中心的，我们称这种现象为接收者本位，同时又是以现在为中心的，我们称之为现实本位，因此，可以合称接收者现实本位"[1]，也就是说，信息用户在利用信息时，具有极强的主观性。隐性服务一方面是建立文件与档案信息和用户的密切联系，使文件与档案满足用户的"接收者现实本位"需求；另一方面，通过隐性服务，引导用户树立正确的信息需求心理和信息获取行为。隐性服务不直接向用户提供服务"产品"，其主要是通过有针对性地转变文件与档案信息管理者和信息用户的思维意识和行为模式，激发用户产生对文件与档案的需求欲。比如，对用户信息需求的分析，用户的信息需求往往会存在这样的表现形式：①用户有明确的信息需求，并能准确地表述；②用户有明确的信息需求，但不能表述或不能准确地表述；③用户有需求，但需求不清晰、不确定，以致无法明确表达；④用户有需求，但尚未意识到；⑤用户无需求：因接收者现实本位产生的非理性无需求；⑥用户无需求：客体价值对主体无意义的理性无需求。除上述①⑥中情形，其他情况均需不同程度地嵌入隐性服务。在这一过程中，隐性服务主要表现为引导用户建立文件与档案和业务活动之间的具体关联，在关联建立与形成过程中发现需求，并使需求明确化，化解非理性无需求，这实际上是对用户信息利用过程的一种管理。之所以将其称为隐性服务，是因为这种服务要无形地蕴含于指导用户的信息行为之中，没有哪个信息用户喜欢在信息选择、获取的过程中，被别人指手画脚地告知"你应该选择什么，你不该选择什么"。隐性服务实际上是一种用户和文件与档案之间关联的建立，是对文件与档案

---

① 靖继鹏等主编：《情报科学理论》，科学出版社 2009 年版，第 51 页。

和用户职能活动关联的发现与建立。这种关联表现在文件与档案作为一种管理方式对职能活动的控制,作为一种记录对职能活动的固化与传播,作为一种信息对职能活动的信息支持。

(二)共享

在知识共享的现代社会,文件与档案共享却往往被划入了"禁区"。在现代企业中,企业的文件与档案是企业运作、发展的缩影,文件与档案的共享有助于企业透明度的增强,使有价值信息得到更广泛的应用,实现企业的良好治理。企业及其文件与档案管理者往往也会从"民可使由之,不可使知之"的角度,认为文件与档案共享会给企业、团队、个人的竞争和发展带来消极影响。在企业文件与档案中,包含了涉及国家秘密、企业商业秘密、员工个人隐私的重要内容,此类文件与档案的共享和利用是受到限制的,是在权限范围之内的;除此之外,大量的文件与档案的共享对生产、管理效率的提高以及拓展市场具有积极的正面影响。在面向知识共享的企业文件与档案管理体系的框架构建中,应更加突出文件与档案信息的可共享性,并正确处理开放共享与限制利用的关系,既充分发挥企业文档对企业创新的价值与作用,又要规避由此给企业竞争能力带来的威胁。

首先,企业的文件与档案具有可共享性,文件与档案共享是提高企业的透明度、实现良好治理的保障,是履行企业社会责任的表现和明证。

社会责任是负责任的经济全球化和人类可持续发展提出的对企业更多、更高和更新的要求,也是对人类未来提出的新期待。企业社会责任是企业在其商业运作中对其利害关系人应承担的责任[①],社会责任国际标准 ISO 26000 强调"社会责任的基本特征是组织将社会和环境考虑纳入其决策并为其决策和活动对社会和环境的影响承担责任的意愿"。当今世界,国际社会日益关注企业社会责任,并将企业社会责任纳入企业竞争力、区域竞争力和国际竞争力的评价标准之中,企业是否履行其社会责任,以及履行的程度,不仅直接影响着企业的社会形象,而且直接影响着整个社会道德、经济、环境的可持续发

---

① 范志明:《企业社会责任的现实意义》,2007 年 10 月 7 日,见 http://travel.sohu.com/20071007/n252500125.shtml。

展。企业的社会责任主要表现为企业对员工的责任、企业对社区的责任、企业对生态环境的责任、企业对国家的责任、企业对消费者的责任等。从直观上看,可分为必尽责任、应尽责任和自愿尽责任三个层次。在企业发展中,应形成完整的企业活动记录,并根据其价值和各方需求适时向企业员工、社会及公众披露企业的经济、环境和社会业绩。企业需与员工共享企业经营管理的相关文件与档案,以保护员工的合法权益,培养和提高员工政治、文化、技术素质;企业需与消费者共享有关产品、企业形象等方面的文件与档案,以使消费者全面地了解企业与产品;企业需与社会共享关于企业可持续发展战略理念的可公开文件与档案,以确认其在维护生态环境等方面做出的努力。

其次,大数据时代更加表现出对企业文件与档案共享的紧迫性。大数据具有数据量大、数据种类多、价值密度相对较低等特点。大数据是对海量数据的一种形象表示,也是解决问题的思路与方法,它通过对数据的收集整理、挖掘分析,而呈现出有价值、有助于决策利用的信息。哈佛大学教授加里·金这样评价大数据:"这是一场革命,庞大的数据资源使得各个领域开始了量化进程"[1],可见"大数据"对整个社会影响的范围之广、程度之深。企业在商业模式重组、产业链协同、产品研发、制造、服务网络化以及管理精细化和企业信息化等进程之中,数据量呈明显上升趋势。如何在大数据时代通过敏锐地洞察市场及企业的发展趋势,形成竞争优势,正在成为企业关注与探讨的焦点。"大数据"是"内容"与"技术"的结合,内容不完整、不准确,大数据处理数据的强大功能与快速反应则无从谈起。"人们在感受大数据带来便利的同时,也深深地感到身处大数据时代,很多数据却不完整、不准确甚至是一些垃圾,不但白白占用浪费了大量的资源,而且还会严重影响相关业务的数据处理和决策分析效果,乃至各项业务活动的经济效益",又如,"我国企业管理信息化之所以难以推进,总体效果仍亟待提升,其中一个十分重要原因就是严重缺乏管理信息系统运行的基础——完整而又准确的数据,而并非是资金、技术和软件等方面的问题"。[2] 可见,在大数据时代,企业更应关注企业活动过程中产

---

① 袁婕:《大数据时代的商机》,《现代商业》2012 年第 30 期。
② 金达仁:《大数据时代更应关注数据的完整性和准确性》,2013 年 1 月 29 日,见 http://www.ybzhan.cn/news/ detail/35195.html。

生的文件与档案等基础数据的完整性、准确性,企业文件与档案是企业的基础性、结构化、有序化的基础信息资源,在大数据的信息分析、信息挖掘中,通过共享将其纳入大数据的内容范畴,与其他信息共同利用,分析、提炼出适用于本企业竞争力提升的个性化信息,为企业发展提供科学决策支持,大数据的真正意义才能得以发挥。

二、完整性:时间与空间

(一)文件连续体理论是框架完整性的理论基础

文件连续体理论的形成和发展大致经历了三个阶段:(1)20 世纪四五十年代,是文件连续体理论的萌芽阶段,理论界和实践领域开始关注文件管理与档案管理的关联性;(2)20 世纪 80 年代是文件连续体理论初步成型阶段,在加拿大档案工作者协会 1985 年的年会上,加拿大档案学者杰伊·阿瑟顿详细论述了连续体的概念,他的观点推动了澳大利亚档案界对文件、档案管理科学模式的进一步探索;(3)20 世纪 90 年代,是文件连续体理论及模式的建立与应用阶段。这一阶段,"澳大利亚档案学者弗兰克·阿普沃德构建了文件连续体模式,提出了文件连续体管理的思想方法"[1],最初的图形比较简单,只有四维,没有四轴(见图 3-1)。之后,阿普沃德又对该模型进行了完善,文件连续体理论基本成熟。

文件连续体理论是"构建一个多维坐标体系来描述文件的运动过程"[2]。这一多维坐标体系包括四个维度和四个坐标轴,四个坐标轴为文件保管形式轴、价值表现轴、业务活动轴和形成者轴,说明了文件保管中的一般要素。这些要素发生在四维空间或四个层面中,代表着所采取的行动和所形成的文件(见图 3-2):第一维——形成层,由活动主体针对活动需要形成文件,并同时留下成文痕迹;第二维——捕获层,将机构单元在业务活动中形成的文件与元数据结合形成档案文件作为证据;第三维——组织层,以组织机构为单位,将能够反映组织基本职能的文件结合形成全宗,以作为组织记忆;第四维——聚

---

① 冯惠玲、张辑哲:《档案学概论》(第二版),中国人民大学出版社 2006 年版,第 267 页。
② 李晓丽:《文件连续体理论探析》,《山东档案》2008 年第 6 期。

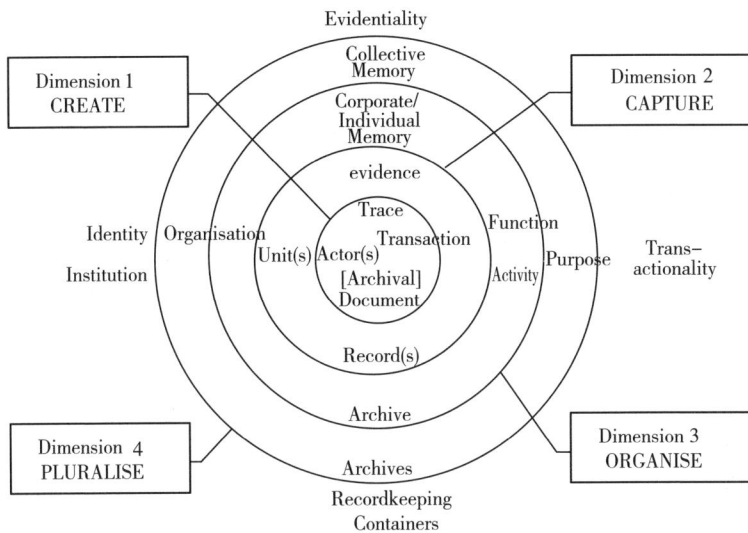

图 3-1　阿普沃德最初文件连续体模型图

合层,为了满足社会的各种目的,将社会各组织机构的全宗集合形成有机整体,以收藏人类社会活动的记忆。① 文件连续体理论以文件保管形式与业务活动和业务环境的互动为研究视角,"考察的是文件从最小保管单位直到最大保管单位的运动过程和规律",它"将文件置于一个多元时空范围,运用立体的、多维的研究方法,全方位地考察文件运动过程及规律"②,"该模式被认为可以适用于档案学背景下的一切文件管理,包括电子和非电子的档案和文件管理"③。

　　电子文件的产生及其在管理中出现的"不适",直观地暴露了传统文件与档案管理工作的诸多问题。在这些问题中,部分因其在传统文件与档案管理中产生的不良后果表现得不严重、不突出而被忽略;部分因为管理体制、工作传统等因素而被人为规避。而电子文件的出现,一方面使文件与档案工作面

---

① 孙芳芳:《"文件生命周期"到"文件连续体"的演变及其思考》,《档案学通讯》2010 年第 4 期。

② 冯惠玲、张辑哲:《档案学概论》(第二版),中国人民大学出版社 2006 年版,第 269 页。

③ The Records Continuum Model in Context and its Implications for Archival Practice.

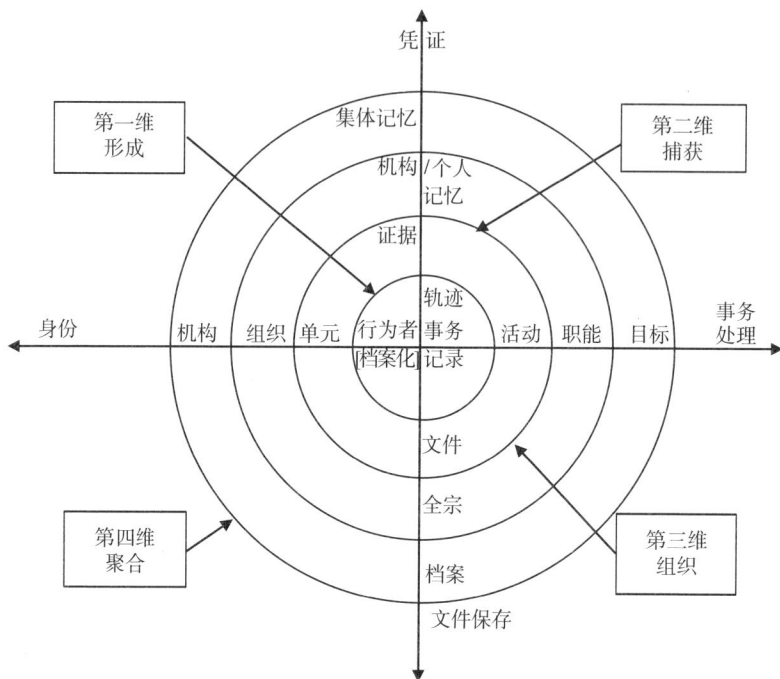

图 3-2 文件连续体模型图①

临新的挑战,另一方面使原有的问题变得鲜明化、尖锐化。传统的文件与档案管理理论受到极大的挑战。从理论到实践、从实践到理论,世界各国研究者和实践工作者都在进行积极的探索。来源原则、宏观职能鉴定论、文件生命周期理论、文件连续体理论等,是对文件和档案形成与管理的普遍规律和一般原则的揭示和升华,在文件与档案管理领域具有普遍适用性。但同时,文件与档案管理不是一项孤立的活动,从横断面来看,它与一个国家、一个地区的政治、经济、文化等密切相连,因此,普遍适用性的原则和规律在不同的国家往往又形成带有一定"独特性"的表现形式。文件连续体理论不仅仅是描述文件与档案运动、管理活动的一种模式;结合我国对文件、档案概念的理解和认识以及文件与档案管理的特点,它为我国文件与档案管理活动提供了一个崭新的视

---

① 黄小萍:《历史主义的胜利——从文件生命周期理论到文件连续体理论》,《档案与建设》2007 年第 5 期。

角和一种思维方式,将使文件与档案管理活动的内容更为科学和丰富。

(二)文件连续体理论在文件与档案管理框架完整性设计中的应用

企业文件与档案管理活动既遵循该活动的基本规律和一般原则,又有其自身的特点。面向知识共享的企业文件与档案管理体系框架的设计,虽有源于企业目标的自身特色,但同样不能脱离文件与档案管理基本理论的指导。当前,对文件连续体理论的研究和应用一般是在国家层面或者公共档案馆,或者政府部门视阈下开展的。笔者认为,文件连续体理论对企业文件与档案管理活动同样具有强有力的指导意义,它是面向知识共享的企业文件与档案管理体系框架完整性设计的理论基础。

具体到企业中,四个坐标轴为形成者轴、业务活动轴、文件保管形式轴和价值表现轴,"业务活动"和"形成者"是内在驱动,"主体的活动"始终是自变量,"价值表现"和"文件保管形式"是外在表现。四个维度具体表现为:第一维——形成层,由企业员工依据活动需要形成文件;第二维——捕获层,将个人或部门在业务活动中形成的文件与元数据结合形成的档案文件作为证据和知识共享的内容组成;第三维——组织层,以企业为单位,将能够反映企业基本职能的文件结合而形成企业档案,以作为企业组织记忆;第四维——聚合层,企业是整个社会的重要组成细胞,是国家经济发展的缩影,将各种类型的企业档案整合成有机体,构成人类社会记忆的重要组成。

综观"四维"和"四轴",在企业文件与档案管理体系框架设计中,实际上存在两条互逆的设计思路:第一条是结果倒推型,即为了在第四维形成完整聚合,确保社会(组织)记忆的多元、完整,就要确保第三维组织层的结构科学合理,真实准确,如此则要在第二维捕获层尽可能完整、准确地获取确保档案真实性、原始性的数据,而这些数据都伴随活动的开展而产生,因此要对文件的形成进行控制,综上,此种文档管理活动方式是从宏观上以第四维为切入点,按"第四维—第三维—第二维—第一维"的线索而开展的;第二条是自然生长型,即从文件的工具性这一本源入手。工具通常指的是工作时所需用的器具,后引申为达到、完成或促进某一事物的手段,文件作为事务处理、信息传递的工具,就要充分发挥其自身的优势,为高效的处理事务、有效的信息传递服务。文件的格式设计、拟写、运转等各个环节都应以有效和高效的管理为出发点和落脚点。结合文件连续体模型，在第一维层面，行为者在处理事务中根据活动需要，要形成有助于提高管理效率、有助于信息顺利传递的文件；基于组织的分工与合作、信息流的正常运转，文件与档案管理活动自然地过渡到第二维层面，事务的进展、管理活动的开展，同时伴随着对文件形成元数据的捕获，而且产生了我们谓之"关于文件管理的元数据"；企业是一个有机整体，企业的正常运转源于若干活动的共同推动，相互联系的若干活动联结而形成企业的某种职能，正如文件连续体模型中第三维的描述，恰是文件的工具性"不自觉"地固化了企业记忆；具有工具性的文件与档案，必然服务于企业的发展方向和基本目标，因此，形成何种文件与档案以及其命运如何，从一定意义上讲，在其产生之时就已由企业发展的需求所决定，作为"适者"生存下来的文件与档案，作为企业记忆的写照，构成第四维层面或大或小的一分子。简而言之，该思路从主体和活动的最小单元入手，以第一维为切入点，按"第一维—第二维—第三维—第四维"的线索展开。

面向知识共享的企业文件与档案管理框架的完整性设计是两条互逆线索有机融合的外在表现，可称为"三并行两融合"，即由内向外和由外向内并行，从宏观到微观与从微观到宏观并行，从"单元的聚合到分解"与从"最小单元到单元集合"并行；空间多维的立体思考与平面、点的关注融合，历史的延续与现实的短暂相融合。人类社会实践活动的复杂性与人类文明的不断进步，决定了其伴生物——文件与档案——同样具有复杂性和多样性，即便我们以"轴"和"维"来探讨其中的规律，文件与档案在给定的坐标系中也是多变的。作为面向知识共享的企业文件与档案管理体系，资源的丰富性、管理流程的科学性、分析视角的全面性、结果的可控性都是评估该体系的重要指标，而体系框架的完整性是影响指标的最基本的因素。因此，在框架设计中，应该灵活运用"三并行两融合"的思想，从时间和空间上准确定位文件与档案的坐标，进而进行面向知识共享的科学管理，是体系框架完整性的表现。

三、动态适应性：快速反应与灵活适应

在面向知识共享的企业文件与档案管理体系构建中，文件与档案管理既是知识共享的重要活动，也是推动知识共享实现的可操作途径；知识共享既是

文件与档案管理活动的重要目标,也是影响文件与档案管理活动开展的重要因素。对知识共享的理解和实践直接影响着文件与档案管理活动,而文件与档案管理活动又同时反作用于知识共享的推进,二者互相影响、互相作用。在企业中,对知识共享的认识和理解的不同阶段,文件与档案管理活动的内容和表现形式也各有所侧重,因此,文件与档案管理框架应该具有动态适应性,能够根据企业的动态变化和知识共享环境的变化做出快速反应并灵活适应,维持知识共享和文件与档案管理良性互推的和谐状态。

(一)知识共享敏感度——文件与档案管理状态四象限图

"知识共享敏感度——文件与档案管理状态四象限图"是以企业的文件与档案管理状态和知识共享敏感度为横纵坐标,通过揭示所要构建的体系框架在坐标系中所处的位置,分析如何构建具有动态适应性的体系框架的工具图,如图 3-3 所示。

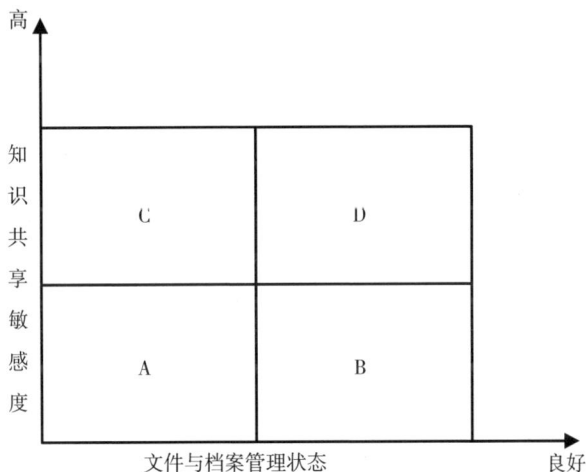

图 3-3　知识共享敏感度——文件与档案管理状态四象限图

在图中,纵坐标标识企业对知识共享的敏感度,即企业及其成员对知识共享活动认知、认可以及接受意愿的强度;横坐标标识企业文件与档案的管理状态,其中 A 区表示企业对知识共享的敏感度比较低,文件与档案管理状态较差;B 区表示企业对知识共享的敏感度比较低,文件与档案管理状态较好;C 区表示企业对知识共享的敏感度较高,文件与档案管理状态较差;D区表示企业对知识共享的敏感度较高,文件与档案管理状态较好。

(二)动态适应性框架的分析与构建

1.基于 A 区的分析与构建

在 A 区中,企业对知识共享的敏感度比较低,文件与档案管理状态也较差。在此区域中的企业,框架体系的设计应该是一种基础性构建,即提升企业对知识共享的认知与认可,将文件与档案管理正规化、制度化、有序化,并建立知识共享和文件与档案管理的联系。其中,梳理文件与档案资源,建立科学的文件与档案管理流程,提供可供共享的文件与档案,以来源于文件与档案的企业组织记忆彰显企业文化,提升组织知识共享的意愿是此区域中框架构建的基本线索,如图 3-4 所示。

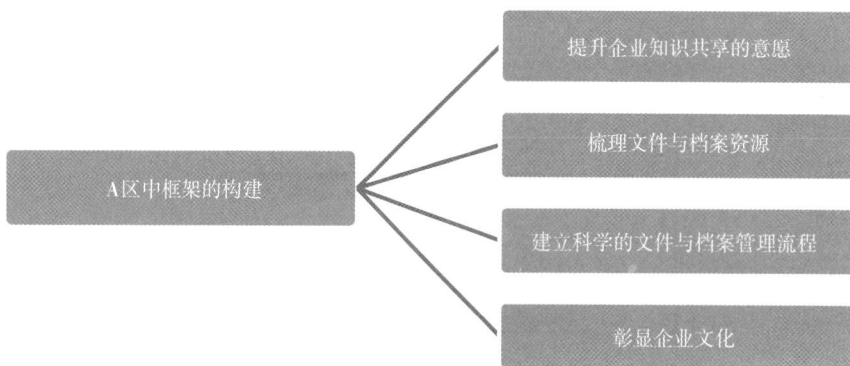

提升企业知识共享的意愿

梳理文件与档案资源

A区中框架的构建

建立科学的文件与档案管理流程

彰显企业文化

图 3-4　基于 A 区的框架体系构建线索图

2.基于 B 区的分析与构建

在 B 区中,企业对知识共享的敏感度比较低,但文件与档案管理状态较好。从文件与档案管理活动的角度而言,此区域中框架的构建,一方面应侧重于文件与档案价值的进一步实现与提升;另一方面应考虑借助文件与档案管理的良好基础,推动知识共享的实现。其中,充分发挥文件与档案在知识共享中的管理控制价值,直接助力知识共享实现;以文件与档案资源的共享为突破口,带动多种知识资源的共享;文件与档案服务"产品"增强企业对知识共享的认知度等是此区域中框架构建的关键点,如图 3-5 所示。

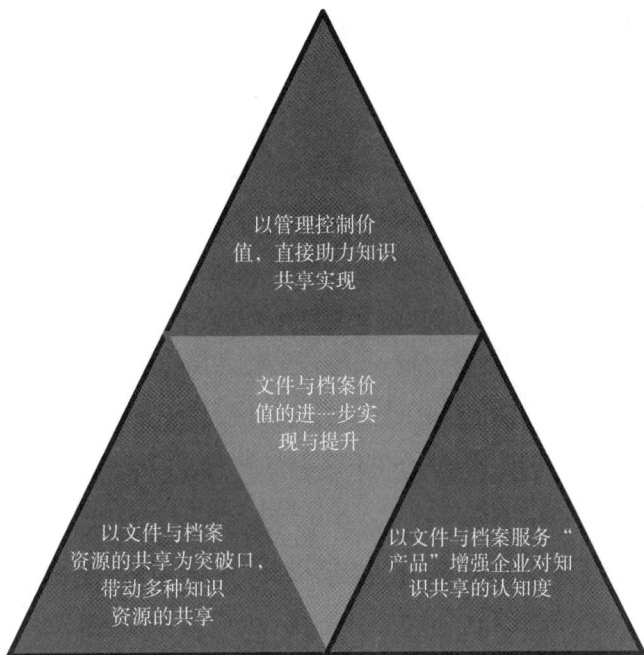

图 3-5　基于 B 区的框架体系构建线索图

3. 基于 C 区的分析与构建

在 C 区中,企业对知识共享的敏感度比较高,但文件与档案管理状态较差。此区域的框架体系应该是首先完善文件与档案管理活动自身,然后有机地融入知识共享建设中。企业的高知识共享敏感度为企业文件与档案管理活动搭建了一个良好的平台,在框架构建中应充分利用这一平台创造有利因素,寻找二者的对接点,实现文件与档案管理活动的快速提升。值得注意的是,如果文件与档案管理状态不能随企业对知识共享敏感度的提升而提升,知识共享的实现将难以稳健持续地推进,诸多问题必将因文件与档案管理的混乱而逐步暴露,如图 3-6 所示。

4. 基于 D 区的分析与构建

在 D 区中,企业对知识共享的敏感度比较高,文件与档案管理状态也较好。此区域的框架体系构建应侧重于如何实现二者的有机良性互动。文件与档案的工具性、知识性与知识共享的内容、过程等从方方面面蕴含着联系,在此区域中,应该形成有利于二者联系外化,进而互相促进的文件与档案管理体

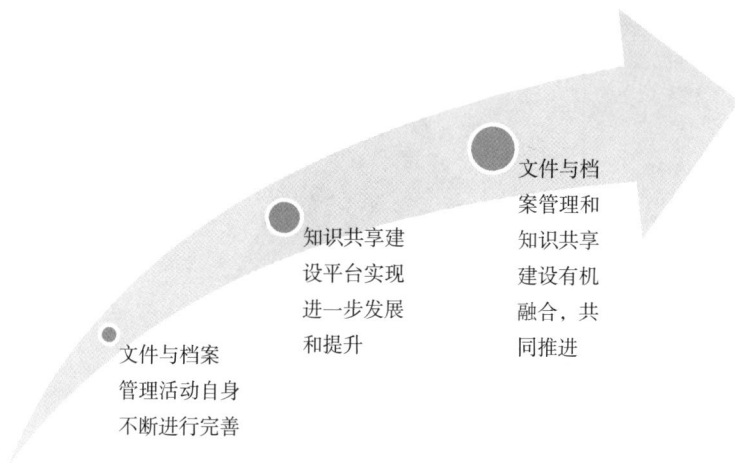

图 3-6　基于 C 区的框架体系构建线索图

系,以共享推动文件与档案价值的实现,以文件与档案的良性管理滋养共享的成长,如图 3-7 所示。

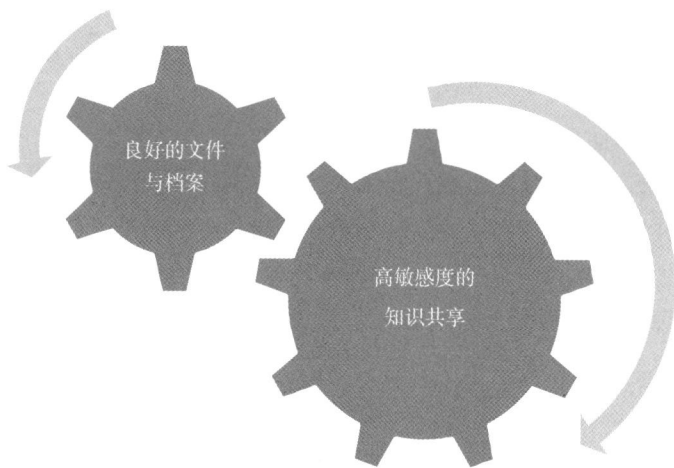

图 3-7　基于 D 区的框架体系构建线索图

　　企业在发展过程中,受内外部环境的影响,在各项工作此消彼长的过程中,其文件与档案管理活动会处于不同的区域,框架动态性表现为框架的内容和特征与所处区域相吻合,随区域的变化而快速反应、灵活适应。面向知识共享的企业文件与档案管理体系在灵敏的动态调整中才能淋漓尽致地发挥其功能与价值。

第二节　面向知识共享的企业文件与档案管理的框架内容

一、可信任的领导主体

（一）可信任的领导者是企业文件与档案管理活动的关键主体

领导是管理的重要职能之一,领导者是"那些能够影响他人并拥有管理职权的人","带领一个群体和影响这个群体实现目标的过程,这就是领导者的工作"[①],"领导是影响他人实现目标的能力"[②]。在实现组织目标的过程中,领导者具有指挥作用、协调作用和激励作用,能够带领、引导和鼓舞下属有效地开展工作。在企业文件与档案管理体系的框架中,领导者是支撑体系框架的重要内容,是框架实现的主体要素之一。文件与档案管理活动的领导者直接影响着企业文件与档案管理体系框架结构的合理性,是将体系中人、物、信息等其他内容最优化配置并发挥作用的助推器。

在管理学中,关于领导者的探讨和研究一直是广受关注的焦点,"研究范围包括有效领导者的内在特质、认知、态度、行为等多个方面"[③],形成了领导特质理论、领导行为理论、领导情境理论、魅力型领导理论、变革型领导理论等研究成果。随着管理活动的不断变化和研究的不断深入,关于领导者的研究成果还将继续丰富。不同类型的领导者、不同的领导方式,具有不同的优势和不足,成功的领导者是不可复制的。

在现代社会中,信任是一个组织面临的越来越重要的问题,领导者的可信任程度越来越影响着领导的成败。Mayer(1995)认为,"当员工相信他们

---

①　[美]斯蒂芬·P.罗宾斯、戴维 A.德森佐、玛丽·库尔特:《管理学:原理与实践》(第7版),毛蕴诗译,机械工业出版社 2010 年版,第 293—295 页。

②　[美]理查德·L.达夫特、多萝西·马西克:《管理学原理》(第五版),高增安等译,机械工业出版社 2009 年版,第 282 页。

③　Avolio B J,"Promoting More Integrative Strategies for Leadership Theory-building",*American Psychologist*,Vol.62,No.1(2007),pp.25-33.

的领导者正直、胜任、善良,他们将更加愿意投入于一些潜在的危险事务之中"①。"信任是领导的实质"②,信任是对领导者的诚信、品质和能力的信念③,信任度越高,领导者对下属的领导力越强,信任已成为有效领导的前提。在知识管理中,达文波特曾指出:"在提升知识市场运作效率的要素中,关键在于'信任'。缺乏'信任'的知识计划,注定是失败的。"④在企业的知识共享中,信任是影响知识共享效果的重要因素,知识共享中的信任机制内容复杂,而员工对组织、对领导的信任是关键因素之一。在面向知识共享的企业文件与档案管理体系中,不论企业文件与档案管理的现状如何,"可信任"是成功的领导者必备的素质,它是文件与档案活动领导者能够拥有影响其员工和相关人员的能力的根源。在面向知识共享的企业文件与档案管理体系中,文件与档案领导者要影响其员工朝着文件与档案管理部门的共同目标而努力;同时,文件与档案形成于企业的各项活动之中,来源于企业的各个部门,可以说,企业各部门对文件与档案的态度和行为直接影响着企业文件与档案管理活动的实施,因此,文件与档案领导者还要具有影响其他部门员工为文件与档案管理活动目标而努力的能力。可见,文件与档案的产生和形成过程以及其特殊的价值与作用,使文件与档案活动领导者影响他人的范围更加广泛,过程更具复杂性,"可信任"显得尤为重要。

(二)可信任领导的表现维度

Shapiro 和 Cheraskin 等学者认为信任可分为三种表现形式,即威吓型信任、知识型信任和认同型信任。从信任的条件性来看,在上述三种形式中,认同型信任是一种无条件信任,信任质量最高,持续时间最长,效果最佳。

在企业文件与档案管理活动中,认同型可信任领导将更有助于面向知识

---

① Mayer,R.C.,Davis,J.H.and Schoorman,F.D.,"An Integrative Model of Organizational Trust: Past,Present and Future",*Academy of Management Review*,No.2(1995),pp.344-354.

② [美]斯蒂芬·P.罗宾斯、戴维 A.德森佐、玛丽·库尔特:《管理学:原理与实践》(第7版),毛蕴诗译,机械工业出版社 2010 年版,第 313 页。

③ [美]斯蒂芬·P.罗宾斯、戴维 A.德森佐、玛丽·库尔特:《管理学:原理与实践》(第7版),毛蕴诗译,机械工业出版社 2010 年版,第 311—313 页。

④ 胡安安、徐瑛、凌鸿:《组织内知识共享信任机制的发展路径和改善方法研究》,《现代情报》2007 年第 8 期。

共享的企业文件与档案管理目标的实现。以下从专业能力、开放性、道德力三个维度,阐述可信任领导者的具体表现(见表3-1)。

表 3-1　企业文件与档案管理可信任领导表现维度表

	维度构成	具体表现
可信任	专业能力	具有丰富的专业知识,并能够恰当地运用知识分析、解决问题
	开放性	使其下属和企业内文件与档案形成者清楚地了解文件与档案管理活动"是什么,为什么,怎么样"等基本信息 能够清楚表达、准确描述部门工作愿景 与他人共享思想和信息的愿景
	道德力	企业文件与档案管理活动领导者的道德力体现在方方面面,渗透在领导者的每一项活动之中,如对下属的尊重、对企业的责任,利益的合理取舍,对员工的理念态度、对文件与档案这一客观事物的观念和行为等

第一,专业能力。笔者认为,专业能力体现在具有丰富的专业知识,并能够恰当地运用知识分析、解决问题上。在企业文件与档案管理中,较强的专业能力有助于形成具有激励作用和较强吸引力的工作愿景;有助于形成对文件与档案管理活动的准确判断和科学预测;有助于管理活动科学地、可持续地发展;并确保文件与档案工作规划具有可行性和可操作性。依专业能力做出的科学合理的宏观和微观的工作目标设计和工作规划,实际上是帮助和引导员工实现工作的价值,实现自我价值;通过自我价值的实现,认可工作的意义以及对领导者产生信任。因此,专业能力是可信任领导最基本的必备条件。领导者专业能力的提升一方面源自长期的、不间断的专业知识的学习与积累,另一方面来自于实践经验的凝练与升华。尤其在当今知识经济时代,文件与档案管理活动环境瞬息万变,文件与档案管理日趋复杂化,领导者已有的专业知识结构和内容不断受到挑战,更需要领导者以敏锐的洞察力发现并提升自身的专业能力,以增强员工的认同感和信任度。

第二,开放性。"不信任源于人们对情况的不了解,也源于人们对情况的了解,开放性带来信心和信任"①。在文件与档案管理活动中,领导者的开放性体现在:首先,使其下属和企业内文件与档案形成者清楚地了解文件与档案管理活动"是什么,为什么,怎么样"等基本信息,了解文件与档案活动中相关决策制定的目的、意义和依据,解释所做决策的合理性等;其次,能够清楚表达、准确描述部门工作愿景,具有激励作用的工作愿景只有通过被形象地表达并传递给员工,其吸引作用、影响作用才能发挥出来,领导者的开放性有助于搭建愿景与相关员工联系的桥梁;再次,与他人共享思想和信息的愿景,既包括将自身拥有的信息和思想分享给他人,也包括吸收和接纳员工的思想和信息。这种共享的意愿是尊重员工,与员工平等交流的重要表现;是知识经济时代,实现科学决策的必然要求。共享的充分性直接影响着领导者的可信度。

第三,道德力。"道德力,又被理解为道德影响力、道德感召力,是指某人以其高尚的道德品质、崇高的人格、美和善的道德行为吸引、感召、影响社会其他成员的一种能力"②。一个人在长期的社会实践中表现出来的高尚道德品质及崇高的道德人格能够引起人们对他的信任、赞誉。"对于一个领导者来说,品德是本,技巧是末",斯蒂芬·R.柯维说"唯有基本的品德能够为人际关系技巧赋予生命"③。可见,优秀的道德品质是可信任领导者的必备条件。企业文件与档案管理活动领导者的道德力,直接影响着下属对他的判断和追随,同时,又直接影响着企业文件与档案这一不可再生资源的命运——能否全面地、客观地、历史地为企业守史,能否成为可信任的企业记忆"珍藏者",不可避免地受领导者道德原则和价值观的影响。企业文件与档案管理活动领导者的道德力体现在方方面面,从对下属的尊重到对企业的责任,从利益的合理取舍到正确的价值观,从对员工的理念态度到对文件与档案这一客观事物的观念和行为,从工作过程中的沟通交流到决策的制定执行,道德渗透在领导者的每一项活动之中,而可信任度也正是伴随着这些活动生长的结果。

---

① [美]斯蒂芬·P.罗宾斯、戴维 A.德森佐、玛丽·库尔特:《管理学:原理与实践》(第7版),毛蕴诗译,机械工业出版社 2010 年版,第 314—316 页。
② 高占祥:《道德力与感召力》,2011 年 6 月 9 日,见 http://news.cntv.cn/20110609/110385.shtml。
③ 谢富慧、孙辛勤:《管理理论演变中的伦理思想发展脉线及意义》,《商业时代》2009 年第 11 期。

二、健全的制度体系

（一）企业文件与档案管理制度的构成

制度是要求大家共同遵守的办事规程或行动准则。在企业中，文件与档案管理制度是确保企业文件与档案管理活动规范化、科学化、高效化的具有指导和规范作用的各项规程和行动准则的总称，包括法规、规章、政策、规范、标准、指南、工具等。从制度的形成者来看，企业文件与档案管理制度可分为外源型文件与档案管理制度（以下简称"外源型制度"）和内源型文件与档案管理制度（以下简称"内源型制度"）。

1. 外源型制度

外源型制度是指制定主体非企业自身，即非由企业自身制定形成，但能对企业的文件与档案管理活动起到指导和规范作用的制度。企业在运作过程中，首先要遵守政府和行业的各项法律、法规和规章制度，随着全球经济一体化的发展，企业还要遵守相关的国际标准和规范。

外源型制度主要包括：一是国家相关部门针对文件与档案管理工作制定的制度规范、国际文件与档案管理的标准指南等，比如《档案工作基本术语》（DA/T 1—2000）、《电子文件归档与管理规范》（GB/T 18894—2002）、ISO 15489、ISO 30300 系列国际标准等，这类制度多是以宏观的视角对文件与档案管理活动提供整体的指导。在我国，企业文件与档案是整个国家文件与档案资源的重要组成部分，文件与档案工作具有普遍的规律，因此，此类制度在不同程度上对企业文件与档案管理活动具有指导和规范意义。

二是专门针对企业文件与档案管理活动而制定的制度规范，比如 2009 年国家档案局发布的《企业档案工作规范》（DA/T 42—2009），该规范"确立了企业档案工作原则、组织和制度要求，给出了企业档案业务工作、档案信息化建设、档案工作设施设备配置等方面的方法与技术指南"；又如，为便于企业正确界定文件材料归档范围，准确划分档案保管期限，促进企业依法经营和规范管理，2012 年 12 月国家档案局发布了《企业文件材料归档范围和档案保管期限规定》；2015 年国家档案局发布《金融企业业务档案管理规定》（档发〔2015〕3 号），为规范金融企业业务档案管理提供依据。

三是散见于其他制度规范中关于文件与档案管理活动的条款。比如，美国国会 2002 年通过的《萨班斯—奥克斯利法案》中的相关条款,对企业文件与档案的保存提出了明确的要求。我国的《企业内部控制基本规范》及指引中的相关条款,也对企业文件与档案管理工作提出了明确的规范和准则。如《基本规范》第四十七条指出"企业应当以书面或者其他适当的形式,妥善保存内部控制建立与实施过程中的相关记录或者资料,确保内部控制建立与实施过程的可验证性",实际上是对企业内部控制文件与档案的形成与妥善保管的规范。

2. 内源型制度

内源型制度的制定者是企业自身,即由企业在管理活动中形成的关于文件与档案管理的规范和准则。内源型制度表现为两种类型:一是蕴含于企业各类管理制度之中,比如某项业务活动流程规范中关于该活动产生的文件与档案的管理规定,企业人力资源管理制度中关于人事档案管理的规定,安全生产管理中关于安全记录的规定等;二是专门针对文件与档案管理活动的一系列规范和准则,多由企业或企业的文件与档案管理部门形成。其主要包括:首先,确保文件与档案部门有序运转、高效工作的管理制度,比如文件与档案管理部门关于岗位职责的描述、财务管理制度等。其次,关于文件与档案业务活动的内容、流程的规范。此类制度既体现在对文件与档案管理活动整体的规范,比如文件与档案管理的目标、原则、战略等;也体现在对文件与档案管理活动各个要素的规范,比如管理人员、管理软硬件的规范标准;还体现在对文件与档案管理活动流程、各个环节的规范,比如保管、利用规则等。内源型制度的名称一般表现为规定、制度、规范、标准、程序、流程、指南等。

在企业的文件与档案管理制度中,外源型制度和内源型制度都是企业制度体系的重要组成部分。外源型制度,一方面可以直接为企业所用,更多的是企业结合自身的特点并依此作为制定制度的依据或参考。虽然,企业是自主经营、自负盈亏的独立经济组织,在市场经济环境下,在遵纪守法的前提下,企业正常的经营管理活动不受政府和其他组织的强制性约束;但是,作为社会活动的成员之一,企业生存力、竞争力的提升,离不开对外源型制度的自愿遵从。外源型制度有助于确保内源型制度的科学性和合理性,有助于提升企业文件与档案管理制度的质量和有效性。内源型制度则是需要企业成员必须遵从的,带有一定的强制性,是文件与档案管理活动科学、有序、规范的直接保障。

(二)企业文件与档案管理制度体系的顶层设计

"企业文件与档案管理制度体系"是将文件与档案管理制度依其内在的联系、按照一定的结构进行逻辑组合而形成的有机体。不同表现形式的制度是制度体系构成的要素,各组成要素有序化、结构化、系统化形成制度体系。"体系"强调制度之间的和谐共生,并在遵循事物发展规律的基础上,全面地、纵深地规范和指导。制度体系不是若干制度的简单叠加,其呈现出一定的结构性、层次性。它是包含着制度与制度之间互相补充、互相衔接、互相促进等关系的有机整体。企业应该以文件与档案管理部门为中心,以顶层设计为指导思想,统筹协调、统一规划,形成文件与档案管理制度的基本结构。

从横向看,首先,外源型制度和内源型制度应保持一致。如前所述,虽然多数外源型制度不强制企业遵守,但这些制度往往凝结了行业或者领域内的先进理念、优秀成果,具有极强的通用性和可借鉴性,能够避免企业在相关活动的探索中少走弯路。因此,内源型制度在强调企业自身管理和活动特点的基础上,应尽量吸收外源性制度的先进成果。

其次,文件与档案管理部门制定的文件与档案管理制度应与各职能部门形成的有关制度保持一致,避免"政出多门"。从文件与档案管理的角度而言,作为专门的文件与档案管理部门,其所制定的管理制度应更符合文件与档案管理活动的原则与规律,更具全局性和精准性;各职能部门形成的相关规定,多以自身活动为出发点和落脚点,具有一定的自利性,但更符合本工作范围的特点。在面向知识共享的企业文件与档案管理体系构建中,二者应该优势互补,既尊重各自工作内容的特点,又考虑企业知识共享的整体需求,探索形成满足多方需要的管理制度。

再次,各职能部门之间的文件与档案管理制度应协调一致,文件与档案管理流程中的各专项制度应互相衔接、互相促进。企业活动中,各职能部门之间是互相配合、分工合作的,文件与档案管理制度应该通过对文件与档案的规范管理,促进部门之间的共同进步,化解"孤岛"现象带来的资源浪费和效率低下,因管理制度的分歧而带来的各部门工作的不衔接或工作的复杂化,有悖制度设计的初衷。文件与档案管理各个环节中的专项制度亦如此,文件的形成、保管、利用、统计等各个环节环环紧扣,制度的衔接和连续性是环与环之间的顺利过渡,是推动整个文件与档案工作前进的保障。

从纵向看,企业文件与档案管理制度体系应体现出一定的层次性。科学的制度体系一般从宏观、中观和微观三个层面来规范行为。首先,宏观层面的制度设计注重从文件与档案工作的原则、指导思想等角度对企业文件与档案管理活动进行偏柔性的、无形的规范。比如,规定文件与档案是一种具有可共享性的资源,文件与档案在知识共享中应发挥工具性作用以提升共享效果等。宏观层面的制度设计应充分发挥企业文件与档案工作者的主导作用,参考引用外源型制度,在充分调研本企业各项活动现状的基础上,征求企业领导和员工的意见而制定形成,应与企业的发展战略相一致,有助于企业竞争力的提升,能够推动知识共享的实现。它可以单独的制度规范形式存在,也可作为企业宏观管理制度的组成部分而存在。

其次,中观层面的制度是介于宏观和微观之间的管理规范和行为准则,是制定微观制度直接参照的依据,是企业文件与档案管理者在遵循企业文件与档案的形成、运动等规律以及知识共享实现机制的基础上,以文件与档案管理理论为指导而制定的,是理论指导实践的产物。中观层面的制度以独立形式存在,对企业文件与档案管理机构的设置、人员的配备、与其他业务活动的关系、文件与档案管理活动的职能与任务等进行明确规范。

再次,微观层面的制度主要表现为直接指导企业文件与档案管理活动的具有极强的可操作性的规范、标准、工具等。比如关于企业文件与档案格式标准、归档范围、利用形式等方面的规定。从数量上来看,这类制度的数量较为庞大。

在面向知识共享的企业文件与档案管理制度体系中,文件与档案管理部门的统筹规划,顶层设计是制度体系科学、完整、系统的重要手段。无论从纵向还是从横向,无论制度的具体表现形式如何,制度与制度之间因果关系、并列关系、递进关系必须以"三符合"为指导进行规划和设计,即符合逻辑、符合企业业务活动、符合企业发展目标。制度自身的合理性、制度之间关系的科学性,要求文件与档案管理部门从企业发展的立场,以"综观""俯视"的视角做出判断,才能保证制度之间的协调,实现整个体系正常有序的运转。

(三)企业文件与档案管理制度体系的建设

面向知识共享的企业文件与档案管理制度体系建设可以按照以下步骤完成:第一阶段,前期调研论证阶段。该阶段是制度体系建设的起步阶段,也是整个体系建设的基础性阶段,其主要工作内容包括,探讨并掌握文件与档案自身的特性、运动规律,文件与档案管理理论等,即以科学的理论为指导,按照自上而下与自下而上两条线索进行调研。自上而下的调研目的是确保文档管理制度与企业发展目标相一致、与企业战略相吻合,自下而上的调研是以业务活动为基础,关注文件与档案的形成者与共享者。

第二阶段,顶层设计阶段。该阶段的主要任务是制度体系结构的设计,从横向上看,覆盖文件与档案全生命周期,涵盖企业文件与档案的全类型(如不同载体形式、不同活动领域);从纵向上看,宏观、中观、微观层次分明。对外源型制度的遵从,与企业各项管理制度的和谐性,与业务流程的一致性是顶层设计的关键区间。同时,这一阶段需对应形成对企业文件与档案管理制度管理的相关规定,这是关于制度自身形成、实施等过程合规性、科学性的规范。

第三阶段,对顶层设计成果的细化填充。该阶段主要体现在从纵向和横向两个角度确定具体的制度规范群,详见表3-2、图3-8。

表3-2　企业文件与档案管理制度体系内容详解

制度层面	涉及区间	制定主体	制度内容	制度特点
宏观	企业层面	以企业名义制发	规定企业文件与档案的资源性质,在企业中的地位、价值与作用	具有全局性、战略性
中观	企业层面+企业文件与档案管理部门	以企业名义制发	规定企业文件与档案管理机构的设置,人员的配备与管理,文件与档案管理和其他业务活动的关系,文件与档案管理活动的目标、职责、工作任务、制度管理等	承上启下,具有鲜明的指导作用

续表

制度层面	涉及区间		制定主体	制度内容	制度特点
微观	文件与档案管理的主要环节	形成	文件与档案管理部门以及形成者	规定业务活动中形成文件的种类、格式、元数据、载体要求等;规定文件与档案管理部门"主动记录"的范围、要求等	小处着眼,全面具体,可操作性强
		捕获	文件与档案管理部门以及形成者	规定文件捕获的范围、要素与内容、时间、方式等;规定捕获过程中文件形成者与文件接收者各自的责任与义务	
		整理	文件与档案管理部门	规定整理的目标、依据、原则与方法等	
		保管	文件与档案管理部门	规定确保文件与档案真实、完整、可读可用的要求;规定确保文件与档案信息安全相关标准与措施	
		利用	文件与档案管理部门与形成者以及知识共享活动的相关工作者	规定文件与档案提供利用的理念、途径、方式;规定利用者和用户的权利与义务	

第四阶段,统筹协调阶段。该阶段是对制度与制度之间协调性、互补性、完整性、系统性的分析与检验,是对制度之间内在联系的再次梳理检测。

第五阶段,制度的成文阶段。按照要求撰写制度内容,以格式的规范性、内容的清晰确定性、结构的科学合理性保证制度的可读、易读。

第六阶段,制度的执行阶段。制度的贯彻落实的外在表现是文件与档案的形成者、文件与档案管理者、文件与档案共享者的行为活动,这一系列活动有助于企业管理、各项业务活动互相促进、有机融合,文件与档案价值得以彰显,知识共享顺利实现。

第七阶段,制度的调整与创新。制度在形成的过程中,虽以前瞻性来确保制度具有超前性和预测性,但是企业所处的国内外环境变化莫测,企业的发展战略适时调整,企业在不断的变革与创新中发展。因此,文件与档案管理制度在维持其相对稳定性的前提下,进行动态的调整与创新,制度体系才能具有活力和生命力。

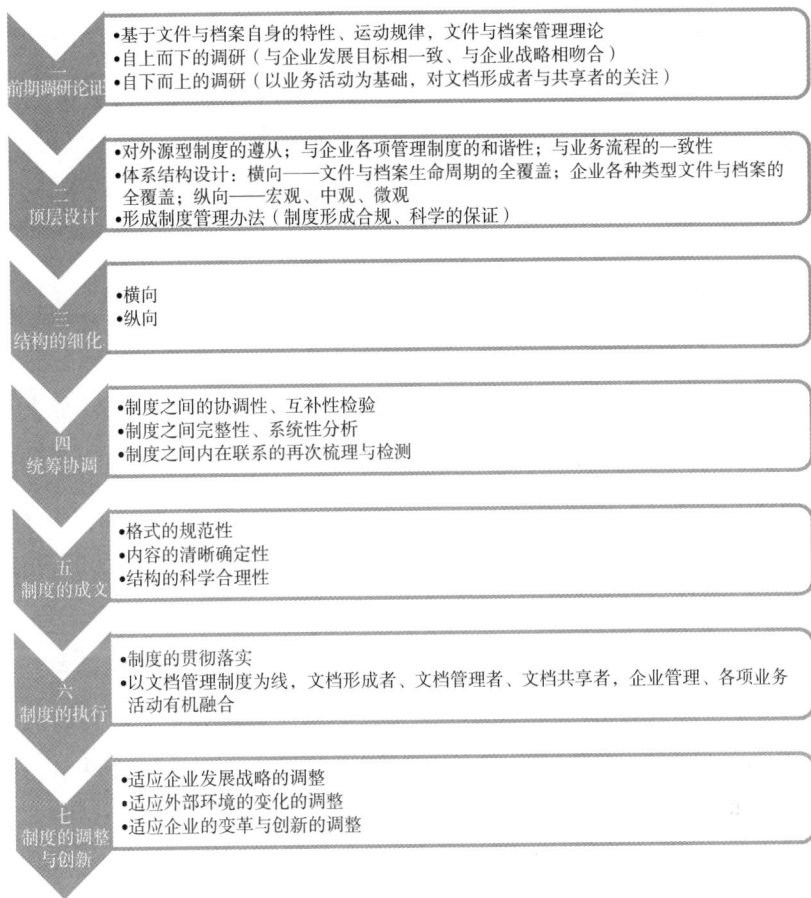

一 前期调研论证	• 基于文件与档案自身的特性、运动规律，文件与档案管理理论 • 自上而下的调研（与企业发展目标相一致、与企业战略相吻合） • 自下而上的调研（以业务活动为基础，对文档形成者与共享者的关注）
二 顶层设计	• 对外源型制度的遵从；与企业各项管理制度的和谐性；与业务流程的一致性 • 体系结构设计：横向——文件与档案生命周期的全覆盖；企业各种类型文件与档案的全覆盖；纵向——宏观、中观、微观 • 形成制度管理办法（制度形成合规、科学的保证）
三 结构的细化	• 横向 • 纵向
四 统筹协调	• 制度之间的协调性、互补性检验 • 制度之间完整性、系统性分析 • 制度之间内在联系的再次梳理与检测
五 制度的成文	• 格式的规范性 • 内容的清晰确定性 • 结构的科学合理性
六 制度的执行	• 制度的贯彻落实 • 以文档管理制度为线，文档形成者、文档管理者、文档共享者，企业管理、各项业务活动有机融合
七 制度的调整 与创新	• 适应企业发展战略的调整 • 适应外部环境的变化的调整 • 适应企业的变革与创新的调整

图 3-8　企业文件与档案管理制度体系建设步骤图

三、企业文件与档案的资源聚合体

文件与档案是档案学研究的两个基本概念，但是，在不同的历史环境下，在不同性质的社会组织中，某些情况下，虽然对于"文件""档案"的表述相同，但是其内涵和所指可能会有所差异。因此，要对文件与档案进行科学的管理，还需透过名称看本质，依文件与档案产生的范围、所处理事务的性质等方面的不同，具体问题具体分析，采取不同的方法和策略。殊途同归，通过对文件与档案的"管"，实现更好地"用"的最终目的。

在面向企业知识共享的企业文件与档案管理活动中，正确区分何为企业的文件与档案资源,是前提性的活动,是基础性的工作。在现代信息社会,"云""大数据"等信息技术的日新月异,增加了对文件与档案资源界定的复杂性,有益性的文件与档案资源极易被"大数据"所湮没,随"云"而飘动,原本纯净而确定、极富价值的信息资源混入波涛汹涌的信息大潮中,然后在大浪淘沙中"被分析""被挖掘""被共享",因此,基于企业文件与档案价值和特性而对企业文件与档案资源的梳理聚合显得更加重要。

(一)企业文件与档案资源的梳理

企业文件与档案资源的梳理包括对企业文件的梳理和对企业档案的梳理,"文件是组织或个人为处理事务而制作的记录有信息的材料,是人类记录、固化、传递和存储信息的一种工具"①。企业文件是产生于企业活动中以任何物理形式或特征记载下的信息,包括文字、图表、图纸、照片、唱片等数据的汇集,既可以是具有严格格式规范的公文,也可以是具有一定格式要求的申请表、信函,还可以是格式要求不明确的电子邮件等,甚至是网页。对企业生存与发展有重大意义或价值的企业文件被保存下来,就形成企业档案。企业文件与档案资源的完整性,源于对企业文件的全面梳理和把握。在面向知识共享的企业文件与档案管理活动中,应从以下几个方面对企业文件与档案进行全面梳理:

首先,来源于企业员工个人的文件与档案。企业员工在处理事务活动中,会形成各种类型的文件。按照形成要求是否具有刚性,笔者将其划分为两类:一类是按照企业工作要求或者实现工作目标的需要,员工在活动中必须形成的文件,比如员工个人的工作总结、工作计划、会议记录等;另一类是员工在工作中自愿形成的,比如工作日志、工作感想等。当前,在此类文件中,前者的部分内容一般会纳入企业的文件与档案管理范围,而后者大多疏于管理。

其次,来源于项目团队的文件与档案。"项目是人们用来改变世界的一种主要方式"②,著名的管理咨询专家汤姆·彼得斯指出项目管理在企业中的地位,"项目不是单个的任务,而是企业最大的增值基础"。美国项目管理协

---

① 《中国大百科全书档案学分册》,中国大百科全书出版社1993年版,第460页。
② [美]杰弗里·K.宾图:《项目管理》,鲁耀斌等译,机械工业出版社2010年版,第3页。

会(PMI)认为,项目是为创造特定的产品或服务的一项有时限的任务,项目一般具有目的性、独特性、一次性和制约性等特点。项目团队是项目管理的实施者和主体,"是由一组个体成员为实现一个具体项目的目标而组建的协同工作队伍"①,项目团队通常由项目工作人员、项目管理人员和项目经理构成,具有极强的临时性和开放性。项目管理过程一般包括项目的启动、计划、执行、控制和收尾五个过程,以及项目整体管理、项目范围管理、项目时间管理、项目成本管理、项目质量管理、项目人力资源管理、项目沟通管理、项目风险管理、项目采购管理九个方面的内容。在整个项目管理过程中,项目团队会形成项目需求建议书、项目纵览(项目综述)、项目章程、项目范围说明、项目分解结构、项目风险管理计划、项目进度表、项目预算表、项目质量管理计划等文件。项目管理在现代企业中日益重要,在企业管理活动中所占比重越来越大,项目管理形成的文件与档案将是企业文件与档案资源越来越重要的组成部分。

再次,来源于企业各部门的文件与档案,即各部门在日常管理活动中形成的文件与档案。其反映了企业的各项职能活动,是当前企业文件与档案资源建设的重要组成部分。比如在我国《企业档案工作规范》(DA/T 42—2009)中,所列举出的适用于大中型工业企业文件归档基本规范中的经营管理、生产管理、行政管理、党群管理、产品生产等各类文件,均来源于企业的各部门。此外,企业各部门为更好地完成工作任务、实现工作目标,或正式或非正式地在部门内部开展有助于工作的支持性活动,比如小组讨论、经验交流、共同学习等,这一过程同样会产生相关的记录文件,也应纳入企业文件与档案资源管理的范畴。

最后,来源于企业外部其他组织(团队或个人),但与企业活动有密切关系的文件与档案,比如,企业外购设备、引进项目中产生的相关文件与档案;本企业参与的合作项目的相关文件;本企业执行、办理的外来文件。此类文件与档案虽不由或部分由企业产生,但其往往是企业其他文件与档案产生的基础或前提。为了支持企业活动的开展,便于管理活动的正常进行,此类信息应纳入企业文件与档案资源管理范围。

---

① 胡鸿杰等:《项目开发与管理》,中国人民大学出版社2008年版,第3页。

(二)企业文件与档案资源聚合的"Value 原则"

基于上述梳理,将分散的企业文件与档案按照一定的内在结构集中到一起,表现为企业文件与档案资源聚合体,它是企业文件与档案管理活动的重要"生产要素"。企业文件与档案资源聚合体的大小、结构、质量、性质等,直接影响着企业文件与档案管理活动的开展,影响着企业知识共享、战略目标的实现。遵循一定的原则和规律,不断优化企业文件与档案聚合体,是企业文件与档案管理框架的重要内容。结合现代企业的特点和发展方向,基于面向知识共享的工作背景,笔者提出以"Value 原则"为指导实现企业文件与档案资源的聚合。

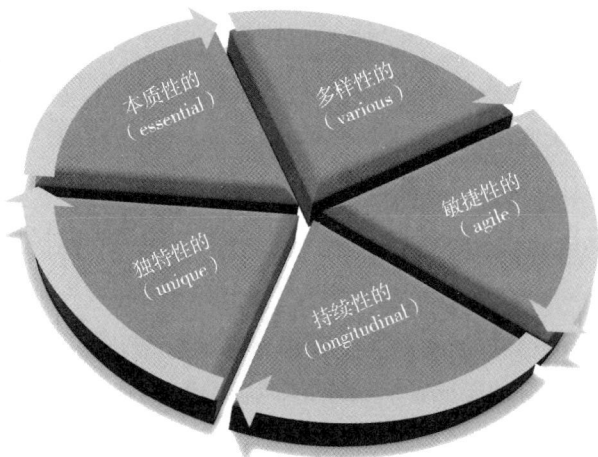

图 3-9　企业文件与档案资源的 Value 聚合图

所谓"Value 原则":

——"V"代表具有多样性的(various)

多样性是企业文件与档案资源聚合体在形成过程中遵循的第一个原则。具有多样性的聚合要求企业文件与档案资源的最终聚合体涵盖企业各种各样的文件与档案资源,主要体现在两个方面:一是关注多样载体的文件与档案,从传统的纸质文档,到电子文件的大量出现、音频视频设备的广泛应用,产生了大量的音频、视频、照片、图片等各类文件,不同载体类型的文件,以文、影、音、图不同的方式,生动地记载着活动发生、发展的全貌,其都应该是文件与档案资源聚合过程中关注的对象。企业活动记录方式在不断多元化,忽视新型载体产生的文件,必将导致活动记录的缺失。二是注重文件与档案来源的多样性。在企业活动中,个人、团队、正式组织、非正式组织都会伴随着其活动产生相应的文件与档案。通过上述梳理过程可以发现,很多企业将文件与档案资源定位在传统企业内部正式组织职能活动产生的文件与档案上,然而,现代企业组织结构发展愈加呈现出扁平化、网络化、无边界化、柔性化等特点,企业文件与档案随之更加分散化、复杂化,企业的每个员工、每个团队、每个部门都成为极具价值的文件与档案的重要形成主体,因此,不同主体来源的文件与档案在聚合体中均应占据"一席之地"。

　　——"A"代表具有敏捷性的(agile)

　　企业文件与档案资源聚合体应具有敏捷性,该原则强调所聚合的企业文件与档案资源应能实时、灵活反映企业的活动。当前企业文件与档案管理活动中,前端的文件形成和后端的文件与档案管理对接仍不够流畅,这种不流畅在资源聚合过程中则表现为资源聚合的滞后性,即有关企业变化了的活动和职能的文件与档案不能被及时捕获。企业文件与档案资源聚合的过程应该是在相对稳定的平台上做加减法,即根据企业活动范围、业务重心、流程重组、战略调整,适时调整捕获范围。捕获范围应具有一定的稳定性,同时应具有一定的灵活性。这就要求对企业的发展具有一定的预测性,并对企业变革做出灵敏的反应,在文件与档案管理中可通过粗线条的轮廓勾画将企业动态变化产生的新的文件与档案及时纳入捕获范围。高度敏捷性是企业文件与档案资源聚合体内容完整、准确的要求。

　　——"L"代表纵向性、具有时间持续性的(longitudinal)

　　从时间角度而言,企业文件与档案资源聚合体应源于企业从形成到现在整个发展过程中的活动,跨越企业发展的历史长河,具有纵向的延展性。文件与档案资源是无数个"正在进行时"聚合而成的"过去时",对"正在进行时"的记录进行选择,应考虑到它们于过去、于将来的历史意义。企业组织记忆是资源聚合体具有时间持续性的表现,其真实性、完整性也是对聚合体时间持续性的检验。

——"U"代表具有独特性的(unique)

维护并深化企业文件与档案资源的独特性是聚合体在形成过程中遵循的又一原则。在当代信息呈指数级增长的态势下,文件与档案资源的"应运而生"确保了其纯净性和原生态的独特品质,而其形成过程又保护了自身关联性,无论是直接应用,还是通过数据挖掘等信息技术进一步应用,较之其他类型的信息资源,其都更具有可用性、易用性。文件与档案资源聚合体应是反映企业管理活动中自然存在的关联的结构化、半结构化、非结构化等信息共同构成的高价值密度集合体,它是无法通过其他信息获取渠道形成的。"乱花渐欲迷人眼",企业文件与档案资源聚合体须始终"出淤泥而不染",维护并深化自身的独特性和唯一性。

——"E"代表具有本质性的(essential)

上述多样性、敏捷性等特征使得聚合体呈现一种动态,纵向性与独特性则需要企业文件与档案资源聚合体极具理性和科学性。"具有本质性的"原则要求企业文档资源聚合体能够揭示和反映企业活动的本质和核心,它一方面是企业文件与档案资源在聚合过程中的脉络,是一种稳定性、静态的体现,同时是影响其他信息资源(诸如行业信息、竞争对手信息等)如何作用于本企业的关键。也就是说,企业文件与档案不仅仅是一种能够揭示事物活动过程的信息,它也是赋予数据意义,将各类数据转化为信息、知识的"背景"。完善"最小数据集"是确保文件与档案资源聚合体具有本质性的方法之一。最小数据集的概念源于美国的医疗领域,是美国联邦政府发展史上业务收集的一个重要里程碑。"最小数据集是指通过最小的数据,最好的掌握一个研究对象所具有的特点或一件事情、一份工作所处的状态,其核心是针对被观察的对象建立一套精简实用的数据指标"[①],"最小数据集,其实就是一个业务管理过程当中最重要的数据指标"[②]。面对企业产生的大量信息,通过最小数据集,固化企业发展中关键的、核心的文件与档案资源,并辐射捕获其他相关信息资源,既可以保证文件与档案资源聚合体在静态中的合理性、科学性,又能保证

---

① 涂子沛:《大数据:正在到来的数据革命》,广西师范大学出版社2012年版,第42—44页。

② 涂子沛:《大数据:正在到来的数据革命》,广西师范大学出版社2012年版,第43—44页。

其在动态中不断丰富完善。

四、先进的信息管理技术

当前,信息技术已成为"引导现代科学技术发展趋势的主导技术"[①],信息技术的飞速发展和广泛应用,加快了信息的生产、传播和消费,给人类社会的各项实践活动都带来了深远的影响。文件与档案作为信息资源的重要组成部分,信息技术更加深刻和直接地影响着其形成、管理、利用、长久保存等全部过程,尤其是随着 20 世纪五六十年代信息网络技术的出现,人类社会的知识系统发生了两大变化:一是人类记忆的载体发生了革命性变化;二是人类的阅读方式发生了革命性变化[②]。如今,我们进入"大智移云"的时代,"不可预测的技术突破使得持续预测信息通信技术的未来及其所带来的社会影响非常困难"[③]。但是,我们必须对信息技术保持敏锐的"嗅觉",工欲善其事,必先利其器,在面向知识共享的企业环境中,文件与档案管理活动必须善于利用种种信息技术,以提高管理效率、提升管理效果。信息技术是用于管理和处理信息所采用的各种技术的总称,范围极广,是一个由信息基础技术、信息支撑技术、信息主体技术、信息应用技术等构成的完整的体系,在企业文件与档案管理体系框架的构建中,应尤为关注与之关系密切的以计算机技术和网络技术为核心的信息管理技术。

(一)内容管理

当前,企业处于大数据时代,各种信息设备和应用系统每天都在产生大量的数字信息,如各类办公文档、电子数据表格、电视会议或视频培训文件、电话会议音频文件、图片文件、动画展示数据文件、产品设计文件,以及财务和生产系统在关系型数据库中产生的大量结构化数字信息等。这些信息包含了企业工作过程中的各类数据,既包含了结构化的数据,又包含了大量的非结构化数据,这些数据中的大部分实质上是现代企业文件和档案的不同表现形式。同

---

① 孟广均:《信息资源管理导论》,科学出版社 2008 年版,第 121 页。
② 王芳主编:《数字档案馆学》,中国人民大学出版社 2010 年版,第 1—3 页。
③ [美]E.莫洛根:《信息架构学:21 世纪的专业》,詹青龙等译,华东师范大学出版社 2008 年版,第 169 页。

时,这些数据孤立地存在于各种设备和应用系统自身的存储空间中,形成了各个信息孤岛,以致利用率极低。企业在经营决策中,"实际上只利用了可用数据的 20% 到 30%"①,"可经常性使用的数据比例平均只有 1% 到 5%"②。在现代企业中,"80% 的数据都是非结构化数据,这些数据每年都按指数增长60%"③,文件与档案非结构化、异构化的表现更加明显。对如此大量的非结构化、异构化的数据的管理和有效利用,必然要借助先进的信息技术来实现。

早期的内容管理偏向出版产品的管理,Bob Boike 在 "*Content Management Concepts*" 一文中提出 "内容管理是指在目标出版物(in targeted publications)中有效地收集、管理和形成可利用的信息",还有的学者认为 "内容管理就是针对实际问题提出的解决方案,既是有效地收集、管理和发布信息,使需求用户得以满足,同时也是人、过程与技术的集成"④。IBM 内容管理解决方案平台则是基于用户对内容进行管理的需求而开发,它能够通过单一存储库来支持不同的、异构的内容管理技术,同时也提供了各种特性来满足对内容整个生命周期的管理。随着 IT 应用的深入和普及,内容管理技术也在不断发展完善,它融合了企业内联网、互联网和企业外联网应用,着重解决各种非结构化数字资源的管理和利用问题,以实现对异构环境下各类数据的全面管理,并最终实现内容价值链的最优化。

现代信息技术下的企业,文件与档案产生数量大、范围广、类型多,靠传统的收集整理手段是难以驾驭的,而内容管理则为不同类型的企业文件与档案齐全完整地收集以及深入地分析利用提供了可行的技术支持。在文件与档案管理活动中,必须关注并实时采用先进的技术工具,以有效地实现企业内外部信息资源的整合,开发利用与共享。

---

① 《如何从海量文本文件中获得有用信息》,2011 年 8 月 12 日,见 http://www.cbinews.com/ software/news/2011-08-12/169154.htm。

② 《非结构化数据存储管理:云存储的 12 大优势》,2011 年 8 月 3 日,见 http://www. voipchina.cn/html/88- 11/11806.htm。

③ 《揭秘隐藏在非结构化数据背后的真相》,2012 年 3 月 6 日,见 http://tech.it168.com/ a2012/0305/1320/00 0001320266.shtml。

④ 刘玉照、刘建准、岳修志:《内容管理技术及其在数字图书馆中的应用研究》,《情报理论与实践》2006 年第 6 期。

(二)元数据技术

随着信息技术的不断发展以及人们对信息共享的迫切需求,元数据技术被应用于越来越多的领域。美国信息标准组织(NISO)将元数据定义为"描述、解释、定位或者便于检索、利用、管理信息资源的结构化信息"。元数据应用的目的在于对信息资源的确认和检索、著录描述、管理、保护和长期保存等。一个元数据格式往往由多层次的结构予以定义,主要包括内容结构、句法结构、语义结构。元数据创建的工具一般可划分为模板、置标工具、抽取工具、转换工具等。

在纸质文件与档案管理的过程中,著录和标引实质上都包含了元数据的提取过程。随着电子文件的激增,电子文件自身的复杂性与人们所期望的文件与档案所具有的证据性之间的矛盾,使元数据已成为电子文件管理中不可或缺的工具。"文件管理元数据是为了保证文件的真实性、可靠性、完整性、可用性、凭证性和有效性而开发的,它主要用于描述文件背景、内容、结构及其整个管理过程"[①],2011年1月,我国国家标准《信息与文献 文件管理过程 文件元数据第1部分:原则》(GB/T 26163.1—2010/ISO 23081-1:2006)正式发布,"该标准的发布与实施,在我国档案信息化建设中,对我国电子文件的科学管理将起到十分重大的推动作用"[②]。在企业中,信息来源的多样性、种类的丰富性,以及对现代企业法规遵从的要求,使得元数据技术成为企业文件与档案管理中的关键性技术之一。如果缺少元数据技术的支持,文件与档案管理活动中的各个环节将无从展开。而面对企业知识共享的诉求,可以通过元数据库、元数据互操作技术等更好地为用户提供一站式知识需求。

(三)数据挖掘

广义的数据挖掘也被称为知识发现,"是从大量数据中挖掘有趣模式和知识的过程"[③]。数据挖掘通过特定的算法对来源于数据仓库、Web或动态流

---

① 刘家真等:《电子文件管理——电子文件与证据保留》,科学出版社2009年版,第142页。

② 张正强:《论国家标准〈文件元数据原则〉的制定及其原则、标准化性质和意义》,《北京档案》2011年第11期。

③ [美]韩家炜、Micheline Kamber、裴健:《数据挖掘:概念与技术(原书第3版)》,范明、孟小峰译,机械工业出版社2012年版,第9页。

入系统的数据进行分析,揭露数据的特征,发现隐藏在数据中的各种联系,并根据需要以不同方式进行呈现。它的主要功能包括数据分类、数据聚类、衰退和预报、关联和相关性发现、顺序发现、描述和辨别等。"数据挖掘则是对数据进行挖山凿矿式的开采"①,并基于此进行描述性分析,后者称为预测性分析。数据挖掘的完整步骤包括理解数据和数据来源,获取相关知识和技术,整合与检查数据,取出错误或不一致的数据,建立模型和假设,实际数据挖掘工作,测试和验证挖掘结果,解释和应用等一系列过程。

文件与档案管理活动不仅要考虑哪些有价值的文件需要被及时捕获、存储并长期保存,更需要关注如何将现行文件的价值发挥到最优化。普华永道的一项调查显示,"超过70%的管理人员表示数据是其最有价值和非常有价值的资产,然而,只有40%的人表示能够有效地使用这些数据"②。调查中所称数据,很大程度上"镶嵌"于企业的文件与档案之中,"有价值"与"实际体现出来的价值"并非成正比。在企业文件与档案价值的实现过程中,通过现实价值推动企业的发展,增强企业的竞争力,延续企业的历史,才有长远价值可言,从这个角度来讲,体现在当下的现实价值的实现是其长远价值实现之本。因此,在企业文件与档案管理中,在强调企业档案是"有机联系的整体"的特性的同时,应注重其被视为不同信息单元,注重其作为信息单元自身以及与其他不同类信息的共同作用,为企业提供决策支持的功能,在更大范围内将企业文件与档案转为可信、可行且可靠、可用的资产。每一份文件与档案作为一个信息单元都可以从多个维度进行呈现,每一个维度都将是与其他信息单元关联的节点。有价值的关联和规律在日益迅速增长的文件与档案中越来越难以被发现,只有通过数据挖掘等先进的技术,才能够迅速地、全面深入地对企业文件与档案进行分析,基于文件和档案中的"过去和现在",发现关联和规律,揭示和预测未来。

需要特别注意的是,信息技术是把双刃剑,对于面向知识共享的企业文件与档案而言,同样如此:一方面,我们积极关注、利用信息技术,使技术"为我

① 涂子沛:《大数据:正在到来的数据革命》,广西师范大学出版社 2012 年版,第 99 页。
② 中国计算机报:《利用大数据创造竞争优势》,2012 年 10 月 16 日,见 http://www.ci0360.net/show-202-76991-2.html。

所用";与此同时,要正确看待技术,技术不是万能的,要规避技术带给我们管理的误区与风险。"拥有先进的信息技术并不等于拥有效益,效益的产生需要一连串的配合,新技术只是效益链中的一个环节,没有效益链整体的流畅配合无法形成效益"①。数据科学家凯西·奥尼尔2017年4月在TED的演讲《盲目信仰大数据的时代必须结束》中谈到了算法的"隐患","算法在解决越来越多难题的同时,也接管人类让渡的部分裁决权"。"它不靠暴力维持,而是凭神秘的科技外衣加持,树立起普通民众无法穿透的隐形权威"。"缔造者的初衷本不值得怀疑——要摆脱人脑的偏见和运算短板,用算法、模型、机器学习重塑一个更加客观的世界。然而,大众对'技术中立'的过度误解,恰恰滋养了新的灰色空间……",因此,在对先进信息技术应用的过程中,我们应始终保持清醒的头脑,不"唯技术",不盲目崇拜"技术",不轻易"让渡"企业文件与档案工作者的权利。

第三节 面向知识共享的企业文件与
档案管理的框架保障

一、科学的战略定位

企业战略是一个自上而下的整体规划过程,一般分为公司战略、职能战略、业务战略、产品战略等多个层面。"企业战略虽然有多种,但基本属性是相同的,都是对企业的谋略,都是对企业整体性、长期性、基本性问题的计谋。"比如,企业人才战略是对企业人才开发的谋略,是对企业人才开发整体性、长期性、基本性问题的计谋。简而言之,企业战略是在总结历史经验、调查现状、预测未来的基础上,为谋求生存和发展而做出的长远性、全局性的谋划或方案。

在我国各类企业中,长期以来,其企业文件与档案管理活动在战略规划方面较为欠缺,部分企业文件与档案管理战略缺失,部分企业文件与档案管

---

① 胡小明:《让数据应用回归冷静(一)》,《信息化建设》2017年第11期。

理战略不够科学、精准。战略规划的不到位直接导致了企业文件与档案管理活动目标的不确定,相关活动与行为的盲目性,进而影响了企业文件与档案价值的实现。大数据时代,企业利用数据创造价值的能力直接影响着企业的竞争力,面对浩瀚的数据,如何做出准确判断、合理利用,是所有企业不可回避的问题。文件与档案这一记录企业发展实践活动的精准数据、连续数据,对企业的影响日益深远。立足于企业发展的宏观视角,根据企业自身特点和发展趋势,构建文件与档案管理的战略规划,对现代企业竞争优势的形成意义重大。

(一)化整为零战略:档案数据化

化整为零战略重在企业文件与档案的可被发现、可被重用、易于利用;档案数据化是将档案信息转化为可被计算、可供重用、易于共享、便于传递的数据:这将是数据时代档案开发利用的重要基础。在档案形成和不断积累的自然生长进程中,档案因"固化"和"聚合"而形成一个有机体,并因此具备了原始记录性和凭证价值。但同时,这个有机体也使档案表现为一种较大的颗粒度的信息单元,不易于流动,有价值的信息难以被发现和重用。尤其是在数据时代,如果对有机联系过于固守,档案中更多有价值的信息便因被隐含、被包含而难以被深入地挖掘和利用,档案证据价值之外的其他价值将难以真正实现。

所谓化整为零战略,是指根据企业管理和决策需求,将文件与档案分解为适合的信息单元,以便于与其他不同来源、不同类型的数据进行整合分析,进而提高效率、节约成本、实现科学决策。企业文件是企业在履行其法定职责或业务事项处理活动中形成的各种记录,是推动和确保组织各项管理活动顺利开展的重要工具。文件总是围绕某一具体活动,表现出一定的约束力和规范作用,不同程度上阐释着谁、为什么、做什么、怎么做等具体活动开展的背景、意义、原则、步骤等;有价值的文件按照一定的结构顺序聚合并被有意识地保存,便形成档案。由此可见,文件是多重信息的组合,档案则是更大单位的信息单元。任何事物都具有两面性,有机联系性和系统性使文件与档案在凭证、阐释等方面具备了其他信息不可替代的优秀品质,但同时,由于其较大的颗粒度而掩盖了信息多维的有用性,形成了开发利用的桎梏。文件与档案信息中所蕴含数据的不可知、不可控、不可取、不可联已成为制约当前文件与档案资源价值实现的瓶颈，成为影响知识共享实现的重要障碍。档案数据化是将文件与档案信息化整为零的重要实现路径，也是对数字文档信息资源的深层开发。"数据化的意义是将利用文献的方式从'读'转变为'分析'"①。在现代企业中，一方面原生数字文件与档案信息资源较之以往任何时代都更为丰富，我们在关注如何确保企业文件与档案真实性、完整性、可读性的基础上，应更加关注将其同步实现逻辑上的数据化，使之成为方便用户共享的可用"数据"；另一方面，对非数字化文件与档案信息资源，企业应根据自身人力、财力、物力状况，进行数字化，并实现数据化。数字化不仅有助于文件与档案的更长久保存，同时也为共享利用奠定了基础。当前数字化的实现多是通过扫描并以图片形式存储完成，化整为零的数据化需要在此基础上完成对文档信息的多维度描述和揭示，为数据发现和共享利用创造条件，同时也应关注利用OCR等技术为文档信息的可发现进而可共享提供更多可能。

数字化是数据化的基础，数字化把模拟数据变成计算机可读的数据，数据化重在档案信息可发现、可检索、可重用、可流动。化整为零战略则从整体上将"一片一片"的档案信息，化为"一条一条"的，甚至"一点一点"的，并以统一的标准放入企业的数据平台，以便于企业、团队和个人根据需求实现个性化关联和不同程度的集成。

（二）合零为整战略：数据档案化

战略是设计用来开发组织核心竞争力、获取竞争优势的一系列综合的、协调的约定和行动。选择了一种战略，组织即在不同的竞争方式中做出了选择。企业文件与档案管理战略的规划，目的在于充分发挥文件与档案的多元价值，凸显文件与档案管理活动的意义，帮助实现企业的竞争优势，提升企业在市场中的竞争力。伴随着大数据、云存储、互联网、移动终端、人工智能等的不断发展，社会活动所产生的数据规模越来越大。数据极强的流动性、交互性等特点，为提高管理效率、提升社会创新能力等提供了强有力的支持。这些数据以极小的信息单

---

① 赵思渊：《地方历史文献的数字化、数据化与文本挖掘：以〈中国地方历史文献数据库〉为例》，《清史研究》2016年第4期。

元、不同的形态,存在或游离在不同的平台和系统中,呈现动态性的特点。

数据档案化的过程,是对实践活动中的关键动态数据和规则进行捕获,使之沉淀下来,并通过合理的方式对其进行存储并传承下去。首先,数据档案化的过程将动态游离的有价值的数据沉淀为高质量的静态数据集,它是数据清洗、数据治理的重要组成部分。其次,数据档案化在将动态数据沉淀为静态数据集的过程中,不仅仅是数据的简单聚集,"有机联系"是静态数据集的灵魂。这种有机联系可表现为揭示数据的各种属性,是多维联系的构建,它使数据在未来活动中可解释、可重用、可信任。

合零为整战略是指从时间和空间的不同维度,从形成主体到各项活动,全面统合企业的文件与档案,建构完整的企业记忆框架和丰富的记忆素材库,凝练、解读和彰显企业文化,以企业文化软实力的提升为企业形成不可模拟的竞争优势。在合零为整战略中,从企业整体发展的层面,挖掘企业文件与档案共享的价值与作用,充分体现文件与档案之间的有机关联。基于各项活动中已有的关联,探索新的关联,以文档关联建构清晰完整的企业记忆框架,以文档内容丰富填充记忆框架内容,在企业记忆的建构、传承和共享中提升员工对组织的认同感、归属感和自豪感,增强组织凝聚力,提升企业软实力。"共享集体记忆能够建立并加强群体成员的群体意识,从而维系并不断强化群体凝聚力,增强群体的影响力。而群体记忆的淡忘和遗失会导致群体成员群体意识的淡薄,相互间失去关联和命运共同感,使群体失去凝聚力并面临解散。"企业文档是企业活动最真实的记录,是一个企业发展历程的勾勒与写照。从个人到团队,到部门,再到整个企业,所有活动者都可以从中找到自己与企业发展的联系,因此,企业文档是一种极具"情感"与"意义"的企业记忆元素。合零为整战略则是文档管理部门通过对不同来源、不同形式的企业文件与档案按照一定的关联,将这种情感与意义凝练、升华,并在企业中传播与共享,使企业记忆变得可感知、可体验。一个群体"必须经年累月,借助集体记忆,借助共享传统,借助对共同历史和遗产的认识,才能保持……凝聚性"①,合零为整

---

① 张庆园:《传播视野下的集体记忆建构:从传统社会到新媒体时代》,中国社会科学出版社 2016 年版,第 65 页。

战略关注的恰恰是对经年累月的"共同历史和遗产"的共享和传承,其彰显的是企业之魂,是企业可持续发展的筑基之举。

值得注意的是,笔者所言零与整的概念,都是相对的,没有确定的界限,在不同的共享和利用中,表现形式也各不相同;通过零与整的描述,目的在于揭示文件与档案作为信息单元的可变性、灵活性、动态性。在收集、整理等管理环节中,其必然以一种固定状态存在,在共享利用中,应关注其可拆分、可组合等特点,在零与整、分与合、解构与重构的变化过程中实现文档信息的增值。

二、协同论的全局观

协同现象在自然界和人类社会中普遍存在,有人指出"没有协同,人类就不能生存,生产就不能发展,社会就不能前进"。

(一)关于"协同论"

协同学(Synergetics)是由原联邦德国科学家赫尔曼·哈肯(Hermann Haken)在20世纪70年代创建的一门跨越自然科学和社会科学的新兴的交叉学科。它是研究系统通过内部的子系统间的协同作用,从无序到有序结构转变的机理和规律的学科。① 协同论主要研究远离平衡态的开放系统在与外界有物质或能量交换的情况下,如何通过自己内部协同作用,自发地出现时间、空间和功能上的有序结构。这一理论不仅有助于我们研究自然现象,对人类社会政治、经济和文化的发展变革研究也具有重要意义,为我们正确认识复杂性事物的演化发展规律提供了新的原则和方法,为我们在社会活动中更好地实现复杂系统自身功能提供了可供借鉴的理论指导。

面向知识共享的企业文件与档案管理体系是一个复杂的开放系统,涉及多个子系统。一个由许多子系统构成的系统,如果在子系统之间互相配合产生协同作用和合作效应,系统便处于自组织状态,在宏观上和整体上便表现为具有一定的结构或功能。在面向知识共享的企业文件与档案管理体系中,涉及不同类型的子系统,诸如文档工作者、文档形成者、文件与档案资源、新技术、共享者等都是这个复杂系统的关键的子系统;同时,面向知识共享的文件

---

① 吴大进等:《协同学原理和应用》,华中理工大学出版社1990年版。

与档案管理体系的整个系统与其各个子系统都是开放的,系统的开放性使得其可以通过物质、信息和能量等的交流维持其生机与活力;另一方面也使得原本复杂的系统在有序化过程中变得更加复杂。尤其是现代社会,伴随着社会的进步和科学技术的发展,面向知识共享的企业文件与档案管理体系的各个子系统自身无时无刻不在发生着变化,各个子系统之间的作用和关系也正在变得错综复杂。因此,我们需要更加关注系统内部的协同,以协同推动整个体系的有序化发展,以及文件与档案管理整体系统功能的实现。

(二)人—人协同

在面向知识共享的企业文件与档案管理系统中,人—人协同中的人涉及整个系统中文件与档案形成者、文件与档案利用者、文件与档案管理者、文件与档案服务者等所有和文件与档案可能发生关系的"人"。现代企业管理体制的变革、现代信息技术的发展,使得该系统中人与人之间的关系变得更加复杂与多样化,人—人协同的实现也变得更具挑战性。在整个系统中,人—人协同可以表现为其中任何二者的关系,比如文件与档案形成者—文件与档案利用者协同,文件与档案服务者—文件与档案利用者(或形成者)协同等;同时,更应该关注其中多者之间的关系,比如文件与档案形成者—文件与档案管理者—文件与档案利用者的关系等。而对于其中任何一个链条上的关系,二者(多者)之间的表现形式又具有可变性,比如文件与档案形成者和文件与档案利用者既具有同一性又具有交错性,二者在某些状态下可视为等同,某些情况下有交集,而在某些情况下二者却是完全不同的两个群体。

在如此复杂的情况下,人—人协同的实现更加需要一种强大的引导力,文件与档案工作者应不可推卸地承担起释放这种引导力的责任。文件与档案工作者应通过发起对话,在整个文件生命周期内,协调各种"人"的关系,进而实现协同。在文件设计与形成阶段,以业务驱动为前提,通过发起和业务人员(文件与档案形成者)的对话,确保在以文件的方式实现管理效率提升的同时,为后续文件的可发现、可利用奠定良好的基础;在文件与档案管理阶段,通过发起与业务人员、文件与档案管理者以及利用者的对话,形成文件与档案的科学存储状态,形成实现最大化可共享的资源库;在文件与档案提供利用(即直接面向可共享阶段)阶段,通过发起和文件与档案利用者、其他数据信息的拥有者之间的对话,遵照上述零与整的战略部署,使可共享可见,并且实现文件与档案价值的增值。文件与档案工作者通过发起对话,将企业中和文件与档案有联系的各相关方紧密联系在一起,在对话中明确各方的需求与贡献,在需求与贡献匹配的过程中实现各方的协同,在协同中通过自组织实现系统的有序发展。可见,文件与档案工作者发起对话的能力在人—人协同的实现中尤为关键,特别是在这个"泛记录"的时代,文件与档案工作者能否适时发起对话、能否引导对话、对话的效果如何等,都直接影响着面向知识共享的文件与档案管理系统功能的实现。

(三)人—技协同

在面向知识共享的企业文件与档案管理系统中,人—技协同是指系统中的人科学合理地运用各种技术,以更好地实现面向知识共享的企业文件与档案管理系统的功能和目标。1988年6月,邓小平同志根据当代科学技术发展的趋势和现状,在全国科学大会上提出了"科学技术是第一生产力"。科学技术作为第一生产力,已成为当代经济发展的决定因素。有专家认为,根据当代科学技术与生产力之间的作用机制,可以将科学技术同生产力各要素的关系表示为"生产力=科学技术×(劳动力+劳动工具+劳动对象+生产管理)"。可见,科学技术不仅是现实的直接生产力,而且在生产力诸要素中具有特殊地位。面向知识共享的企业文件与档案管理系统中,科学技术的应用,推动着企业各项业务活动的发展,此时,在业务活动中产生的文件与档案间接受到科学技术发展的影响;在文件与档案管理和共享过程中,各种科学技术的直接应用,推动文件与档案的相关活动管理更加科学、效率不断提高、效果不断优化。而这其中,人是将技术与活动有机融合的关键因素。在整个系统中,人不仅是文件与档案管理者和共享服务的提供者,更要关注文件与档案的形成者、共享者。在人—技协同实现的过程中,同样要关注文件全生命周期内全时间、全空间的人与技术的有机融合,文件与档案形成者运用先进的技术使文件与档案的形成同步并适应业务活动的开展;文件与档案管理者积极采用先进技术确保文件与档案的安全、真实、完整、可读、可用等;文件与档案服务者运用先进技术为文件与档案利用者提供更高效便捷、更加人性化的共享服务;共享者也并非被动地接受服务,同样应善于利用先进技术获取文件与档案等相关信息,并有效运用到自身的业务活动中。

现代社会,各项科学技术正在取得突飞猛进的发展,信息技术强有力地推动着整个社会的进步。在这个与信息有着千丝万缕联系的面向知识共享的企业文件与档案管理系统中,信息技术对其产生的影响尤为巨大,系统中人与信息技术的协同正在变得更加重要。信息技术自人类社会形成以来就存在,并随着科学技术的进步而不断变革。中国互联网协会理事长、中国工程院院士邬贺铨在2015中国企业互联网大会上称"现在互联网进入了大智移云的时代"①,"大智移云推进信息技术与材料技术、生物技术、能源技术以及先进制造技术的结合,开启了产业互联网时代"。大智移云即大数据、智能化物联网、移动互联网、云计算等新兴技术。在当前面向知识共享的企业文件与档案管理系统功能和目标的实现过程中,"人"已开始愈加重视新技术的应用,但由于受对技术认知程度、应用能力、敏感程度、财力物力等多种因素的影响,二者的深度融合以及协同的实现仍是长路漫漫,因此,在协同过程中,人应充分发挥主观能动性,深入全面地理解新技术,科学准确地把握新技术,找准新技术推动自身活动开展的发力点、突破口,善于将技术用活,真正发挥技术的价值。

(四)文件与档案—非文件与档案协同

文件与档案—非文件与档案协同是指在面向知识共享的企业文件与档案管理体系系统中,文件与档案和非文件与档案应互相融合,在融合中形成增值的共享服务,共同推动企业整体战略目标的实现。文件与档案从来都是信息大家族中备受关注的一类,其有用性从未被质疑,其可用性的表现在不同时期、不同组织中的表现形式各有不同。在企业中,有用且可用是文件与档案及其工作赖以生存的根基。文件的形成是一种目的性极强的有意而为之的行为,文件向档案的转化更是一种有意而为之的行为,这两个有意而为之的行为过程,恰恰赋予了文件与档案独特的品质与不可替代的作用。长期以来,文件与档案的利用和共享,多是以自身为出发点和落脚点的,即从文件档案到文件

① 邬贺铨:《互联网进入了大智移云的时代》,2015年1月31日,见 http://tech.163.com/15/0131/10/AH9HKU 7700094P3F.html。

档案。随着各种先进信息技术日趋广泛地应用到个人、组织的生产生活中，"信息"愈加无处不在。信息是消除不确定性的东西，是决策的重要支持，但其中隐含着一个条件，即所言信息是有效的。信息、数据、知识、文档等诸多概念，也是被人们广为关注且一直试图区分的基本概念，然而这些概念自从诞生之日就未能被给予一个可供参考的唯一界定，这既源于这些概念本身就是在不断发展变化的，更源于在不同的领域这些概念被使用的语境是极为复杂的，同时，这些事物之间虽有不同但又有多种交叉。在实践中，随着各种信息技术的推动，更是呈现一种共生、共融、共同作用的趋势。企业文件与档案同样需与其他各种相关事物共同作用，在 1+1>2 的协同中实现效用最大化。面向知识共享的企业文件与档案管理系统中，文件与档案这一关键要素在来源、内容、结构、形成过程等方面受信息技术的影响尤为巨大，以一种开放的状态，融合的理念面对相关事物，有助于实现自身功能的提升。通常，任何系统如果缺乏与外界环境进行物质、能量和信息的交流，就难以避免呈现出一片"死寂"的景象。处于孤立或封闭状态下，无论系统初始状态如何，最终其内部的任何有序结构都将被破坏。文件与档案—非文件与档案的协同，实际上是一种动态交流的过程，有助于推动面向知识共享的文件与档案管理系统的有序化并维持其生机与活力。

本章小结

　　框架是企业文件与档案管理体系的空间结构，直接影响着文件与档案管理活动的功能，影响文件与档案管理活动目标的实现。框架将文件与档案管理中的各种要素有序化、关联化，将文件与档案管理的科学理念深入化、可见化，将基础理论实践化、具体化。面向知识共享的企业文件与档案管理体系的框架是在对已有企业文档管理体系框架进行分析的基础上，适应数据时代，并"面向知识共享"的企业发展需求而构建起来的。与此同时，众所周知，管理既是科学，更是艺术；我们力图构建适用性强、实用性强的面向知识共享的文件与档案管理体系框架，但在实践过程中，艺术的灵动仍然不可或缺。

第四章　知识共享环境下企业文件与
档案管理的困境及成因

在当前企业知识共享实现的过程中,部分企业的文件与档案发挥了重要作用,扮演了不可替代的角色;而在很多企业中,文件与档案应有的价值与作用远远未体现出来。本章从企业文件与档案的价值表现力、战略规划,文件与档案管理和知识共享以及企业活动的关系等方面,研究当前企业文件与档案管理的困境,并对其形成的原因进行了剖析,以便"对症下药",构建面向知识共享的企业文件与档案管理的科学实现路径。

第一节　知识共享环境下企业文件与
档案管理所面临的困境

一、企业文件与档案的价值表现力不足

文件与档案的价值是企业文件与档案管理活动存在的根本动力。价值的实现与管理活动的开展互相影响、互相制约:文件与档案价值表现得不完整、彰显得不深入,直接局限了管理活动触角的延伸;而管理活动的狭隘,又阻碍了文件与档案价值的实现。企业要在满足实现社会需求的过程中实现营利,驱动营利不足的活动在企业中都难免面临着生存危险,文件与档案管理活动的价值如果仅表现在文档工作者口头或者报告的阐释中,将难以避免被质疑、被弱化、边缘化的尴尬。企业文件与档案的价值自从其产生之时便被孕育积蓄,不同的成长阶段有不同的表现形式,不同的作用空间有不同的表现维度。在此,我们从文件与档案的信息价值、证据价值、文化价值三个维度,将凭证作

用,业务活动的参考依据,科学决策的信息源,提高管理效率的工具,固化企业组织记忆、推动企业文化建设,知识共享的重要内容,有助于知识创新,数据分析的重要内容等作为具体指标,对文件与档案价值在企业中的体现进行调查,结果如图 4-1 所示。

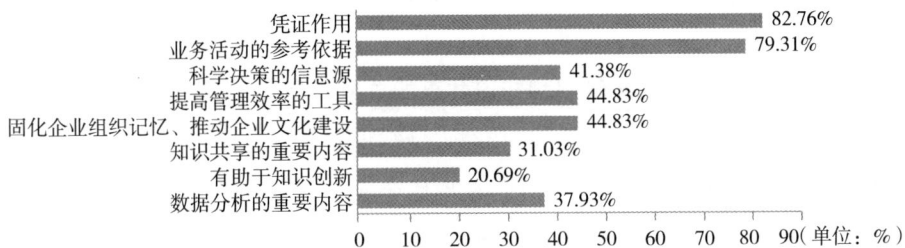

图 4-1　企业文件与档案价值表现力调查结果条状图

从图中可以看出,企业文件与档案凭证作用和业务活动的参考依据两个方面的价值体现比较鲜明,被认可度比较高,分别占到 82.76% 和 79.31%。凭证作用和业务活动的参考依据是对文件与档案"原始记录性"的直接表现和基本利用,它们是文件的基本价值,但同时也是文件与档案价值的浅层实现;在本调查中所列举的文件与档案的其他价值,需要不同程度地对文件与档案整合、分析、开发才能更好地实现。在实现过程中也将更多地体现文件与档案以及其管理者的主动性,其所表现的空间弹性较大,在不同的企业中表现强度也存在巨大差异;对于科学决策的信息源、提高管理效率的工具、固化企业组织记忆、推动企业文化建设等作用的认识基本超过四成;但是,对于作为知识共享的重要内容、有助于知识创新、是数据分析的重要内容等作用的认识相对偏低,尤其是对于有助于知识创新的认识,仅为 20.69%。但调查中我们也发现,越来越多的人意识到企业文件与档案应该成为企业数据分析的重要内容,而这根本上与文件档案推动知识创新的价值是一致的,因此这也一定程度上反映了大家对档案与文件价值某些维度以及相互之间关系的认识存在一定的模糊性。整体来看,当前企业中,文件与档案价值的发挥主要体现在其最基本的"原始记录性",而由原始记录性所蕴含的深层次内容的信息价值,以及形成过程赋予文件与档案的信息价值和工具价值表现存在极大的缺失,企业文件与档案表现力不足表现为价值多维展示不全面,价值释放不充分,价值的可感知、可体验性有待提升。此外,本问题的调查对象是企业文件与档案管理者,如果文件与档案管理活动的主体对其管理对象的价值认识不够全面深入,文件与档案的价值表现力从维度、深度等方面必将受到影响和制约。尤其是在数据时代,企业文件与档案哪些维度的价值是不可替代的,哪些是应该深挖和释放的,都正在成为我们思考的重要问题。

二、企业文件与档案管理和知识共享的关联松散

文件与档案是企业重要的知识资源,是知识共享的重要内容,又是知识共享顺利实现的有效控制工具。然而,在现代企业中,企业文件与档案管理与知识共享活动的关联整体上处于松散状态,有待进一步融合。

从对文件、档案与知识资源的认识看,对企业文件与档案是重要的知识资源的认可程度和认识水平,是文件档案工作与知识共享互推共进的基础性影响因素。在所调查的企业中,关于"档案是企业重要的知识资源"这一命题,仅在20%的企业中得到了极高的认可度,在24.14%的企业中仅被档案工作者认可,在3%的企业中竟得不到认可——虽然比例较低,但这一现象不容忽视。

从对企业文件与档案资源的利用情况来看,仅有13.8%的企业非常认可企业中内源型知识(比如员工的知识、企业形成的文件等)得到了充分的利用,而28%的企业不同意"内源型知识(比如员工的知识、企业形成的文件等)得到了充分的利用"这一说法,也就是说在近30%的企业中,内源型知识没有得到很好地利用。

从企业文件与档案工作者对企业知识共享(知识管理中)的参与度来看,在34.48%的企业中,仅作为利用者参与;在48.28%的企业中,作为工作人员与相关部门协调工作;仅有13.79%的企业在知识共享中参与并发挥主导作用,调查结果如图4-2所示。

而从知识共享的过程来看,75%以上的企业均认为文件与档案管理活动应从以下几方面加强自身的工作,主要包括:协助进行知识梳理、知识分类等业务环节的工作;积极提供可供共享的知识;通过文件形成、文件运转,提升知识共享的效果;通过推动企业文化建设,为知识共享创造良好的氛围;文件与

（单位：%）

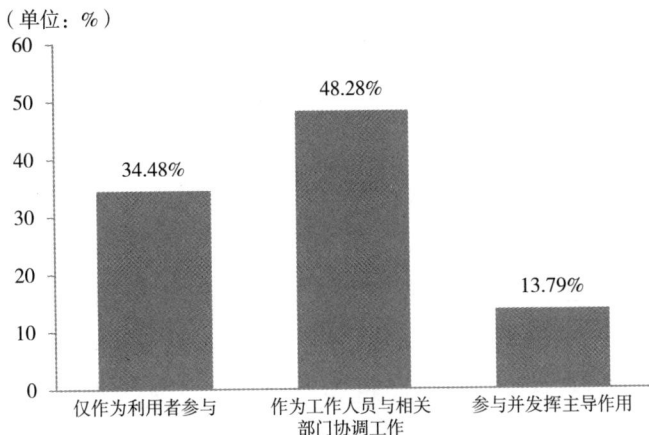

图4-2　知识共享参与度柱状图

档案管理在知识共享中的贡献亟待提升等。可见，从当前现状来看，企业文件与档案管理工作在知识共享中仍有较大的提升空间。

综上所述，企业文件与档案管理和知识共享过程的关联松散主要体现在：一是企业文件与档案对于知识共享的服务力有待提升。企业渴求以知识创新实现可持续发展，对知识"趋之若鹜"，但对文件与档案这一内源型知识的关注却相对不够，企业知识散存于企业员工、项目团队、组织部门等各个层面的文件记录中。在很多企业中，由于没有文件与档案管理和知识共享的共同作用、协调管理，很多有价值的文件被埋藏。在企业中，文件与档案作为知识资源提供利用的深度和广度都有待拓展，方式应更为灵活。二是企业文件与档案在知识共享过程中的管理控制力亟待提升。作为企业维护和推动企业高效运转这一日趋重要的活动，知识共享的过程需要以文件与档案来记录，共享的结果需要以文件与档案来记录，共享效率的提高需要以文件与档案来助推，然而，这些内容在企业文件与档案管理活动中鲜有体现。企业的知识共享中，所涉及的多是如何"管"文件与档案，而大多忽略了如何"用"文件与档案。

三、企业文件与档案管理战略规划不到位

企业文件与档案管理的战略规划是关于一定时期内企业文件与档案管理工作的发展方向、目标、思路等的概述，是企业文件与档案工作的宏观指导。

当前企业文件与档案管理工作的宏观战略规划多存在两种现象:第一种是缺乏长远的发展规划。在文件与档案管理中,"走一步看一步",随意性较大,且具有一定的被动性和盲目性,在所调查的企业中,有50%的企业表示自身在发展中缺乏明确的方向和思路。战略规划的缺乏直接导致工作失去了连续性、稳定性,而文件与档案的产生和形成具有不可逆性,其管理工作亦环环紧扣,因此,缺乏长远规划的文件与档案管理工作很难实现自身的价值,极易发展为"鸡肋"之角色。第二种是战略规划不合理,突出表现为"超前型"和"保守型"。"超前型"的战略规划往往脱离企业当前文件与档案管理所处的发展阶段,忽略主客观条件,企图通过"超常"发展实现企业文件与档案管理的理想状态,面对知识共享或企业的其他需求"大包大揽",最终结果往往是在"心有余而力不足"中夭折;"保守型"的战略规划则满足于企业文件与档案管理的现状,"不求有功,但求无过",无视飞速发展的信息技术,无视企业的发展需求,不求突破与创新,以维持现状为工作目标。在知识共享环境下,战略规划缺失使得文件与档案管理在共享过程中无所适从,盲目跟从;而规划的不合理又将导致在共享过程中因角色错位而难以发挥价值与作用。

四、企业文件与档案管理和企业活动共振力欠缺

"21世纪,唯一不变的是永恒不断的变化",比尔·盖茨在《数字神经系统》中提到"只有变化才是不变的"。在现代社会中,变革已经成为企业发展的一种常态,不断变化的内外部环境,要求企业在变革中求生存,求发展。企业变革的类型包括战略变革、技术革新、产品革新、结构调整、文化变革、人员变革等。企业变革直接引发的是企业活动的调整和变化,而伴随着企业活动产生的文件与档案必然也处于一种动态之中,文件与档案的类型、内容、范围等在企业变革中呈现出不同的表现形式。从理论上看,企业文件与档案的管理理应随企业变革活动而不断调整其管理内容、工作方式、工作重点,才能实现文件与档案管理活动的根本目标,体现文件与档案工作之本。在对"企业文件与档案管理的工作内容、工作方式等是否紧随企业的发展与变革而及时调整"的调查中发现,有41.10%的企业答案为"否"(见图4-3),一定程度上表现出这些企业文件与档案工作对企业变革发展的敏锐性和适应性有待提

升。在现实中,文件与档案管理的稳定性及连续性和灵活性及适应性始终是难以精确控制的矛盾,加之文件与档案管理往往对企业业务活动关注不够,习惯性地囿于自身工作的小圈子,忽视了影响企业文件与档案工作的根源性因素——活动,难以避免地出现了追踪、收集等初始环节中原始资源积累的先天缺陷,而此又直接导致了流程后端服务力不足。

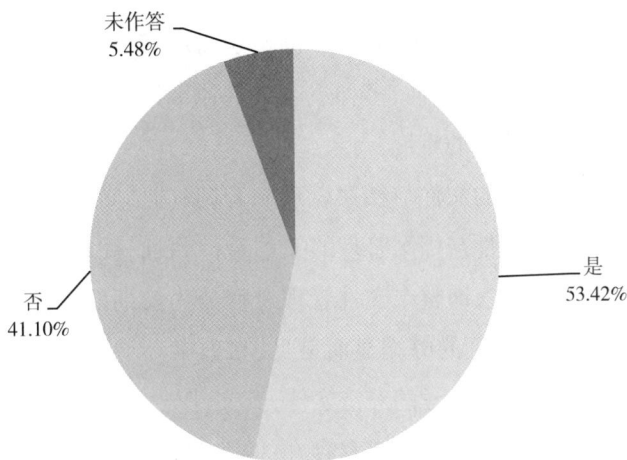

图 4-3　企业文件与档案管理和企业活动共振比例图示

　　此外,企业文件与档案管理和企业活动共振力欠缺还体现在创新能力方面。文件与档案管理活动的创新,是适应企业发展的必然要求。企业活动的内外部环境变化莫测,竞争压力日趋严峻,文件与档案管理唯有不断创新、与需俱进,才能更好地为企业"消除不确定因素",提高企业管理效率,为企业的创新奠定基石。"创新"是一个极为广泛的概念,包括"知识创新、技术创新、制度创新、组织创新、管理创新、政策创新"①等各种形式,包含更新、创造、改变三层含义。文件与档案管理的创新体现在管理内容、理念、流程、技术,管理方式,产品与服务,管理制度等多个方面,只有多方面创新的共同探索与实现,文件与档案管理的创新能力才能更好地适应企业活动的需要。但目前企业在文件与档案管理中的创新仅局限在少数领域,且有待深入。

---

①　易凌峰、朱景琪:《知识管理》,复旦大学出版社 2008 年版,第 91 页。

第二节 知识共享环境下企业文件与档案
管理所面临困境的成因分析

一、管理对象"管什么"的复杂性

确定企业文件与档案管理的对象,也就是确定"管什么",明确工作客体,是工作开展的必要前提。然而,多种主客观的原因增加了确定文件与档案管理中客体内容、客体范围的难度。

第一,从国家层面的文件与档案管理来看,我国档案工作实行统一领导、分级管理的原则;从文件与档案管理的关系看,"目前,我国实行严格的、绝对的分段式文件管理模式,即整个文件管理过程分为前期的文件处理和后期的档案管理"①,分段式管理的弊端显而易见,在数字环境下更加暴露无遗。企业作为一个独立的、自负盈亏的经济实体,其文件与档案管理是组织内部的事务,应在遵循文件与档案自身形成及存在的客观规律的基础上发挥主观能动性。但是,上述体制与原则已在无形中影响了企业文件与档案组织部门职责的划分,文件与档案部门分而治之,"档案部门监督、控制文件处理于法无据"②,使企业文件与档案管理工作在回答"管什么"的问题时,难逃尴尬。

第二,在企业中,简单地以"归档"为据决定文件的命运,将导致很多有价值的知识资产得不到有效控制。《企业文件材料归档范围和档案保管期限规定》已于 2012 年 12 月由国家档案局第 10 号令发布,并自 2013 年 2 月 1 日起施行,该规定是"为便于企业正确界定文件材料归档范围,准确划分档案保管期限,促进企业依法经营和规范管理"而制定的,归档的文件需要永久或定期保存,事实上,部分无须归档的文件记录在一定时期内也有其特定的价值和作用。在企业中,存在很多在短期内具有极大价值的文件,然而"归档"的门槛

---

① 冯惠玲等:《电子文件管理:问题与对策》,中国人民大学出版社 2009 年版,第 28—29 页。

② 冯惠玲等:《电子文件管理:问题与对策》,中国人民大学出版社 2009 年版,第 29—30 页。

却将部分此类文件"拒之门外",放任自流而不能得到妥善保管,这也增加了文件与档案管理者确定"管什么"的复杂性。

第三,信息技术使文件与档案以多来源、多样化的形式呈现,而思维定式形成的对文件与档案的刻板认识使文件与档案管理主体缺乏对部分有价值记录的敏感性。从来源上看,企业文件与档案的形成主体既包括企业及其部门,也应包括企业中的个人,但是后者(除了企业领导等重要人物)形成的文件与档案在企业中鲜受关注。而随着知识经济时代的到来,企业竞争优势、经济增长方式的转变,企业员工个人形成的文件与档案日益成为企业知识资源中不容忽视的组成,对此类文件与档案的"管"的客观需求与传统环境下对其"不管"的惯例,也增加了文件与档案管理者取舍与甄别的难度。而从形式上看,随着信息技术的发展,虽然对"文件与档案"的认识不再局限于"纸质"载体,但是,面对种种音频、视频、网络文档,如何将其纳入管理范围? 由于实践经验和理论成果尚比较欠缺,因此文件与档案管理者面对此类文件与档案之时,难免因犹豫、迟疑而错失管理良机。而在当前,面对"互联网+"时代的到来,企业文件与档案"泛存在"于互联网之上,企业文件与档案对企业活动更加重要,但是管理也更加复杂,何时捕获、如何存储等一系列问题较之传统环境下更加突出。

上述种种因素,增加了企业文件与档案"管什么"的复杂性,不能及时准确地定位"管什么",管理对象不明确、不科学,从源头上埋下了文件与档案管理工作过程中出现诸多问题的隐患。

二、工作愿景"为什么管"的模糊性

"为什么管"是对企业文件与档案工作存在的必要性、工作的价值与意义的阐述。社会实践活动的"伴生性"赋予了档案独特的价值与作用。尤其是大数据时代,数据量巨大、数据类型繁多,而文件与档案以其自身具有的优秀品质,在数据分析、数据处理中发挥着不可替代的作用。文件与档案管理活动就是将文件与档案的优秀品质充分凸显,使企业决策更加科学,管理更加高效,竞争优势更为突出。企业文件与档案管理"为什么管"的具体原因:首先,通过科学的管理,保证企业文件与档案的真实性、完整性、可用

性,增强企业法规遵从的证据力保障。其次,"文件是有价值的信息资源和重要的业务资产"①,通过科学的管理,可以确保企业信息资源的完整性与资产的可控性。信息资源的完整性有助于为企业的科学决策、业务活动提供可靠的信息支持,而"资产是被特定权利主体拥有或控制并能为其带来经济利益的经济资源"②,增强企业文件与档案作为资产的可控性有助于对文件与档案的合理分配和使用,为企业创造更多的效益。再次,通过科学的管理,维护企业真实完整的组织记忆,提升企业竞争软实力,协助企业探索不可模仿的知识创新机制。可见,企业文件与档案管理的价值体现在过去、现在和未来的整个时间维度,它记录企业的历史、传承企业的记忆,为企业的科学决策和创新发展提供智力支持,为企业的未来积累财富。

只有企业文件与档案管理者全面、深刻地理解了"为什么管",并且以清晰、明确的表述将此目的传递到上至企业领导,下至企业员工,在企业中达成共识,文件与档案管理工作才能顺畅地运转。然而在当前的企业中,首先,管理者对文件与档案的价值认识不够全面,只认识到管理中部分内容的必要性,对"为什么管"等基本问题的解释存在偏差,工作主体的认识问题直接导致了工作思路局限,工作方法不科学,工作内容不完整。比如在多数企业文件与档案管理活动中,更多地将其作为一种凭证加以管理和利用,这无疑是必要的,也是基础性工作;但是,在此基础上,应进一步关注其作为知识资源的可用性,关注其如何为企业的各项活动提供数据以及知识支持。其次,因缺乏有效的沟通,企业的其他成员和领导层往往基于自身的经验或感性认识对企业文件与档案做出判断,不能正确和较深入理解"为什么管",比如意识不到对企业文件与档案管理投入人力财力物力的必要性,看不到文件与档案管理为企业发展带来的价值,因此文件与档案管理工作常常因得不到必要的支持而"举步维艰"。

明确"为什么管"是清晰地了解企业文件与档案管理动机的过程,动机是行动的内驱力。不全面的或有偏差的"为什么管",使文件与档案管理活动缺乏内驱力或内驱力趋弱,基于此而产生的管理活动,效果不言而喻。

---

① 安小米:《基于 ISO 15489 的文件档案管理核心标准及相关规范》,中国标准出版社 2008 年版,第 67 页。

② 张世林:《企业档案资产和所有权分析》,《档案学通讯》2011 年第 2 期。

三、工作方式"怎么管"的狭隘性

"怎么管"是企业文件与档案管理工作实施开展的具体路径或方式、方法、流程。作为一项管理活动，企业文件与档案管理同样应以先进的管理理念和管理理论为指导，不断探索适应时代、社会环境变化的管理方法，提高管理效率。而受根深蒂固的传统管理理念和方式影响，以及对新问题、新情况的关注和研究不够深入透彻，企业文件与档案管理活动中往往呈现出"狭隘性"的特点，影响了文件与档案管理工作的生机和活力。

从工作思路上看，从被动变主动，是文件与档案管理活动的一个重要转变，这一转变使得部分组织对文件档案管理活动有所改观，而在部分组织中却效果甚微。工作思路的转变，需要在实际的管理活动中处处被体现。当前在企业中，这一转变多集中表现在服务方式的转变，如主动为用户提供文件与档案信息。事实上，"主动"应该在各个工作环节中有更多的具体体现，比如，主动记录、主动收集。档案是立足于现在、面向未来而"造就"的过去，对于文件与档案管理者而言，主动收集，并以专业素养与专业优势主动记录，是对企业过去与未来的责任，是真实记录过去与全面服务未来的支持性活动。此外，"主动"还表现在主动规范文件的形成，适时主动整理、主动鉴定、主动挖掘有价值而未被及时归档的文件和各种有价值的信息等。当前企业文件与档案管理中，"主动性"在深度和广度方面均有待于深化和拓展，只有各个环节的主动，才能推动文件与档案管理活动真正实现在理念上和行动上从被动到主动的转变。

从工作流程上看，企业文件与档案管理多集中在"中段"，对前后端的覆盖度不够。对于前端，伴随着电子文件的大量产生，电子文件的系统依赖性、信息与特定载体的可分离性、易变性等特点，以及组织对文件与档案文件真实性、可靠性、完整性、可用性的需求的矛盾，越来越凸显了对文件与档案管理活动前端覆盖的重要性。前端控制已成为一种理论上的共识，但是，由于文件与档案和实践活动密切联系，它是内容和形式的结合体，因此，如何从形成端确保文件的证据力和可读可用，而又不干涉和影响业务活动内容，也就是探索对工作前端覆盖的程度、方式，是当前文件与档案管理实践一个重要的课题。这一课题也是当前企业文件与档案管理工作向前拓展的瓶颈性问题，瓶颈不被突破,意味着文件质量难以得到保障,必然引起中段与后端工作的不良反应。而所谓后端,并不是管理活动的终结,文件与档案管理活动是一个连续的、螺旋式上升的过程,每一次管理活动的后端,都是整个管理活动的重要组成部分。比如,档案统计是档案管理的最后一个环节,"它以档案工作中大量的现象为对象,通过从质、量联系中对数量的观察和研究,以指标数字揭示档案和档案工作中现象的发展过程、现状及其一般规律"①,统计分析、评估并反馈应是此环节的完整内容:它首先包括对馆藏、利用等基本情况的统计;其次,对统计结果的分析至关重要,如分析数字之间的联系,对比统计结果的变化等;最后,通过分析得出指导性的结论,并反馈到相关的管理活动中,以不断提升工作的效果,它是文件与档案管理活动知识沉淀积累的重要环节。当前企业文件与档案管理中此项工作或缺失、或粗而不精,打破单向工作的局限而审视和回望工作的能力不足,极易导致工作原地循环,缺乏动力和创新举措。

从工作方法上看,企业文件与档案管理活动及企业其他各项活动的融合有待加强,文件与档案工作者及其他工作者的有效沟通有待加强。文件与档案的产生与形成过程决定了文件与档案工作带有全员性的特点,需要企业的各部门、每个员工共同配合而推进。目前企业的文件与档案管理工作更多的是从强调自身的职能和任务出发,将其他员工与部门视为被管理者,忽视其对文件与档案管理正向的能动性,极易导致工作中的被动。自媒体时代的到来更增加了对文件与档案集中管理和控制的难度,全员参与显得更为重要,文件与档案工作者应打破"孤军奋战"的单一工作方法,以融合、引导参与的方式实现文件与档案管理中的共赢。

本章小结

在我国,不同类型、不同规模的企业中,文件与档案管理所面临的困境及

---

① 陈兆祦、和宝荣、王英玮主编:《档案管理学基础》(第三版),中国人民大学出版社 2005 年版,第 18 页。

其成因复杂多样。本章以面向知识共享为主要线索,探讨并分析了当前企业文件与档案管理的困境及成因。通过问卷调查、访谈,以及文献研读等多种方法进行研究,在知识共享环境下,企业文件与档案管理所面临的困境主要表现为:价值表现力不足,与知识共享关联的松散;战略规划的不到位;与企业活动共振力的欠缺等。在企业文件与档案管理活动的整个历史发展进程中不乏种种困境,而在数据时代,如果面对上述困境无所改善和突破,其对企业发展产生的不良影响将比以往任何时代更为突出。而管理对象的复杂性、工作愿景的模糊性、工作方式的狭隘性,是导致一系列困境的深层原因。由表面现象—困境到深层实质—成因的综合分析,是面向知识共享的企业文件与档案管理体系研究中不可或缺的重要组成部分。

第五章　面向知识共享的企业文件与
档案管理的路径设计

本书第二章中对面向知识共享的企业文件与档案管理的科学理念的研究与第三章中面向知识共享的企业文件与档案管理框架的构建,是对知识共享中企业文件与档案管理"应然"的探讨;第四章对当前知识共享环境下我国企业文件与档案管理所面临的困境及其成因分析是对"实然"的研究。本章则是在对二者进行分析对比的基础上,从中观和微观层面探讨面向知识共享的企业文件与档案管理体系实现的可行路径,是将理论"扎根"于实践的过程体现。知识是一种保持组织长远竞争力的有重要价值的资源,知识共享则又是知识增值的主要方式之一。本章将以"启动—转动—推动"为线索,在企业知识共享和企业文件与档案管理的互动中,设计面向知识共享的企业文件与档案管理体系的实现路径。

第一节　启动:共享环境的识别与共享文化的培育

良好的知识共享环境以及企业浓厚的共享文化,是企业知识共享实现的原动力,是面向知识共享的文档管理活动顺利实现的土壤。不同的组织在各自发展的历程中,积淀了不同的文化,对知识共享有不同的认识和态度,有效的知识共享实现没有一把万能钥匙,只能在遵循规律的基础上,"一把钥匙开一把锁"。

一、共享环境的识别

知识共享环境是知识共享实现的土壤,通过对土壤状况的综合考量,有助于更好地确保种子在土壤中生根发芽、苗壮成长。因此,知识共享环境识别是企业知识共享实现的关键第一步,是企业文档管理体系能真正实现"面向"知识共享的首要环节。蒋晴波、徐森通过对近10年来学者们对知识共享影响因素研究数据的统计整理发现,目前,企业知识共享的主要影响因素为组织激励、知识属性、知识共享技术、企业文化、信任、个人性格、个人意愿,相对次要的影响因素为人际关系、知识自我效能、互惠、共享成本等①。霍亮、肖源②利用元分析的方法对组织中员工知识共享影响因素进行研究,认为知识共享频率、知识共享意愿、知识共享质量、知识共享态度是影响知识共享结果的重要变量,每一个变量又受若干因素的影响。可见,影响知识共享实现的要素是多样而且可变的,这些要素之间会形成不同的关系,且是交叉复杂的,要素和要素之间的关系直接影响着共享环境的形成,而共享环境又引发着要素与要素之间关系的变化。共享环境识别(见表5-1)实质上是对这些要素以及要素关系作用和表现的综合考量,进而做出分析,并对企业共享环境的状态做出评判。

表5-1　企业共享环境识别表

识别层面	识别方式	关键识别点
面上	自上而下逐步聚焦	企业是否意识到知识共享的重要性并愿意实现知识共享,以及其程度如何
		企业是否有推动知识共享实现的宏观战略规划和保障机制,以及其力度如何
		企业是否有知识共享实现的可操作工具和方法,以及其有效性
		企业是否有知识共享实现的尝试并正确对待知识共享实现中的优秀案例和失败教训,以及其影响

---

① 蒋晴波、徐森:《知识共享主要影响因素研究的文献综述》,《经营与管理》2017年第12期。

② 霍亮、肖源:《基于元分析的组织中员工知识共享影响因素研究》,《图书馆论坛》2018年第9期。

续表

识别层面	识别方式	关键识别点
点上	个体到群体 再到整体 逐步扩展	企业个体员工对知识共享的认知度、认可度和参与度
		项目团队对知识共享的态度和支持度
		不同机构、不同部门对知识共享认识的一致性和差异性，以及相互之间的影响和导向

对于整个企业共享环境的识别,可从面上和点上分别进行,面上是指自上而下、逐步聚焦的识别,主要包括:

(1)企业是否意识到知识共享的重要性并愿意实现知识共享,以及其程度;

(2)企业是否有推动知识共享实现的宏观战略规划和保障机制,以及其力度;

(3)企业是否有知识共享实现的可操作工具和方法,以及其有效性;

(4)企业是否有知识共享实现的尝试并正确对待知识共享实现中的优秀案例和失败教训,以及其影响。

点上是指从个体到群体再到整体,逐步扩展的识别,主要包括:

(1)企业个体员工对知识共享的认知度、认可度和参与度;

(2)项目团队对知识共享的态度和支持度;

(3)不同机构、不同部门对知识共享认识的一致性和差异性,以及相互之间的影响和导向。

通过对上述问题的分析,企业可以对其知识共享环境有一个整体评判,在对整个企业知识共享环境精准识别的基础上,结合文件与档案的知识属性、知识传播特点、知识价值,进一步完成企业文档共享环境的识别,和谐的共享环境有助于面向知识共享的文档管理体系的构建。

二、企业共享文化的培育

在上述对企业共享环境进行识别的基础上,能较为全面、系统地对企业知识共享环境进行一个定位,然后依此为基点,推动企业知识共享文化的培育。

文化是一种软实力,文化培育的过程应该注重从根源上下功夫。企业知识共享文化是企业文化的重要组成部分,因此,在企业共享文化培育中,应首先增强企业全员对企业的归属感、自豪感,提升员工对企业的责任感和使命感;其次,使企业全体员工深层认识知识共享与企业部门(团队)目标、整体战略目标的实现,以及自我价值实现的一致性,从"为什么"上认可知识共享的必要性;再次,以"优秀案例""最佳案例"等为载体阐释企业共享文化的核心精神和有益性,使员工充分体验知识共享"是什么"以及"怎么样",进而直接激发其知识共享的意愿。此外,"知识共享必须在充分地理解个体行为决策过程,充分权衡知识共享者和知识接受者双方的利益下,营造一个积极可持续的共享环境。"企业共享文化培育,不是某一个或某几个部门(或领导)的职责,它是一个全员参与、全员共建的过程,每一个员工、每一名领导、每一个团队或部门,在其中的角色都是参与者和引领者。因此,应该关注知识共享主客体在知识共享中输入什么、输出什么,形成良好的动力机制,以权益的平衡确保良好共享文化和共享环境的形成。

三、落脚于"共享文化+文档管理"的融合

"共享文化+文档管理"的融合表现为两个方面:首先,通过"共享文化+文档管理"在企业中形成良好的文档共享氛围,实现文件与档案的共享。企业全体员工以及不同层级的部门形成对文件档案及文件档案价值的正确认知,并愿意合理地共享利用。文件与档案是企业传承和传播知识的重要载体,文件和档案自身又蕴含着丰富的知识,共享的过程也是文件档案价值实现的过程,是提高管理效率、提高科学决策能力的过程。其次,通过"共享文化+文档管理",在企业中以"文件与档案的方式"推动共享文化的深入实现。"文件与档案的方式"是对数据和信息进行捕获、固化并使之有效流动的方式,是赋予数据和信息背景及意义的方式。在知识共享中,隐性知识和显性知识相互转化的实现有多种途径和方式,正如前文所述,文件和档案的方式是其中成本最低、最为有效的一种方式,因此,它也是"共享文化+文档管理"融合中不可或缺的重要组成。

第二节 转动:共享制度的构建与共享方式的选择

共享制度的构建和共享方式的选择是面向知识共享企业文件与档案管理体系实现路径的重要组成部分,二者共同推动企业文件与档案管理体系功能的实现,推动企业知识共享的实现,进而提升企业的核心竞争力。

一、知识共享制度的构建

共享制度的构建,第一个层面是企业的知识共享制度的构建,包括在知识共享实现过程中,对谁、应该做什么、如何做等内容、程序的规范和规定。从内容角度上看,可分为对显性知识共享的制度规范和对隐性知识共享的制度规范;从程序上看,可分为知识共享激励制度、知识共享保障制度等。第二个层面是面向知识共享的文件与档案管理制度的构建。随着我国企业文件档案工作的日益规范,企业中关于文件与档案管理的制度不断完善。2009 年国家档案局颁布的《企业档案工作规范》,不仅为企业文件与档案管理工作的有效开展提供了方法与技术指导,同时也为不同企业根据自身情况不断完善文件与档案管理制度标准提供了参考。现代社会,新的行业、新的企业不断出现,传统企业从管理到生产经营也发生了一系列的变化,这些"新"都正在向企业文件与档案管理提出新诉求。国家档案局及其相关部门不断适应新形势,完善企业文件与档案管理的相关制度规范,比如顺应信息化的大潮及时出台了《企业电子文件归档和电子档案管理指南》(2015 年),面对金融企业的蓬勃发展制定了《金融企业业务档案管理规定》(2015 年),及时出台了新的《会计档案管理办法》(2015 年修订)等,为企业文件与档案制度建设提供了有力支持。

伴随着大数据、云存储、互联网、移动终端、人工智能等的不断发展,"数据"大量的形成出现,"消除不确定性"的信息越来越多,个人和组织时而喜于决策支持中的信息丰富,时而伤于信息泛滥、信息质量良莠不齐的困扰,文件与档案作为社会实践活动的原始记录,作为信息和数据家族中高含金量的资源,更加需要通过制度构建以实现共享、推动共享,进而发挥其自身的资源优势。数据时代,面向知识共享的文件与档案管理制度的构建可从两方面予以关注:第一,关于数据档案化的制度构建。数据档案化是将动态游离的有价值的数据沉淀为高质量的静态数据集。在现代企业中,各种系统不断增多,与企业发生关系的各个内外部系统中都会产生大量的数据,这些数据价值不同,处理方式也应不同。数据档案化通过多元立体的去伪存真、去粗取精的积淀,并通过有机联系的建立,使数据成为具有生命力和意义的数据集。在这个过程中,由谁、在何时、以何种方式捕获数据,以何种形式、存储在何处等一系列问题,都需要制度的"约定"。可见,数据档案化的实现是企业建立起可供共享资源库的重要组成,它确保企业有可供共享利用的高质量知识资源。第二,关于档案数据化的制度构建。档案数据化是将档案信息转化为可被计算、可供重用、易于共享、便于传递的数据,这是数据时代企业文件和档案资源可被共享的重要基础。数据化的意义是将利用文献的方式从"读"转变为"分析",通过对档案的解聚以及与其他信息的重聚,进而形成满足不同共享者需求的知识资源。在此过程中,尤其有必要通过相关制度推动档案数据化的完成,规范数据化的结果,确保实现可供共享资源的最优化、最大化传播和利用。

二、知识共享方式的选择

现代科技的迅速发展,为企业知识共享提供了多种多样的方式。企业在知识共享实现中,应善于利用各种先进技术,结合企业自身情况,选择有效的共享方式。纵观知识共享方式,从面对面的交流分享到借助一定的媒介工具打破时空限制——随时随地的交流;从一杯咖啡、一张桌子到一个平台、一个客户端;从线下到线上……知识共享的方式丰富多样,诸如知识库、知识地图、虚拟社区、会议等都是实现知识共享的有效方式。不同共享方式有不同的优势和特点,在选择过程中应该根据企业员工的特点,企业文化、企业信息化程度等,选择适合本组织的方式,对不同的共享方式扬长避短,组合运用。

在新媒体环境下,知识共享的实现方式更加丰富,社交媒体平台为知识共享的实现提供了更广阔的空间,微博、微信、群、圈等都正在成为知识共享的有力工具,各种知识共享产品也在不断推陈出新。比如,腾讯推出了一款名为

"腾讯乐享"的企业社区化知识管理应用,它是一个"以知识管理为核心的企业一站式社区",它可以满足用户随时随地访问的需求,实现高效的信息触达,完成互动讨论,为企业内知识、沟通、协作提供了综合服务平台。黄璜博士曾谈道:"数据只有流动起来才真正具有价值。网络无论大小、性质和开放性,其使命终究是为增进数据流动的效率。"又如,当前我国部分集团企业不断进行数字档案资源共享服务平台建设的探索,"共享服务平台通过采集集团不同成员企业之间相对分散的档案数据,并进行资源整合、规范整理和深入挖掘,以满足集团成员企业的业务利用需求。"①共享服务平台的建设打破了时空限制,消除了不同单位、团队之间的信息壁垒,通过平台使档案资源流动起来,有助于实现档案资源的共享。知识通过流动实现共享,在共享中实现价值并创造更多的价值,网络为其提供了较之以往任何时代更高效便捷的工具,从 Web1.0 到 Web3.0,网络发展不同阶段具有不同的特点,企业知识共享的实现也应在与时俱进中发展和创新。文件与档案的产生、捕获都植根于网络环境中,网络环境中知识的积淀和共享利用又呈现出新特点,比如碎片化与系统化、知识资源的分与聚等,都直接影响着共享方式的选择。此外,知识产权、企业信息安全、个人隐私保护等也是新媒体时代知识共享中尤为需要注意的问题。

第三节　推动:共享成效的评估与共享结果的反馈

企业知识共享成效的评估与共享结果的反馈是推动企业知识共享实现良性循环的重要力量,是知识共享实现的重要组成部分。

一、共享成效的评估

所谓共享成效,就是知识共享为企业带来的成果与效益,表现为有形的、无形的等不同形式。正确认识并评估共享成效,是对知识共享过程的检验。通过评估,企业领导、各个部门以及企业员工知晓共享的成果,以及存在的问

---

① 宋萍萍:《集团企业档案共享服务平台建设探析》,《中国档案》2017 年第 5 期。

题,进而确定未来的改进方向。对于知识共享成效的评估,主要包括评估的主体、评估的标准、评估的原则、评估的方法等。

(一)知识共享成效评估的主体

知识共享成效评估的主体(见表5-2)可以是多方面的:其一,评估主体即为组织开展知识共享活动的部门及其成员,通常我们称之为自评;其二,企业的其他部门及其成员对共享活动的评估、企业领导层的评估等,可称为来自企业内部的他评;其三,社会化的专业评估机构,可称为外部他评。不同的评估主体,有不同的特点:自评过程中知识共享组织者、实施者以及评价者为同一主体,"游戏的参与者又是游戏的裁判",一方面其对"游戏规则"理解和把握得比较透彻,即对知识共享活动的"来龙去脉"了解得比较清楚,可以做出较为全面的判断,但同时,如果实施过程中存在问题,则其在评估中往往也难以发现,进而使评估结果存在偏颇;他评通常被认为更加客观,但是往往存在"为评价而评价"的现象,因对企业文化、企业知识共享的历史缺乏深入的了解,难以对现象进行解读,只是根据冰冷的指标做出判断,评估的结果也值得认真对待。全面了解不同评估主体的特点,通过多主体共评的方式对知识共享进行评价,认真分析不同评估主体的结果,不唯数据,才能达到评估的目的。

表5-2　知识共享成效评估主体分析表

主体表现		主体构成	评估特点
自评		组织开展知识共享活动的部门及其成员	即对知识共享活动的"来龙去脉"了解得比较清楚,可以做出较为全面的判断,但同时,如果实施过程中存在问题,则其在评估中往往也难以发现,进而使评估结果存在偏颇
他评	内部他评	企业的其他部门及其成员	通常被认为更加客观,但是往往存在"为评价而评价"的现象,因对企业文化、企业知识共享的历史缺乏深入的了解,难以对现象进行解读,只是根据冰冷的指标做出判断,评估的结果也值得认真对待
	外部他评	社会化的专业评估机构	

(二)知识共享成效评估的标准

知识共享评估标准可分为两个维度:一是企业员工对知识共享的满意度;二

是知识共享在提升企业竞争力中的贡献力。在每一个范畴中,可根据企业的性质、发展阶段等进行细分,最终形成评估指标体系。评估标准的制定应该广泛征求企业员工的意见,多方听取不同业务部门的意见,然后根据知识共享的基本原理和本企业的实际情况,真正实现更好地转移、分享、利用、创新知识的目的。

(三)知识共享成效评估的原则

评估的结果对事物未来发展将产生极大影响,只有保证评估结果客观、公正、准确,才能对活动未来发展起到积极的推动作用。而评估中所坚持的原则,便是评估的一种导向,直接影响着评估结果。在对企业知识共享成效进行评估时,应坚持科学性、合理性、包容性等原则,以发展的眼光,对知识共享成效做出精准的判断。

科学性原则表现为评估初衷科学、评估过程科学、评估方法科学、对待评估结果科学。企业知识共享的成效,既表现为直接为企业带来的收益,也表现为促进企业文化的间接收益;知识共享效用有些具有显性特征,有些则具有隐性特征。因此,知识共享成效评估是一个极为复杂的过程,需要在多方因素不断平衡中做出科学评判。

合理性原则表现为将知识共享评价的一般原则规律和企业文化、共享现状有机结合起来,比如有些企业处于知识共享起步阶段,员工共享意愿处在培育和养成期,而有些企业处于知识共享的成熟期,员工共享意愿处于释放期,对于二者的成效评价便应该有所区分。

包容性原则表现为不因循守旧,以发展的眼光、创新的思维对知识共享不同表现形式的成效做出准确的判断。知识共享成效往往具有多样性、多维性,其效用发生的节点、产生影响力的强度、影响范围等呈现出不同的形式,评价过程中要对这些"不同"进行深入分析,避免机械套用算法和公式。

二、知识共享结果的反馈

反馈是在行动发生之后,向管理者提供有效信息的过程,"所有设计精良的控制系统均采用反馈控制来判定组织绩效是否与预定标准相符"①。在企

---

① [美]理查德·L.达夫特:《管理学原理》,高增安译,机械工业出版社 2009 年版,第 228 页。

业知识共享实现过程中,适时将结果进行反馈,使企业领导者以及所有知识共享参与者全面了解所取得的结果与既定目标的差距,并及时纠正偏差,确保未来知识共享活动沿着正确的道路健康开展。需要注意的是,反馈的过程不是问责的过程,它是通过对"最终产品"或"服务"等结果的分析,来确定"如何做得更好"。通过反馈,知识共享的相关者可以以"结果"为观测点,进而对知识共享的理念、态度、方法、实现策略等进行系统分析,趋利避害,提升共享效果。事前反馈、事中反馈和事后反馈是不同时间节点的反馈,可见,反馈以对活动结果的直接作用而面向活动全过程,是推动知识共享螺旋式上升的重要动力。

本章小结

面向知识共享的企业文件与档案管理是在"启动—转动—推动"的可操作路径中具体实现的,本章描述了其实现的一个轨迹全景:在知识共享环境的精准识别和共享文化的培育中科学启动;在共享制度的构建与共享方式的理性选择中有序转动;在共享成效的正确评估和共享结果的反馈中被推动并螺旋式上升。知识共享和文件与档案管理工作本身都是长期系统的工程,是在日积月累的积淀中不断发展的。面向知识共享的文件与档案管理也必须经得起时间考验,经得起企业发展的考验,以长远的目光面向未来,沿着科学的路径脚踏实地地一步一步前进。

第六章　面向知识共享的企业文件与
档案管理的关键策略

现代社会,面对激烈的市场竞争,每个企业都在探索着一套独特的生存法则,知识共享、企业文件与档案管理在不同企业的生存法则中所扮演的角色和发挥的作用不同。数据时代的到来,不同企业各具特色的生存法则,都同样透露出了对数据向知识转化的渴求。企业正在以不同的方式表达出对面向知识共享的企业文件与档案管理的诉求。在本章中,重点研究面向知识共享的企业文件与档案管理关键策略,既包括关键节点的重点方法与策略,也包括贯穿始终的全程涵养策略;既关注整个企业文件与档案管理之于知识共享实现的推动,也关注对知识共享活动自身产生和形成的文件与档案管理策略。

第一节　对企业文件拟制的精细化管理

一、文件的拟制过程影响着知识的可共享性

企业文件的拟制包括企业文件的草拟、制作,最终形成等程序。从整个企业的知识来源看,文件是一种内源显性知识,它一方面是企业中传递、处理信息的管理工具,另一方面是固化和传播知识的重要手段。文件的拟制过程直接影响着文件的质量,文件的可读性、可用性,影响着企业的管理效率,影响着其所承载的信息内容能否被收文者准确地吸收和应用。从知识共享过程来看,文件是隐性知识与显性知识相互转化的一种重要的实现方式,诸如各类知识交流,往往会选择以形成各种形式的文件来实现彼此的沟通与学习,被共享的知识应该以文件的形式被存储,以实现知识积累基础上的螺旋式上升。

在 IT 界中,有一句名言"Garbage In,Garbage Out",用来形容输入对输出的影响。如果输入的数据是不准确的,输出的结果必然是错误的。在企业知识共享中,文件是知识的重要组成部分,是知识传递的重要工具,文件既是"输入"的表现形式,也是"输入"的内容。在企业文件拟制中,如果文件格式不规范不仅会影响文件的办理效率,还会增加共享的成本;而文件内容的不准确、不真实,不仅会给管理和决策带来不必要的损失,还会降低共享的价值。对文件拟制的精细化管理,是对知识共享工具在共享过程中具有可用性的控制。指导并规范文件的拟制过程,对文件的拟制进行精细化管理,在文件处于可控阶段的"正在进行时"进行必要的管理,有助于形成高质量的文件,从源头上确保知识的质量和有效性。

二、规范企业文件的关键格式要素

格式是指一定的规格、样式,企业文件的格式是指将企业文件中的各构成要素按照一定的要求固定编排,形成相对稳定、规范的样式。不同类型的企业文件有不同的格式。格式不仅仅是文件规范、美观的外在表现形式,而且构成文件格式的诸要素直接影响着文件的功能、效用。"文本没有唯一的格式,这就给信息检索带来了困难。所以有时还需要使某些文本具有一定的格式,以便于检索和处理"①,规范化、标准化的企业文件,有助于将信息在适当的时间传递给适当的人,便于准确地理解和把握文件内容,有助于对信息的查找和再利用。在知识共享的过程中,能否迅速挖掘出企业中有独特价值的文件与档案资源,能否方便地再利用企业的文件与档案,也直接依赖于企业文件的格式要素是否齐全完整、是否规范。在知识共享实践中,不乏这样的案例:我们确定保存了在过去的某一活动中形成的有价值的文件,但需要共享利用时,却要花费大量的时间去查找,甚至最终查找不到。各职能部门对文件的命名、描述、分类和编码等完全按照自己的需要和习惯来进行,具有极强的随意性,这种随意性从表面上看有助于减少工作的"冗余",提高工作效率,实则埋下了有价值的文件与档案"石沉大海"的隐患。

---

① 王众托编著:《知识管理》,科学出版社 2009 年版,第 200—201 页。

在企业管理中,按照形成者,企业文件可划分为由企业员工个人、企业部门、项目团队等形成的文件;按照使用范围,企业文件可分为企业内部文件和对外文件;按照内容,企业文件可分为企业发展战略规划类文件、日常行政性公文、事务性公文、规章制度、企业经营职能性文件、员工个人发展常用文件等。无论是何种类型的文件,基于文件形成的根本目的,基于面向知识共享的需求,对文件基本格式的控制是确保文件质量的重要手段。为适应党政机关工作需要,推进党政机关公文处理工作科学化、制度化、规范化,中共中央办公厅和国务院办公厅联合印发了《党政机关公文处理工作条例》(中办发〔2012〕14 号),对其所使用公文的种类、格式、拟制等进行了规范。2016 年,国家发布了一系列党政机关电子公文标准《党政机关电子公文系列标准》(GB/T 33476~33483—2016)。该系列标准由中共中央办公厅、国务院办公厅提出,国家电子文件管理部际联席会议办公室归口管理,为数据时代电子公文的形成、管理、保管等提供了依据。党政机关的相关标准适用于党政机关,而企业可"透过现象看本质",体会标准制发的必要性、有益性,择其"精华",通过规范格式提升文件档案的可用性、可共享性。企业文件格式相对灵活,不同行业、不同规模、不同类型的企业文件内容差异较大,格式也略有不同,在此仅对企业文件中具有普遍适用性的关键格式要素进行探讨。

1. 企业文件的标题

文件标题是对文件内容的高度概括与提炼。在《党政机关公文处理工作条例》中规定标题由发文机关名称、事由和文种组成。在企业文件中,标题应由发文部门、事由、文种共同组成。其中,发文部门揭示了文件的来源,事由反映了文件的主要内容,文种揭示了文件的作用。对应于知识共享,此三种要素有助于利用者准确了解该文件"是谁的知识""是什么知识";文件标题的三要素构成方式往往与员工利用知识时的需求表达是一致的。因此,标题的规范化与固定化便于知识的发现,有利于提升知识检索的准确率。

2. 企业文件的命名

企业文件的命名,即确定文件的名称。传统纸质文件环境下,文件名称与文件标题一致,文件标题一旦确定,文件名称自然产生;然而,电子文件的出现,打破了文件名称与文件标题的一致性,文件命名变得复杂化。在数字环境下,文件名称独立于文件内容、文件标题之外,且先于二者被呈现。由于没有意识到文件名称的作用和意义,文件名称拟制随意性较大,文件名称与文件标题不符、与文件内容不相吻合的现象非常多见,给文件在现行阶段的办理和非现行阶段的价值判断、共享和利用带来了无限的隐患。比如,很多部门和员工在业务活动中形成了以"新建 Microsoft Office Word 文档"为名称的文件,此类文档中极具价值的知识,无论是被个人或部门的再利用,还是在企业更广的范围内共享利用时,都难以快速、准确地被发现。再如,邮件系统,"电子邮件承担着企业内部指令和知识的传递、企业之间订单往来、企业与客户的交流等重要职责"[1],电子邮件已成为企业业务沟通的重要工具之一,而邮件名称的不规范、不准确,将导致有价值的电子文件得不到及时处置,致使知识流失。

因此,文件名称应与文件标题、文件内容相一致,视传输与存储的具体情境,有选择地标注日期、形成者、事由。文件名称的拟写应该标准、简洁、准确,可由词或词组组成,并由连字符连接。文件名称亦应该能够揭示文件"是什么知识""是谁的知识"。

3. 企业文件的形成者和收文者

文件形成者和收文者规定了需要处理文件所涉及事务或知晓文件信息内容的主体,它决定了文件的流向。文件形成者的缺失将使文件的真实性、凭证性、权威性受到质疑,在共享中难以判断其可用性;收文者的缺失直接导致文件得不到及时的处理,甚至因错误的流向影响工作效率,而在共享利用中,则难以判断其适用范围。此外,在知识共享中,"知识地图是通过揭示知识存储地和知识之间的关系,帮助人们快速准确地找到所需知识的技术和工具"[2],而文件形成者和收文者反映了企业成员之间、部门之间的联系,暗含了企业成员、部门或团队与知识的关系,完整的文件形成者和收文者标识有助于丰富企业知识地图的素材。Ruggels 曾指出,如果知识需求者与知识拥有者无法有效地建立联系,则二者寻找和匹配的成本将会增加,并形成空间性障碍,进而减

---

① 刘家真等:《电子文件管理——电子文件与证据保留》,科学出版社 2009 年版,第 263 页。

② 靖继鹏等主编:《情报科学理论》,科学出版社 2009 年版,第 327 页。

少知识共享行为。[①] 在企业文件的形成过程中,清晰、准确的文件形成者和收文者则有助于迅速地建立起二者的联系,从而有效地消除这一障碍导致的知识共享的效率低下。

三、优化企业文件的内容

企业文件的内容由企业活动决定,企业的员工、部门、团队都是企业文件的形成者,每一个文件形成者的思维方式不同、知识背景不同、语言表达能力不同,直接导致了文件内容质量的差异。文件形成者的广泛性以及文件内容与岗位职能活动的紧密结合性使得企业文件内容难以被指导和规范。而知识经济时代,发现有价值的知识,并将其存储与共享的需求,对企业文件的内容提出了更高的要求。企业文件与档案管理者必须从宏观的角度,指导文件形成者形成易于共享的文件内容,提升企业文件内容应具有的可读性、易读性。

首先,结合岗位职能、工作性质,梳理出常用的文件文种。比如,企业日常的行政管理工作,多形成通知、请示、批复、报告、函等文种;在经营性活动中,多形成市场调研报告、可行性研究报告、市场营销策划书、项目计划书等;在公共关系活动中,会形成公关策划、企业形象调查分析报告、声明、贺信、邀请函等。在此基础上,明确常用文种的适用范围、语言表达特点、内容的逻辑顺序,发现其写作规律,提高企业文件质量。

其次,企业文件的内容应做到客观、纯净、简洁。"有一说一"是文件内容的一个重要特点,即以最简洁、朴实的语言,按照合理的逻辑结构,将所要办理的事务客观地阐述清楚。2011 年 7 月 26 日,《纽约时报》刊登了这样一则消息:"截至 2010 年,中国拥有 7800 万机动车辆,大概相当于美国的三分之一。但根据中国警察部门的报告,2010 年有 7 万人死于交通事故,是美国的两倍",可见,美国交通事故的死亡率远远低于中国。美国的交通安全管理局(交通事故的主管部门)将他们的经验概括为循"数"管理,其中的两个关键环节即为收集真实、齐全的关于交通事故的数据以及对其进行对比分析,制定、调整交通管理政策。

---

① 田鹏:《Web2.0 环境下组织知识共享机制研究》,华中师范大学博士学位论文,2011 年,第 87—92 页。

"两国的交通安全专家认为,美国的数据非常可靠,统计了每一宗死亡案例,但中国的地方警察部门普遍存在少报、瞒报的问题,只有一小部分交通死亡的数据最终进入了官方的报告。"显而易见,交通事故的相关数据来源于有关部门的文件,文件内容是否客观、真实直接影响了决策。基于低质量,甚至是错误的文件内容,任何先进的信息技术都显得苍白无力,甚至可能"助纣为虐"。因此,内容的客观、纯净是企业文件的生命和意义之根源。

企业文件的简洁则是要求文件减少不必要的冗余信息的污染,赫伯特·西蒙曾经提到"信息消费了什么是很明显的:它消费的是信息接收者的注意力"。在大数据背景下的现代企业,不断增长的巨大的信息量、繁多的信息种类,与信息接收者有限的注意力的矛盾日益突出。在知识共享中,利用者并不缺少可以被共享的知识,而缺少的是有价值的、值得共享的知识。因此,企业文件的内容应是字字珠玑,并以简明的结构呈现给利用者,以供方便地选择利用,文件内容的简洁是避免内源性知识冗余繁杂的重要途径。

第二节　对知识共享活动中文件形成的控制

知识共享既渗透在企业各项业务活动之中,又独立于各项具体活动之外。与企业其他职能活动一样,知识共享活动自身的顺利开展,也伴随着一系列的文件活动。比如,在 Facebook 内部有一套工作流软件,Facebook 要求所有工程师对于任何产品与技术的讨论,他们所写的任何代码都必须记录在这个工作流软件当中,才能被认为是在有效地工作,这就是一个以文档固化知识、共享知识的过程。"这样一个工作流体系,它实际上变成了这个企业的知识库,因为每一个工程师所写的代码每一行都在这里面,所以随时可以去看五年前这个产品背后为什么是这个逻辑,它的代码为什么是这么写的,这就变成了一个共享知识库。"①

---

① 曾鸣:《为什么要让"听得见炮火的士兵"做决定?》,2017 年 10 月 30 日,见 http://www.sohu.com/a/201125311_99895736。

一、控制知识共享文件形成的动因

在知识经济时代的现代企业,无论企业性质、规模如何,知识共享已成为企业发展的诉求之一,无论企业是否着手开展知识管理活动,知识共享在每个企业中都"自发"地存在着,只是表现形式不同、范围不同、效果不同,究其差异产生的原因,文件管理是其中一个重要影响因素。对知识共享中文件形成控制的动因,主要来源于三个方面,如图 6-1 所示。

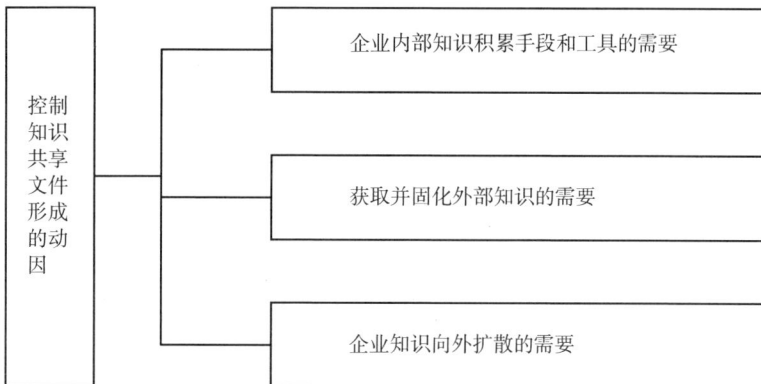

图 6-1　控制知识共享文件形成的动因图

(1)在企业组织内部,真正实现将个人知识、团队知识转化为组织知识,需要以文件作为工具和手段。知识共享在企业员工、团队、部门之间,通过各种形式的沟通交流,使知识由个人、团队、部门层面扩散到组织层面,员工(团队或部门)既将有价值的知识输出,又将组织中有价值的知识进行输入。知识的输入与输出可以是同步,也可以是异步,企业的知识共享恰是在有序的输入与输出的流动间实现的。每一次知识共享的过程总是发生在特定主体之间的,比如知识在部门 1 与部门 2 之间通过 a 渠道交流共享,在部门 1 与部门 N 之间通过 b 渠道交流共享,等等,如图 6-2 所示。

从整个组织的角度来看,特定主体之间在完成知识共享之时,应该同时将知识沉淀到组织层面,比如存储到组织的知识库中,以实现组织知识的固化和积累,避免因人员流动、组织结构调整造成知识流失,提高知识共享效率,如图 6-2 中通过 A、B、C 渠道的知识输入与输出。

疏于对文件的管理和控制,导致知识共享活动局限于部门与部门之间的

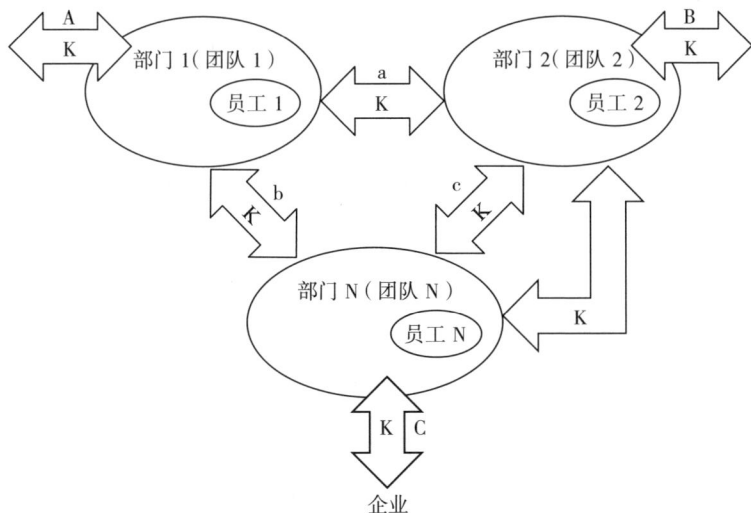

图6-2　企业内部知识输入与输出流向图

低效、重复的共享,难以形成特定主体间需求明确、运转有序的共享;知识不能有效地沉淀到组织层面,共享的效率和质量都将受到局限,企业知识共享的长效机制难以形成。对知识共享活动中文件形成的控制,是通过对图6-2中诸如a、b、c等具体的共享过程的管理,实现知识在特定主体间共享时,同时沉淀到组织层面。虽然,知识输入与输出的途径、方式多种多样,但无论是显性知识的共享,还是隐性知识的共享,文件都发挥了重要的记录和传递作用。文件,作为一种管理工具,直接影响着知识的流向和知识共享活动的效率,通过对其的管理和控制,有助于规范知识共享活动流程,提高所共享知识的质量,实现知识需求与知识利用的有效匹配;作为一种记录,它直接影响着知识的沉淀和知识共享的效果,通过管理和控制,有助于知识的积累,有助于知识价值的提升,有助于知识共享在组织、部门或团队中有序的运转,形成知识共享的长效机制,推动企业的发展与创新。

（2）将外部知识内部化,并在企业范围内实现更广泛、更深入的共享和利用,需要形成相应的文件固化知识,并以文件的形式实现知识的反复利用,为外部知识内部化提供低成本、可操作的途径。在知识共享中,企业往往需要快速有效地从外部获取知识,在组织中广泛共享并内化,以弥补企业的知识缺口。专家、顾客、供应商、行业协会、政府相关机构、合作伙伴等都是组织外部重要的知识源；公开市场采购、非正式互惠交流、正式战略联盟等是企业共享外部知识的重要方式。企业在获取、共享外部知识的过程中，总会产生一定的交易成本，对共享活动中文件形成的控制，有助于企业在交易成本一定的情况下，实现知识收益的最大化。在获取外部知识的过程中，很多企业只注重当时问题的解决，即只注重问题的"答案"，而非知识本身，这种情况下，单个的具体问题虽然得到了解决，但企业的知识缺口并未弥补，当企业再次面临类似的问题时，需再次付出成本以寻求问题的解决。因此，在共享外部知识的活动中，伴随着共享活动的开展，以文件的形式记录活动过程，记录的结果实际上包含了企业的知识缺口、获取知识的途径、共享知识的内容、知识适用的情境等重要内容，既固化了外部知识，又便于知识的重复利用，即"一次投入，多次产出"。

（3）知识共享文件的形成是企业知识向外扩散的重要方式。企业是一个开放的系统，作为社会组成的一个分子，在知识共享中，既作为利用者从外部输入知识，同时也作为知识拥有者向外部输出知识。企业向外部输出知识，以供企业的竞争、合作伙伴，顾客，政府以及整个社会共享和利用，是企业创造价值、实现价值的需要，是企业存在意义的体现。比如，企业需要向顾客提供关于产品和技术的相关知识，以使顾客了解并选择本企业的产品；企业需要向供应商提供相关的知识，进行必要的培训，以满足其生产的需要；等等。在企业向外扩散知识的过程中，各种类型的文件打破了时空的界限，能够迅速、准确、稳定地将知识传递给接收方，是知识传递的重要途径。

二、规避知识共享文件管理的误区

文件是管理事务、传递信息的重要工具，科学规范的文件管理有助于管理效率的提高；然而，过犹不及，物极必反，"文山会海"之"文山"，"言之无文，行而不远"是指对文件这一工具使用、处理不当而直接导致的效率低下，如此而言，"文件"是把双刃剑。在知识共享活动中，如何发挥文件的价值，规避因不当的文件管理行为产生的不良后果是我们首先要厘清的问题。恰当的形成并利用文件的另一端是带有强制性的"写文件"。"写文件"虽从反面说明了知识共享活动中文件的价值与作用,但它有违文件形成与管理活动的"自然生长"的本质。有些企业为了沉淀、积累知识,硬性要求组织成员或部门以"写文件"的方式进行知识的外化,"拔苗助长",将形成文件当作根本目的,本末倒置。知识主体不了解为何要行文,不认同行文的必要性,文件的质量则难以保证。

对于知识共享过程中形成的文件,一是企业员工或部门在知识共享活动中根据沟通交流、信息传递的需要自觉自愿地形成文件,笔者称之为"利己"型文件;二是文件与档案管理者(或知识管理者)从企业层面出发,在知识共享中,形成有助于知识沉淀、知识积累的文件,笔者称之为"利他"型文件。无论文件以何种方式存在,都应基于其价值,因需(可以是现实的需求,也可以是长远的需求)而生,有价值的文件才具有生命力。文件的价值与文件的内容密不可分,上述利己型文件和利他型文件的内容既包括关于知识共享活动开展的管理性文件,也包括知识记录的文件。利己型文件因自身内容的价值而被保存并传播利用,利他型文件则本着更好地为他人利用而形成。因此,无论企业文件与档案管理者,还是企业员工,都应首先正确认识文件的价值,认可行文的必要性,然后形成文件。知识共享中形成的文件的质量、文件的可用性、复用性,远比文件的数量更重要。

三、知识共享过程中文件的产生与规范

(一)关于显性知识的共享

显性知识是可以用文字、数字、图形或其他象征物清楚地表达出来的知识,多存在于文件、资料库、图表、网页等之中,既包括来源于企业内部,如企业员工、各部门、项目团队的知识,也包括来源于企业外部,如政府、行业专家、科研机构等组织或个人的相关知识。相对隐性知识而言,显性知识易记录、易传播、易共享。根据显性知识的自身特性和来源特点,对显性知识共享的任务集中体现在:使分散凌乱、表现各异、质量良莠不齐的知识,更加便于传递、更具可用性,以满足知识利用者"即得即用"的需求,消除企业"信息膨胀而知识匮乏"的尴尬。

企业文件与档案服务工作者在推动显性知识共享实现的过程中,所形成

文件在内容上,多是基于已经显性存在于企业内外部的知识而形成。此类文件一般不会促发企业知识总量的激增,而是侧重于优化企业知识结构,提升企业知识质量,是企业知识共享深化、知识创新的基础。企业文件与档案编研成果是这类文件的重要表现,根据文件内容,可划分为以下几种形式。

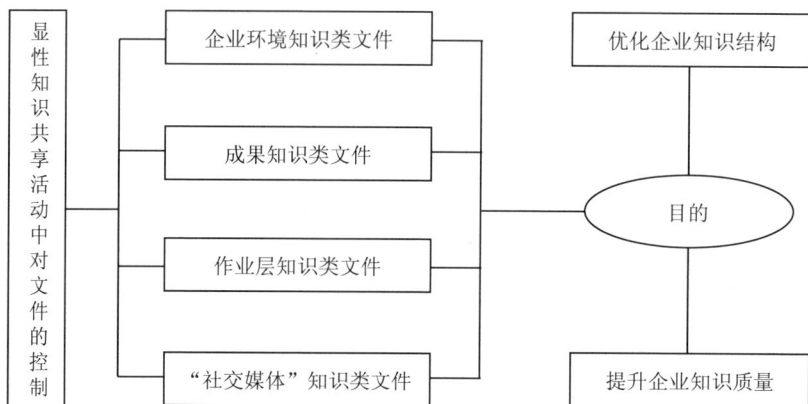

图6-3 文件形成控制图——显性知识共享

1.企业环境知识类文件

企业环境是指与企业管理、生产经营等活动有关的所有因素的总和,一般可分为外部环境和内部环境:企业外部环境又包括外部宏观环境(如政治环境、经济环境、技术环境、社会文化环境等)和外部微观环境(如市场需求环境、竞争环境、资源环境等);企业内部环境是企业内部物质和文化因素的总和。企业环境各要素既可以直接又可以间接作用于企业,各要素既单独影响企业,又相互影响而共同作用于企业。企业环境的复杂性、可变性及其与企业的交互性,是企业环境知识类文件产生的直接动因。在当前企业中,不乏各种关于企业环境的信息,企业环境知识类文件是将分散在企业各部门的、以不同形式存在的关于企业环境的内外部信息进行分析整合,去伪存真、去粗取精,并以可视化的方式呈现。企业环境知识类文件需呈现出企业环境中变与不变、可控与不可控的因素,它是企业在整个社会和市场中自身定位的指南,是各个部门直至员工在企业中寻找自己坐标的依据。通过企业环境知识类文件的形成,提升了企业环境知识的整体质量和对本企业的适用性,梳理了现有环境信息中的优势和缺口,是企业决策的重要支持。

2. 成果知识类文件

企业或其员工在企业活动中,在完成个人目标和组织目标的过程中,必然伴随着一定的"产出",这种产出可以是物质的、有形的,也可以是精神的、无形的,可视为企业活动的成果。反映企业活动成果的文件伴随着企业目标的实现,散见于企业经营生产管理、产品研发设计、项目建设、人力资源管理等各项活动中。时间上的实时性、来源的广泛性带来的关于企业活动成果的记录的分散性,增加了企业内部知识定义的难度。成果知识类文件是在对企业及其员工所取得成果的记录进行规范化、系统化、关联化等分析整理的过程中,形成的客观揭示企业活动成果的知识记录。此类文件是协助企业正确认识"自我"的知识,反映了企业已有的知识和能力,是辨别和吸收其他各类知识的基础。成果知识类文件是企业文件与档案管理工作者在审视现有文件与档案种类的基础上,析出企业中具有结果性的文件与档案,然后打破来源限制,从企业发展战略的角度,与相关领域的人员共同分析而形成的系统反映企业某方面现状的知识类文件,它固化了企业已有的知识,反映了当前企业中拥有哪些知识(比如已有哪些技术、专利和经验)、结构如何、在哪个团队、哪些员工拥有等。

3. 作业层知识类文件

作业层知识类文件侧重于微观操作层面的业务活动过程,是对企业的业务流程、生产环节、质量控制、安全管理中的过程性文件的知识挖掘和分析的结果。"Intel 在加速新产品的开发过程中,发现 60% 以上的技术问题是在其他小组的开发经验中早就已经碰到过,而且得到了解决"[1]。企业业务活动中的技巧、工作方法、工作思路、经验教训伴随着企业活动的开展"无意识"地被记录在相关文件与档案之中。企业文件与档案是大颗粒度的知识单元,它包含了若干小颗粒度的知识因子,而业务活动中所需要的往往是其中的某个或者某几个知识因子。因此,企业文件与档案管理者应基于提高生产效率、节约成本、实现创新的出发点,与业务工作者共同发现不同文件与档案中具有关联

———————————

[1] 易凌峰、朱景琪:《知识管理》,复旦大学出版社 2008 年版,第 37—39 页。

的知识因子,并整合成新的知识单元,即形成作业层知识类文件。作业层知识类文件既有助于业务流程的优化,又可以提高知识的复用率。但由于其业务性、专业性较强,往往需要文件与档案工作者和业务工作者各自发挥自身优势,共同完成。

4."社交媒体"知识类文件

通常,社交媒体(Social Media)是指互联网上基于用户关系的内容生产与交换平台,是人们用来分享意见、见解、经验和观点的工具。在我国,现阶段表现为社交网站、微博、微信、博客、论坛、播客等。社交媒体的产生有赖于Web2.0技术,Web2.0的概念源于2004年O′Reilly和MediaLive International之间的一场头脑风暴论坛,从这一概念提出至今,Web2.0的技术和理念得到了广泛的传播和应用,"Web2.0是一种新型的互联网应用模式,其参与式架构、自组织性、个性化和自主化的特征,已经深刻影响着人们对信息的生产、组织、传递、开发和利用的观念"①。Blog、Wiki、Tag等技术及其应用为知识共享提供了更宽广的平台,在这一平台上,企业成员之间、部门之间可以实时交流,员工(或团队、部门)可以随时发布各类知识,知识共享平台、论坛等都是Web2.0应用的具体体现。Web2.0的开放性丰富了知识共享的内容和途径,同时它也需要企业文件与档案管理者以"无形之手"将平台之中的知识资源固化、提升知识的纯洁性、提升知识的可查可用性。比如,在知识共享论坛中,关于企业某一业务活动的问题被不同的成员反复探讨,由于论坛发帖的更新、发帖者表达的随意性等因素,极易被覆盖,流失,很多知识并未得到最大效度的分享和利用。伴随着互联网技术的迅猛发展,Web3.0时代正在到来,Web3.0的内涵更为丰富,"Web3.0是在Web2.0的基础上发展起来的能够更好地体现网民的劳动价值,并且能够实现价值均衡分配的一种互联网方式"。在此背景下,知识将以更加多样化的形式、以更加丰富的传播和分享方式附着并展示在社交媒体平台上,"知识"将更具针对性、流动性,更加及时有效地解决"问题"。然而,对于社交媒体平台上如此极具价值的知识,如何"一次投

---

① 王伟军、甘春梅:《知识管理与知识服务研究:Web2.0信息资源管理》,科学出版社2011年版,第23—24页。

入,多次复用",也将是企业不得不面对的棘手问题。

"社交媒体"知识类文件则是游离于社交媒体上的知识,根据其特性,从企业知识共享者的需求出发,将散见于论坛、博客、微信、圈群等平台上的碎片化知识进行系统化梳理,使之沉淀并成为属于企业的知识,并进一步通过汇编、改写等形式,使之增值,形成具有高价值的,便于发现、利用的知识性文件。又如,很多员工通过博客记录自己的工作经验教训、项目活动的得失等工作内容,文件与档案管理者需要对不同员工关于相同问题的记录进行聚合分析,也需要对同一员工不同时期活动的记录进行深入分析,视知识价值而形成新的文件记录。综上所述,文件与档案管理者需要适时对社交媒体环境下产生的知识内容进行追踪,并将分散的、不同层面的、不同角度的对企业发展有价值的知识固化为更为可用、更具价值的文件记录。

(二)关于隐性知识的共享

无论是个人还是组织的知识,并不能用二分法把它们分成截然对立的两大类:隐性知识和显性知识,所有的知识应该按照可言传的不同程度,构成连续的知识图谱①,如图 6-4 所示。

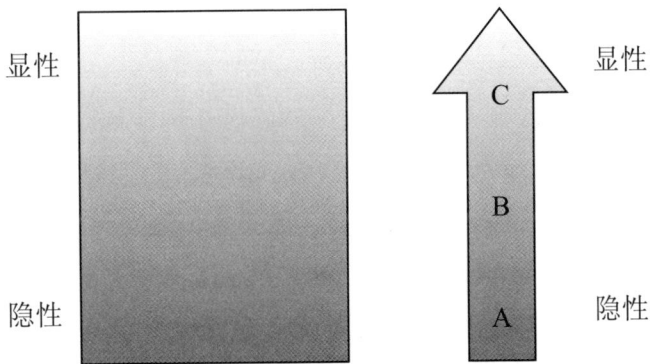

图 6-4　隐性知识—显性知识关系图

在隐性知识共享的过程中,既存在隐性知识向显性知识突变、顿悟的过程,也存在通过 ABC 等一系列中间状态,即隐性知识渐变为显性知识的过程,企业文件与档案管理者在上述两个过程中也发挥着不同的作用。

---

① 王众托编著:《知识管理》,科学出版社 2009 年版,第 216—218 页。

从认知的角度来看,个人或组织的隐性知识包括:一是知识主体已觉察到,但难以清楚表达的知识;二是因知识主体未觉察到,而不可表达的知识。隐性知识对主体的依附性、难以清晰表达等特性决定了在隐性知识共享中应采取不同于显性知识共享的思路和途径。

试分析隐性知识共享过程中的关键要素:第一,知识主体和其所具有的知识;第二,知识传播途径;第三,知识利用者。其中,第一个要素内容具有模糊性、不确定性;第二个要素具有可控性、可选择性;第三个要素则较为清晰、明确。为了降低隐性知识共享的难度,提升隐性知识共享途径的可操作性,提高隐性知识共享的效用,笔者认为可以采用"结果倒推"模式来实现隐性知识共享,即从具有确定性的知识利用者出发,根据利用者工作的需求以及对知识主体知识优势的判断,形成知识需求并明确呈现,然后依此为线,引导知识主体隐性知识不同程度的外化。隐性知识的特性增加了知识主体主动外化知识的难度,也增加了知识源与知识需求匹配过程中的风险,传统的隐性知识挖掘和共享主要是对"知识主体及其所具有的知识"直接用力;"结果倒推"模式则是通过杠杆原理,找到撬动地球(即隐性知识这一巨石)的支点。这一支点的重要表现形式则是文件控制(见图6-5)。

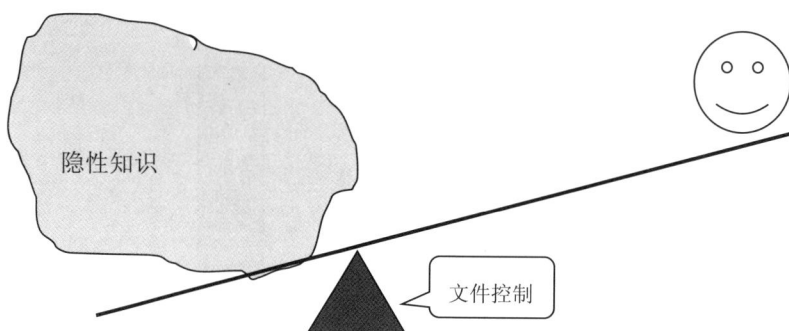

图 6-5　文件控制的杠杆原理示意图

在隐性知识共享中,作为"支点"的文件控制主要体现在以下几个方面(见图6-6):

第一,形成关于知识需求的文件。通过问卷调查、访谈、阅读文档等方法,全面了解企业、部门及员工的知识需求,并判断其中对隐性知识需求的内容和

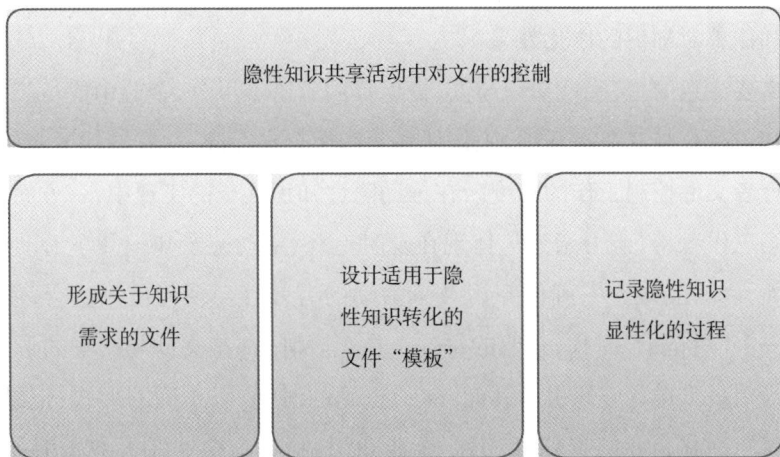

图 6-6 文件形成控制图——隐性知识共享

来源,通过清晰准确地表述形成关于知识需求的文件,作为隐性知识共享的指导性方案和挖掘隐性知识的依据,此类文件是隐性知识共享良好效果的根本保证。第二,设计适用于隐性知识转化的文件"模板"。模板的作用在于通过给定的格式要素,确保利用者的知识需求得到满足。"模板"是提升文件内容的价值性、可读性,使个性化隐性知识彰显其特点的助推器,也是规避"文不达意"的工具。从知识主体的角度看,文件格式要素有助于知识主体发现尚未意识到的知识、有助于知识主体对难以表达的知识进行梳理;从知识利用者的角度看,有助于实现知识的内化;从知识传播的角度来看,有助于实现知识的沉淀与积累。简而言之,文件格式有助于实现"知识"与"人"的匹配,同时揭示了"我想要知道的"和"你想要我知道的"。第三,记录隐性知识显性化的过程。从上述知识图谱中我们可以了解到,隐性知识转化是一个复杂的过程,对隐性知识的共享可以表现为隐性知识的显性化,也可以表现为从隐性知识到隐性知识的共享,还可以表现为从隐性知识到半显性知识的共享等。对这一过程的记录属"有意而为",是文件与档案工作者主动参与知识共享、沉淀知识的产物。比如,在师徒传承中,形成工作日志,日志中追踪记录师和徒的工作时间、地点、工作环节、工作内容、工作效果、工作得失等内容,在单条的、分散的记录中可能很难发现有价值的知识,但系统的记录成功地沉淀了隐性知识适用的情形、隐性知识中的关键知识等,有助于提升师傅隐性知识的可呈现度和徒弟对知识的内化效果。

需要注意的是,隐性知识与人、情境等因素密不可分,企业中成员、部门的隐性知识往往与其业务活动、工作任务紧密结合在一起,这就增加了文件与档案管理者文件控制工作的难度。在推动隐性知识共享的实现中,一方面,文件与档案工作者需"亲力亲为",体现在及时追踪、主动记录知识共享活动中;另一方面,以"无形之手"确保知识共享活动的有效性。现代信息社会,使我们处于一个"泛记录"时代,企业的每一个员工、部门都是文件与档案的形成者,文件与档案工作者应该引导其能够在"正确的时间、以正确的形式、记录正确的内容",净化企业信息环境、沉淀企业知识精华,为企业在大数据时代的竞争提供有价值的信息内容,减少不必要的信息污染,降低企业知识处理的负荷。

四、知识共享活动中文件的种类分析

文件的种类即文种,"为便于人们识别和使用每一种文件,需要赋予每一种文件以固定的名称,这就是文种"①。在知识共享活动中,对于文件形成者而言,首先,不同的文种具有不同的写作特点和要求,正确地认识和选择文种,有助于促进写作的规范化、科学化,有助于文件内容的表达;其次,不同的文种暗含了文件不同的传递方向和传播范围,有助于文件按照正确流向,在可用范围内迅速传播。对于文件利用者而言,不同的文种揭示了共享活动形成文件的不同功能,便于利用者的判断和选择。形形色色的企业在性质、功能等方面差异较大,管理各有特色,但在知识共享中,综合显性知识和隐性知识共享过程,从所形成文件的内容看,可归纳为以下类型。

(一)活动记录类

在知识共享中,活动记录类文件是以时间或者活动进展为序,对事物的发生、发展进行客观描述而形成的文件,可以是文字记录,亦可是影音记录。活动记录类文件真实客观地固化了一定时间内在某一地点发生的情形,对于当

---

① 王健:《文书学》,中国人民大学出版社 2010 年版,第 14 页。

事人是一种记忆的固化,对于企业的其他员工是情景再现的依据,既是个人知识管理的重要工具,也是企业知识共享的重要"原材料"。它的主要表现形式是工作流程记录,如工作日志、会议记录、现场记录等,内容包括工作步骤、先后次序、时间分配、工作技巧等。在当前企业活动中,活动记录类文件存在形成不完整、随意性较强等问题,因而不便于共享和利用。此类文件的形成者一是活动的当事人,一是文件与档案管理者的主动记录;其主要内容一般包括时间、地点、人物,活动的起始、经过、结果等,可以采用文字、图、表等形式呈现。

(二)规范指导类

规范指导类文件是对企业中具有规律性、相似性或是重复出现的活动进行分析研究,而形成的具有普遍适用性文件。该类文件的形成和共享,有助于节约生产成本,规范企业活动,提高生产效率。它的主要表现形式是标准、规范、指南、管理手册、说明书等,不论其具体称谓如何,它们的内容均侧重于从不同程度上阐述和说明"应该怎么做",其产生的目的就在于在更大范围内的共享和利用。

(三)总结交流类

总结交流类文件多由企业成员在各自的业务活动中形成,其形成的直接目的不一定是被传播和共享,但从内容上看,因其蕴含了关于某项工作的丰富的知识,极具价值性,应在一定范围内被共享和利用。因此,文件与档案管理者应从文件形成的规范性角度,确保文件内容的清晰、明确、便于利用。此类文件的主要表现形式是工作总结,各种类型的报告、汇报,演讲稿,PPT等。此外,企业成员中与企业活动有关的博文、论坛中的发帖也属于总结交流类文件。

(四)学习共享类

知识经济时代,知识老化的周期日益缩短,学习成为伴随人们终生的过程,企业通过内外部培训、观摩交流、激励等方式为员工提供学习的平台,提高员工素质。员工在不同途径的学习过程中,将所学到的知识固化,形成学习共享类文件。其主要表现形式为学习笔记、学习心得、课程课件、课程作业等。此类文件的形成和共享,有助于降低企业人才培养的成本,并有助于实现从个人能力的提升到团队能力提升的突破。

(五)深度提升类

深度提升类文件是企业文件与档案管理者在对多种类型、不同内容的文件和档案进行分析、整合之后,形成的具有较强系统性的文件。其表现形式为述评、研究报告、预测分析、各类汇编等。此类文件是为了实现企业的知识需求与文件和档案这一丰富的信息资源的匹配,凝结了文件与档案管理者的智慧而形成的。

第三节　大众分类法和传统文件与档案分类的融合

分类是指按照事物的属性或特征进行区分,将具有某一(或某些)共同属性或特征的事物集合到一起,形成若干层次和类别的活动。"分类是整个文件管理体系的核心基础"[①],科学合理的分类体系有助于维护文件之间的联系,确保文件的证据价值,并对检索、鉴定、利用等过程产生积极影响。在现代企业中,"文档分类工作,不再是传统意义上的档案分类,它的内涵有了更广泛的扩充,时代赋予了这项工作新的任务。"[②]在面向知识共享的实现中,企业文件与档案分类的思想、标准、方案是否科学合理,直接影响着文件与档案的可被共享性,影响着企业中各类知识的可被识别、可被利用性。文件与档案管理者应与时俱进,把握时代发展的脉搏,推动文件与档案分类理论与实践的变革与发展,形成不断优化的分类体系,推动文件与档案管理的进步,推动企业知识共享的顺利实现。

一、传统的企业文件与档案分类

(一)影响文件与档案分类的两项重要原则

事由原则和来源原则是在不同时期、不同程度影响文件与档案分类的两项重要原则。时至今日,无论是在公共档案馆,还是在政府、企业,这两项原则

---

① 马林青:《基于职能的文件分类体系》,中国人民大学博士学位论文,2011 年,第 15—16 页。

② 韩季红:《中国核电企业文档分类研究》,中国人民大学博士学位论文,2010 年,第 17—18 页。

的指导作用仍未淡出历史的舞台。

在事由原则中，"事由是指一件事情的原委，在公文用语中特指公文的内容"①，在文件与档案的分类中，事由原则是指按照档案的主题内容进行分类整理。它是在 16 世纪后期伴随着欧洲国家档案管理的实践而发展形成的。早期的事由原则表现为实用归纳法和合理演绎法②，前者是运用归纳的方法，将档案形成机关的业务活动或档案的主题内容归纳为若干个类别，然后将档案归入相应类别之中；后者是档案人员根据经验进行概念的逻辑演绎，预先设定一个类目固定的分类系统，然后将档案归入相应的类别之中。近代的事由原则表现为采用"卡缪—多努分类法"和"杜威十进位分类法"，"卡缪—多努分类法"是法国国家档案馆第一任馆长卡缪和第二任馆长多努，按照馆藏档案的内容，设置的由若干类别组成的分类体系；"杜威十进位分类法"是美国图书馆学家马维尔·杜威于 1873 年设计的图书分类方案，它将图书所涉及的所有学科知识分为十大类别，每个大类之下依次层层划分为十个属类，并用 0 到 9 十个数字表示，19 世纪后期，美国档案界将其引入档案分类之中。以事由原则为主导的分类方案，在很大程度上违背了文件与档案产生与存在的初衷，随着社会实践的发展和文件与档案工作的日益复杂化，其弊端也越来越多地随之暴露。

在来源原则中，"来源就是通常所说的档案形成者，包括机关、组织和个人"。③ 来源原则是指按照档案的来源进行整理和分类，要保持同一来源的档案不可分散、不同来源的档案不得混淆。它是在否定"事由原则"的过程中产生，并不断发展完善的。法国的"尊重全宗原则"是来源原则的起源，德国的"登记室原则"标志着来源原则的正式形成，荷兰档案学者的《荷兰手册》对这一原则进行了理论论证，1910 年布鲁塞尔大会中来源原则得到普遍认可，之后在各国得到了普遍的传播和灵活应用。英国的档案组合，美国的文件组合，俄国的自由来源原则，苏联和我国的全宗理论，都是来源原则在不同的国家灵活运用的写照。20 世纪中叶以来，随着社会环境和档案管理活动的变化，来

---

① 冯惠玲、张辑哲：《档案学概论》（第二版），中国人民大学出版社 2006 年版，第 239 页。

② 黄霄羽：《魂系历史主义：西方档案学支柱理论发展研究》，中国人民大学出版社 2006 年版，第 11—13 页。

③ 冯惠玲、张辑哲：《档案学概论》（第二版），中国人民大学出版社 2006 年版，第 239—240 页。

源原则一度遭受质疑和冲击,直至 20 世纪 80 年代中期,中外档案学者从新的视角赋予"来源"新的含义,"来源不仅指文件的形成机关,而且包括其形成目的、形成活动、过程、处理程序和职能范围等"①。新来源观的确立,来源原则的"重新发现",巩固了其在中外档案界中的核心地位。在我国,来源原则被视为"档案整理与分类的至善原则"②,"来源原则既有实践价值又有理论乃至思想价值","成为档案学理论的一大支柱"③。

综观我国档案学理论和实践,事由原则虽没有给我国带来如在欧洲国家产生的档案整理的极大混乱之危害,也未经历由"辉煌"到"没落"的跌宕起伏,但却一直不同程度地影响着我国文件与档案的分类。"事由"归根结底是文件与档案自身的一种属性,事由原则虽有种种弊端,但并非毫无可取之处,有人认为"从历史的观点来看,'事由原则'和'来源原则'都是针对特定历史时期、特定主体的实践活动而提出的档案整理原则。所以,尽管它们的提出其有对立的表面现象,但其却存在着内在融合的基础,即都有统一的社会实践基础"④。来源原则对我国档案分类整理的影响更为深远,全宗理论集中体现了来源原则在我国的丰富和发展,新来源观对我国电子文件管理意义深刻,虽然来源原则以其"揭示出了形成活动与机关形成的信息之间的联系"⑤的可贵之处得到了广泛认可和采用,但也必须不断自我调整,发展完善,以更好地适应不断变化的社会实践活动,满足现代文件与档案管理的需要。

(二)企业文件与档案分类方法

事物都具有不同的属性和特征,这些属性和特征都可以成为区分事物的标准,因此,事物可以按照不同的标准形成不同的层次和类别,文件与档案亦如此,其来源、内容、时间、载体形式等都可以成为它的分类标准。在企业文件

---

① [加]特里·库克:《电子文件与纸质文件观念:后保管及后现代主义社会里信息与档案管理中面临的一场革命》,刘越男译,《山西档案》1997 年第 2 期。

② 冯惠玲、张辑哲:《档案学概论》(第二版),中国人民大学出版社 2006 年版,第 248—249 页。

③ 黄霄羽:《魂系历史主义:西方档案学支柱理论发展研究》,中国人民大学出版社 2006 年版,第 79 页。

④ 严永官:《论"事由原则"在档案整理中的作用——档案整理原则辨析之二》,《档案》2016 年第 10 期。

⑤ Richard Lytle and David Bearman, "The Power of Principle of Provenance", *Archivaria*, No. 21, Winter, 1985–1986, pp.75–76.

与档案分类中,在分类原则的指导下,基于企业自身的特点和需求,通常采用的具体分类方法如下:

第一,按年度分类。按年度分类是根据文件形成(或处理)的年度,将企业中同一年度的文件归为一类,不同年度的文件归为不同的类。该分类方法在遵循自然时间联系的基础上,反映了企业逐年的工作进展和工作变化。准确地把握所选的"年度"标准和正确地判断文件的形成时间是使用按年度分类方法的两个关键。

第二,按部门分类。管理者总是力图设计最合理的组织结构,以顺利实现组织的目标。部门的划分是企业组织结构的重要呈现形式,是职、责、权分配的结果,是企业内部分工与合作的重要表现。现代企业一般按职能、产品、顾客、地区、流程等划分为不同的部门,为适应动荡的市场环境的不断变化,团队制和网络制也已成为现代企业部门化的重要方式。按部门分类则是指将企业中的文件按形成或承办的部门进行分类,标准明确,易于操作,且符合档案形成的特点,便于日后查找与利用档案,然而企业中部门的不断变动又给该分类方法的应用带来了巨大的挑战。

第三,按问题分类。按问题分类是以文件和档案内容反映的问题为依据,对档案进行分类。按问题分类,有效地维护了反映同一内容文件之间的相互联系,可以使反映相同内容的文件得到集中,系统、完整地说明和反映某一事物、某一事件或人物,避免了同类问题档案分散的现象。但是,按问题分类带有极强的主观性,对"问题"的判断往往受人们的知识背景、业务水平、思维习惯等因素的影响而使分类结果差异较大。同时,按问题分类打破了文件与档案的来源联系,将同一来源的档案分散在不同的类别之中。

第四,按保管期限分类。按保管期限分类是以文件不同的保存价值为依据,将其划分为不同的类别。2012 年 12 月,国家档案局颁布的《企业文件材料归档范围和档案保管期限规定》(国家档案局第 10 号令)中,第七条规定:"企业档案的保管期限定为永久、定期两种,定期一般分为 30 年、10 年。"并在其附件《企业管理类档案保管期限表》中详细划分了部分不同企业管理类档案的具体保管期限,为按保管期限分类提供了直接的依据。

第五,按职能分类。"职能是机构对于社会承担的主要职责,它包括为了完成一定目标而组织在一起的若干工作"①。"职能是人类社会活动中最稳定、最悠久、最客观准确的特征,是人们区别社会活动领域的主要标志"。当前,按职能分类在我国核电、银行等诸多行业已取得了一定的成果,其优势正在不断凸显。"采用职能分类,是档案分类与人类社会职能相统一的客观需要"②。一方面,随着社会发展中分工与合作的不断深入;另一方面,随着电子文件的数量激增,"职能"以其自身的相对稳定性和与文件档案形成特点的相吻合性,在现代机构分类中得到越来越广泛的应用和关注。

此外,受我国档案界对档案现象认识过程的影响,部分企业在分类过程中首先按照文书档案、科技档案、专门档案的标准来进行区分。

只采用上述某一种分类方法对企业文件与档案进行分类,称为单式分类法。但是,由于现代企业活动日趋复杂,其所产生的文件与档案数量繁多,通过单式分类法往往很难形成一个科学合理的体系。因此,在实际工作中,通常将两种或多种分类方法结合使用,即复式分类法,比如,年度—部门(问题)—保管期限分类法,保管期限—年度—部门(问题)分类法等。《企业档案工作规范》中指出,企业档案方案应依据企业管理职能,结合档案形成特点来制定,并应保持相对稳定性和可扩充性。分类系统的精确程度由机构自行决定,并反映机构职能的复杂程度。

二、大众分类法特性分析

大众分类法——Folksonomy,是由 folk 和 taxonomy 组合而成的,自其由美国信息构建领域专家 Thomas Wander Wal 于 2004 年 8 月首次提出后,便得到了广泛的应用。大众分类法用以指"群众"自发性定义的平面非等级标签分类方法。③ 它是一种自下而上的分类系统,即由最"基层"的用户,依自然语言形成元数据,打破了以往由专业分类人员或专业分类系统采用受控语言进行分类的模式。"它既延续了人类对信息分类组织的思想,同时又具有适应新

---

① 冯惠玲:《政府电子文件管理》,中国人民大学出版社 2004 年版,第 226 页。
② 李兆明:《职能简易分类的实践与再认识》,《北京档案》2008 年第 5 期。
③ 《Folksonomy》,2013 年 1 月 10 日,见 http://en.wikipedia.org/wiki/Folksonomy。

的信息环境的新特性"①。在大众分类法中,协作标注系统是大众分类法的运行环境,该系统一般包括资源、用户和标签三个要素。资源是存储在系统中的各种类型的信息,这些信息来源于用户,并可以由用户管理和控制,每个用户的资源可以与他人共享;用户既是资源的创建者,又是资源的使用者;标签是大众分类体系中的核心要素,它是用户赋予资源的特定标识,用于描述资源的主题、类型、功能、来源等多种特征,是用户基于自身对资源的理解选择形成的。

　　大众分类法是在互联网时代产生的分类方式,是网络技术发展的产物,是一种全新的信息资源管理理念的体现,依其组织和管理的信息资源,有助于实现资源的共建共享。从分类的主体看,传统的分类法是一个由少数资源控制者集中控制主导的分类,大众分类法是由用户直接参与的分类,用户在产生、利用资源的同时,也成为资源的管理者;从分类标准看,传统的分类法选用相对确定的、客观的分类标准,而大众分类法的分类标准直接由用户决定,具有较强的随机性和不确定性;从分类语言的性质看,传统分类法多是采用受控词汇,大众分类法采用非受控词汇;从分类过程看,传统分类法是自上而下完成的,大众分类法是自下而上实现的;从分类的类目结构看,传统分类法形成严密的等级结构和逻辑体系,大众分类法无严格的知识框架和层次约束,呈现扁平化的结构;从分类的结果看,传统分类法强调分类体系的稳定性,大众分类法则具有较强的动态性和适应性,可以根据内容的变化和用户的需求,适时修改、删减标签,且能够从多个维度揭示信息内容。大众分类法与传统分类法比较,见表6-1。

表6-1　大众分类法与传统分类法对比表

	传统分类法	大众分类法
分类主体	由少数资源控制者集中控制主导	用户直接参与的分类,用户在产生、利用资源的同时,也成为资源的管理者

---

　　① 王伟军、甘春梅:《知识管理与知识服务研究:Web2.0信息资源管理》,科学出版社2011年版,第74—75页。

续表

	传统分类法	大众分类法
分类标准	具有确定性、客观性	具有不确定性、随机性
分类语言的性质	受控词汇	非受控词汇
分类过程	自上而下	自下而上
分类的类目结构	按照严密的等级结构和逻辑体系而形成	无严格的知识框架和层次约束,呈现扁平化结构
分类结果	通用,具有稳定性、层次性	"个性"鲜明,具有动态性、无层次关联

但是,大众分类法也有其内在的缺陷,比如"它缺乏必要的语义,即它的用户个人标签缺少结构,概念之间缺少联系,词语含义模糊。这些缺陷造成网络资源在分布式结构中难以在内容上连接成为有效的大规模数据资源"。①

三、面向知识共享的文件与档案分类

综观文件与档案的分类,从分类的目的和意义来看,对"分类"会形成不同层面的理解:第一个层面是通过"同"与"不同"的判断将事物划分为不同的类别,以形成对文件与档案这一事物的更深刻的认识;第二个层面是通过分类,既保持了文件与档案发挥功能的特性,又便于实现文件与档案的妥善管理;第三个层面是通过分类在确保对文件与档案的科学有效管理的基础上,采用便于利用的方式方法,深层激活并实现文件与档案的价值。其中,前两个层面是以"我"为中心的分类,即侧重以文件与档案管理者的管理活动为视角来进行分类;第三个层面是同时关注"我"和"用户",且对"我"的关注源于"用户"长远与现实需求的实现。

面向知识共享的文件与档案分类法与上述第三个层面相吻合,是企业知识共享实现的过程性保障活动。企业各个部门、员工和文件与档案的接触点越多,接触面越广,文件与档案的价值就越容易被识别、被确认、被实现。传统的文件与档案分类主要集中于上述前两个层面,其合理的成分应该被继承与发扬;大众分类法以其自身的特点彰显着推动第三个层面分类法实现的优势。

---

① 白华:《大众分类本体与知识组织系统融合研究》,《图书馆学研究》2016 年第 10 期。

将大众分类法和传统文件与档案分类法结合运用,有助于分类活动的优化,有助于实现文件与档案资源的共享,主要通过以下过程具体实现,见图6-7。

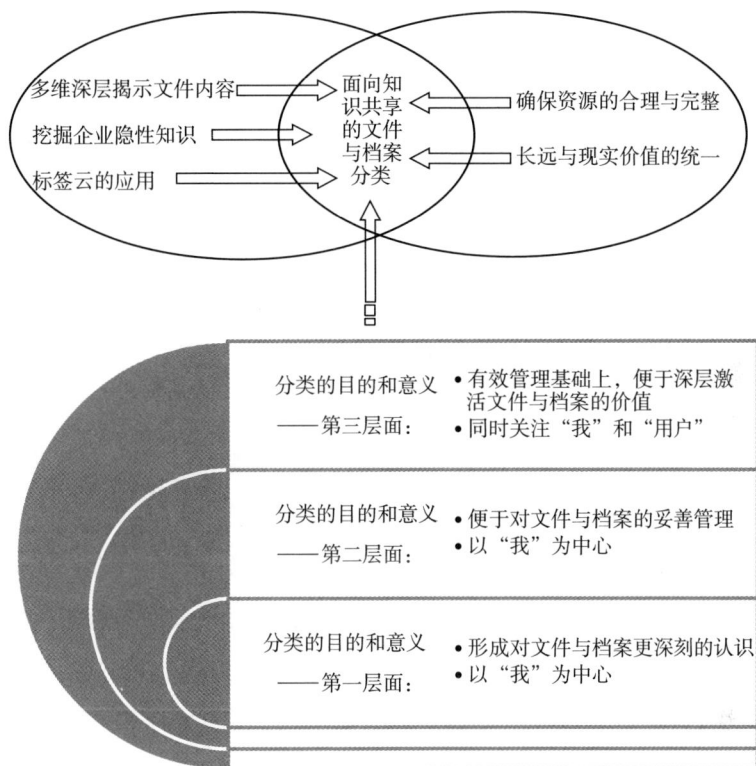

图6-7　面向知识共享的文件与档案分类图

(1)运用大众分类法,多维地、深层地揭示文件与档案的内容,推动企业知识共享和知识创新的实现。企业文件与档案是由企业员工及其部门在实践活动中形成的,作为资源的形成者,他们更加了解文件的来龙去脉,了解文件的背景。在文件与档案管理活动中,运用大众分类法,一方面,允许形成者对自身所形成的文件进行标注,形成者基于对业务活动的分析和理解,选取适当的词汇来说明文件与档案的内容,且标注的结果即所形成的标签是开放的,便于更多的企业成员和部门了解企业中已存在的文件与档案的种类、内容,形成对企业内部知识较为全面的认识;另一方面,允许企业成员对企业可利用的文件与档案进行标注,不同的员工对同一内容会有不同的标注,形成不同的标签,不同的标签将产生两种结果:一种是彼此通过互相影响、互相融合,标签日渐自发趋同,这恰恰是对业务活动、各种职能达成共识或者是规范化认识的过程,是共同的思想和知识形成的表现;另一种,对同一文件与档案不同的标注,表明对企业职能、业务活动或具体事务的差异性认识,是不同思想碰撞出火花的来源,是知识创新的源泉。

(2)在企业文件与档案管理中,利用大众分类法,挖掘企业的隐性知识。在文件与档案的分类中,企业成员为文件与档案标注的过程,实际上也是一个以文件与档案为载体,外显知识的过程。大众分类法标签的形成,不受时间、空间的约束,不受语言的约束,宽松的外部环境有助于成员真实地表达自己的观点,标签一方面揭示文件与档案本身的内容、特性等,同时"标注出了用户对资源的个人观点、感情,表达出了用户对资源的感知度和认知度"①,如具有默会性的隐性知识,"这些知识的运用,如同视觉和嗅觉一样,已经不再需要通过我们大脑的思考了"②,这类知识往往因知识主体的"未觉察"而难以外化,而在标签的标注过程中,一旦所标注内容与此类知识吻合,知识主体便会自然地将其表述出来,从知识共享的角度而言,此时隐性知识以标签为突破口实现了显性化。此外,在大众分类法中,可以使用同一标签对不同的文件与档案进行标引;同时,同一文件也可以被不同用户以不同的标签进行标注。如此,不同的文件与档案因标签而建立了关联,文件与档案的形成者也因标签而互相联系,可见,标签不仅仅是一种知识表示,也是一种知识关联的体现,是知识地图的一种表现。

(3)以文件与档案大众分类中形成的标签云,分析企业知识需求,规划文件与档案资源服务。标签云是大众分类法的类目体系的展示方式,"每个文字块(即每片标签云)的面积代表该标签的热门程度(即使用频率的高低)"③。标签云以文字块面积大小的不同,直观地展示了标签的使用率。所

---

① 王伟军、甘春梅:《知识管理与知识服务研究:Web2.0信息资源管理》,科学出版社2011年版,第79—80页。
② 易凌峰、朱景琪:《知识管理》,复旦大学出版社2008年版,第27页。
③ 王伟军、甘春梅:《知识管理与知识服务研究:Web2.0信息资源管理》,科学出版社2011年版,第78—79页。

由标签云构成一幅标签总图,便于用户对标签内容的认识和选择。因此,在文件与档案大众分类的过程中,通过所形成的标签云,可以判断出不同的文件与档案的利用率及其所蕴含的知识内容的复用率,据此,选择相关文件与档案,并以此为核心吸引相关知识,找到拥有相关知识的"人",有效地满足企业的知识需求。

(4)"传统"与"现代"的交融。传统是指历史沿传而来的思想、道德、风俗、艺术、制度、习惯等,与"现代"相对。"传统"与"现代"的关系表现为:一是互相矛盾,互相对立,后者取代前者;二是各自具有合理的成分,后者在对前者扬弃的基础上传承;三是各有特色,二者并存。在企业文件与档案分类中,应是传统的档案分类思想与现代的大众分类思想各有其不可替代的优势,也有其自身难以规避的弊端。因此,在对二者进行全面认识的基础上,探索其并存之上的相互融合,才能形成面向共享的更为科学的文件与档案分类方法。现代大众分类法利用先进的信息技术,以分类为手段,提供了更丰富的面向共享的实现途径,有助于文件与档案知识的传播和利用,也是非正式知识共享机制的重要表现形式;传统的分类法从宏观上构建完整有序的企业文件与档案资源体系框架,确保企业文件与档案长远价值和现实价值的统一。比如,"从模型法可知,大众分类法的语义模型或本体,是建立在大量用户个人互动的数据基础上的,因此,它是一种特殊的本体""它的语义逻辑、推理能力和系统的稳定性均存在不足"[①]。而传统文件与档案分类法有助于形成规范的概念本体框架,更大范围地揭示并建立信息资源之间的关联,更好地发挥知识的价值,更精准地实现知识共享。

第四节　推进知识共享中"场"的建设

一、"场"是知识共享的重要影响因素

1998 年,野中郁次郎等提出"场"(Ba)的概念,他们认为,员工知识的创

---

① 白华:《大众分类本体与知识组织系统融合研究》,《图书馆学研究》2016 年第 10 期。

造和共享是受环境影响的,员工必须在某种特定环境下才能有效地创造出知识。"场"是组织提供一些特定的场所,支持员工与员工之间、员工与环境之间进行知识的内化、外化、社会化和联结化。① "场"强调互动性,认为通过人与人、人与环境、团队与团队及与知识之间不断地互动才能创造并分享知识。"场"是"一种群体共享的环境状况,换句话说,即知识创造和应用,知识资产配置过程的基地(平台);是以虚拟性的、心理上的,或物理性的场所为存在母体的一种相互关系网"②,其中,"环境状况"和"相互关系网"是理解"场"的两个关键点。"场"可以是物理场所,比如办公室、会议室等;也可以是虚拟场所,比如电子邮件等;还可以是精神场所,比如共同的理想、信念等;还可以是人际关系网等。在 SECI 模型中,"场"是驱动 SECI 正常运转的媒介和催化剂,它不仅为知识分享提供了空间,还提供了一定的社会、文化以及历史内容,"为各项活动提供文化层面的保障和相互作用的环境"③,使知识能够被准确地传递、正确地理解、有效地接收,并创造出新思想。反之,缺少"场"的存在,知识共享便失去了最基本的平台,或难以实现知识的传递,或知识因孤立存在而倒退为信息、数据,而失去自身的价值。

依据 SECI 知识共享模型,"场"可表现为四种类型,见图6-8。第一种,创始场(Originating Ba),对应社会化过程,在企业活动中,存在各种不同的场景,比如与客户交流接触的场景,企业高层在公司内视察的场景等,这些场景都是分享经验和想法等隐性知识的场;第二种,对话场(Interacting Ba),对应外化过程,在此类场中,企业内部各方通过积极的对话,将隐性知识转化为语言和概念;第三种,系统场(Systematizing Ba),对应组合化阶段,其典型代表是网络空间和虚拟空间内的"场",这种场最大的优势在于帮助人们实现显性知识的传递,并实现将显性知识和已有的信息与知识结合产生新的知识,并进行系统化;第四种,实践场(Exercising Ba),对应内化阶段,在此类场中,人们将显性

---

① 顾基发、张玲玲:《知识管理》,科学出版社 2009 年版,第48—49页。

② [日]野中郁次郎、绀野登:《知识经营的魅力:知识管理与当今时代》,赵群译,中信出版社 2012 年版,第133—134页。

③ [日]野中郁次郎、绀野登:《知识经营的魅力:知识管理与当今时代》,赵群译,中信出版社 2012 年版,第139—140页。

知识作为隐性知识引入,比如通过学习将显性知识变为自己掌握的隐性知识。

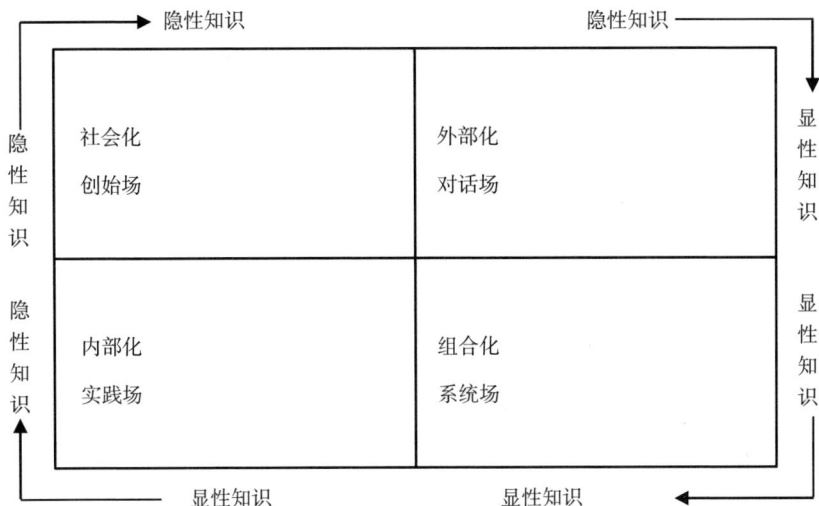

图 6-8　SECI 知识共享模型中的"场"

在企业知识共享中,"场"存在于企业运作的各个层面,"场"的特征、形式、性质等直接影响着知识共享的实现。企业文件与档案种类多样、内容丰富,在"场"的建设中发挥着不可替代的作用,围绕服务于知识共享中"场"的形成开展文件与档案管理活动,是知识共享时代文件与档案管理工作不可或缺的部分。

二、文件与档案管理推进"创始场"建设的途径

通过文件与档案管理活动,形成有助于隐性知识到隐性知识转化的场。"创始场"是个人分享感觉、情感和经验的场所,在这个场所中,通过面对面相互学习,在发生共鸣、产生移情效应的基础上,彼此分享隐性知识。隐性知识具有与知识主体的不可分离性,因此,如果实现隐性知识的成功转移和共享,必然要求知识共享者存在某些与知识主体共同的特质,即有适合共享获取的隐性知识能继续发挥作用的"土壤"。这种土壤的培植来源于共识,这些共识包含了对企业的共识、对业务活动的共识、对所涉及具体事务的共识等。没有共识基础,"创始场"将名存实亡,隐性知识转化的过程如同"鸡同

鸭讲"。

　　企业文件与档案是实现企业员工共识的基础性信息资源:首先,企业文件与档案是关于企业状况的客观记录,通过对企业文件与档案的利用,在不同员工的意识层面形成对企业完整、一致的认识,即尽可能地减少员工对企业认识的差异性。因此,企业文件与档案应始终保持齐全完整,以定期和不定期相结合的形式,提供系统反映企业历史和现状的"产品"。其次,富含影响深远的隐性知识的个人、部门、团队等主体,应成为企业文件与档案管理活动的重点关注对象。虽然"创始场"对应的知识共享社会化的阶段强调面对面的交流与体验以及潜移默化,比如师徒制等,但文件与档案却是其基础之基础,其中所蕴含的大量背景信息,有助于更深层次地了解隐性知识所有者行为的动机、依据等影响因素,进而提高交流与体验的效果。因此,文件与档案管理者应将此类主体形成的文件与档案系统化,并随时关注追踪业务活动中表现出来的对某类隐性知识的需求,以专题等不同形式供相关人员共享,为其在"创始场"中"听得懂、看得懂"提供智力支持。

三、文件与档案管理推进"对话场"建设的途径

　　即通过文件与档案管理活动,形成有助于隐性知识到显性知识转化的场。在"对话场"中,知识主体将自己的观点和意向外化为词语、概念、形象等,在组织中传播,以供共享。影响"对话场"建设的一个关键问题就是,如何形成让知识主体愿意将知识贡献出来的环境。"隐性知识是企业竞争优势的来源"[1],也是个人、部门、团队竞争优势的来源,社会交换理论主张个人的一切行为都是社会交换活动的结果,个人的社会交换行为都是为了获得奖励和报酬[2],作为能够带来竞争优势的资源,尤为如此。知识主体的共享意愿是隐性知识共享的一个重要影响因素,在企业中,影响共享意愿的情形可以概括为以下两方面:第一,当知识主体确定共享知识后得到的共享补偿(包括物质的和

　　[1]　Barney J Fim, "Resources and Sustained Competitive Advantage", *Journal of Management*, No.17(1991), pp.99-102.
　　[2]　林新奇、苏伟琳:《社会交换理论视域下的新生代员工激励管理研究》,《现代管理科学》2017年第5期。

精神的)大于其独享知识时,员工共享知识的意愿会被诱发;第二,员工对企业强烈的认同感、归属感、信任感,部门之间、成员之间融洽的社会关系、人际关系,激发企业员工(或部门、团队)自觉自愿地将知识贡献给组织和其他员工。针对影响共享意愿的上述情形,可通过激励和企业文化建设两种途径提升知识主体知识共享意愿。

1. 关于激励

激励的实质就是"根据员工的需要设置某些目标,并通过一定措施激发员工和组织目标一致的强势动机,并按照组织所需要的方式引导员工的行为的过程"①,作为管理者,可应用的激励理论、激励方法和技术多种多样,"重要的是在理解理论的基础上根据员工的特点和能力,因地制宜、因人制宜,制定符合组织特点的激励技术和方法"②,"根据员工的特点"和"符合组织特点"是激励有效性的保证。员工和组织均呈动态化的发展趋势,而具有"原始记录性"的企业文件和档案则是员工及企业发展历程的最全面、最系统的见证,它以静态形式反映了员工及企业的动态变化过程,应成为企业实现有效激励的重要依据。首先,根据员工个人档案,判断员工的需求。现代社会,人力资源被称为"第一资源",是各种生产要素中最具有活力和弹性的部分。对于员工档案的管理,应与企业人力资源管理、人的全面发展紧密结合,使其客观真实地反映员工的个人特点、工作经历、工作内容、工作成果等,真正成为员工个人成长的"过程+结果"的真实记录,为企业针对知识主体制定个性化激励方案提供依据。其次,根据企业管理活动中形成的各类档案,分析本企业的特点,制定适合企业现阶段发展的激励制度。比如,由于当前激烈的人才竞争,致使某些企业人才流失严重,对于企业而言,人才流失不是一个偶然的现象,其可以通过企业管理中的相关记录,分析所流失人才集中的领域,人员离职的原因、去向等,而所形成的分析结果则反映了当前企业激励制度中的缺口和弊端,可以进而有针对性地对现有激励制度进行改进。"橘生淮南则为橘,生于淮北则为枳",激励制度和方法尤其依赖于员工和企业,因此,结合企业文件

---

① 王晶晶等:《组织行为学》,机械工业出版社 2009 年版,第 97—98 页。
② 王晶晶等:《组织行为学》,机械工业出版社 2009 年版,第 107—105 页。

与档案分析知识主体的特点及企业自身的特点,是实施提升知识主体共享意愿的激励措施和方法中不容忽视的关键点。

2. 关于企业文化建设

企业文化对于提升知识共享意愿是潜移默化的,同时也是根源条件性的,没有与知识共享相适应的企业文化,必然导致知识共享活动的最终失败。文化是一种积淀,是伴随着企业的发展而逐步形成的。企业的文化建设是认识和发掘企业中共同的价值观和行为方式的过程,是将之提炼、升华,并结合组织的具体情况,传播和传承的过程,是根据客观环境和战略的变化,不断调整或重塑的过程。在企业文化建设中,首先,通过对文件与档案的梳理,深层挖掘企业文化。企业的创立、完善发展、不断壮大的过程,是企业领导者和企业成员共同奋斗的产物,他们的活动被记录在档案中,从档案中能够挖掘出企业所特有的优秀品质和基本的价值观,这是企业文化建设的基础。其次,知识经济时代,现代企业需要塑造参与性文化和信任文化。企业文件与档案管理活动应该关注与企业成员相关的各类档案,构建覆盖企业员工的档案资源体系,开展有利于塑造企业参与性文化和信任文化的信息服务。比如,重庆钢铁集团建立的"重钢家庭档案俱乐部"①,它涵盖了企业文化和社区文化,不仅宣传了档案与档案活动,而且通过"好宝宝成长史照片档案评展"等系列活动,使员工更好地融入企业之中,有助于提升企业对员工的亲和力,进而塑造参与性文化和信任文化。可见,文件与档案所蕴含的独特素材,以及其丰富的活动方式,在塑造推动知识共享实现的企业文化中有广阔的创新空间。再次,推动企业知识共享文化建设,即从微观角度而言,形成企业知识主体愿意共享的文化。通过对关于知识管理活动档案的系统整理和分析,以各种形式的编研成果帮助员工了解企业为什么要实现知识共享,知识共享的实现对企业、对团队、对个人发展的积极影响等,促使员工真正形成知识共享的价值观和行为方式。

---

① 温勇耀、黄二卫:《档案公共服务与重钢家庭档案俱乐部建设》,2009 年 4 月 14 日,见 http://sdda272112 5.blog.163.com/blog/static/11325129420093140 3255214/。

四、文件与档案管理推进"系统场"建设的途径

即通过文件与档案管理活动,形成有助于显性知识向更加系统化的显性知识转化的场。"系统场与其说具有真实的时空,不如说是一个超实质虚拟世界"①,当前,信息技术(如在线网络、群件、数据库等)广泛应用于"系统场",为"系统场"的建设提供了必备的工具支持,虚拟平台为企业部门、成员的互动交流提供了广阔的空间,知识主体可以不受时间、空间的限制任意交流共同感兴趣的内容。在无约束的条件下,不同主体的交流与讨论,有助于各抒己见、碰撞出创新的思维火花;然而,这样的自由交流平台也面临着劣质信息、无用信息的干扰,以及信息垃圾大量产生的风险。文件与档案管理服务于"系统场"建设的主要途径则体现为:一是为"系统场"净化环境,排除场中对知识转化过程干扰因素产生的不良影响。在系统场中,知识主体更多的是依据自身的意愿、情感表达知识内容,并以文件与档案的形式呈现在场中,其中既包含了有价值的知识,也不可避免地因主观性而产生了不规范、价值小,甚至是虚假的、无价值的信息,当后者在场中的存在达到一定比例时,"场"的运作将呈现出无序混乱状态,信息价值密度不断降低,对知识主体的吸引力呈下降趋势。文件与档案管理者应实时关注场中知识内容、知识结构的变化,以文件与档案为线索,通过分析、对比,去粗取精、去伪存真,除重、分类,保持系统场中知识的纯洁性。二是通过对"系统场"的宏观审视,发现"场"中游离的知识与文件档案资源的关联,并将其及时地输入到"系统场"中,供"场"中知识主体参考利用,为新的显性知识的产生提供素材。

五、文件与档案管理推进"实践场"建设的途径

即通过文件与档案管理活动,形成有助于显性知识向隐性知识内部化的场。内化的过程是将组织内形成的知识转化为个体自我知识的过程,知识的内部化过程,是组织中知识共享、知识创新必不可少的环节,内化的过程要求"通过行动和实践,亲历知识环境,进而通过模拟和实践,将原型知识重新组

---

① 易凌峰、朱景琪:《知识管理》,复旦大学出版社 2008 年版,第 102—103 页。

编为自身知识"①。"实践场"强调为组织成员、部门提供与具体情境相关联的实践平台,通过实干训练或积极地摸索参与来进行不断的学习和自我完善,将所接收的知识真正地理解并内化为自身的知识。塑造与知识相适应的"知识环境"以帮助知识内化过程实现,是"实践场"建设的重点内容。企业文件与档案管理为"知识环境"的塑造提供了丰富的内容支持。

在文件与档案管理中,我们总是努力做到"所保存的文件能够反映出该机构的起源、组织发展情况、计划、所遵循的政策和程序,并且能够以典型的形式显示出它的活动细节"②。在知识共享"实践场"的建设中,应该从所保存的文件与档案之中、从所保存的文件与档案的关联之中,进行"知识环境"的还原与塑造,首先,根据文件与档案的来源判断过去知识环境中的主体,并分析主体的特点,供知识共享者体会知识"个性化"的特点,并为知识的内化做出适应性调整。其次,根据文件内容,通过析出"何时、何地、与何人、进行了何种活动"等基本要素,描绘知识环境的特点,为模拟场景的设置提供准确依据。在"通过在职培训或者一些专用设备,将显性知识转化为隐性知识"③的过程中,应该是以"背景信息"交流为前提的知识的传递与扩散。德鲁克认为,知识的基本特性是寄生性,强调的是知识对人、情境的依附性。正如哲学家波兰尼所说的"记住一个并不信服的数学公式,不能给我们的数学知识增加任何东西"④,显性知识到隐性知识的转化同样不是单纯的记忆过程。文件与档案在长期的沉淀中,积累了丰富的关于人与情境的信息,这些信息具有真实、完整、准确的特点,因此,应通过对文件与档案深入系统的分析,形成关于知识内化情境分析的报告。在"实践场"的建设中,推动知识与情境匹配,为情境再现提供依据,进而从根本上推动完成显性知识到隐性知识的内化过程。

---

① [日]野中郁次郎、纮野登:《知识经营的魅力:知识管理与当今时代》,赵群译,中信出版社 2012 年版,第 94 页。
② [美]T.R.谢伦伯格:《现代档案——原则与技术》,黄坤坊等译,档案出版社 1983 年版,第 28 页。
③ 顾基发、张玲玲:《知识管理》,科学出版社 2009 年版,第 48—50 页。
④ 王众托编著:《知识管理》,科学出版社 2009 年版,第 216 页。

第五节　提升文件与档案信息服务的可感知性

在信息资源管理中,"信息服务就是用不同的方式向用户提供所需信息的一项活动,它是以信息为内容的服务业务"①,"信息服务活动通过研究用户、组织用户、组织服务,将有价值的信息传递给用户,最终帮助用户解决问题"。企业文件与档案信息服务就是以独特的文件与档案资源为主要内容,满足用户知识需求的过程。文件与档案资源的独特性,决定了文件与档案信息服务具有内生性和不可代替性,文件与档案管理是文件与档案信息服务的前提和基础,文件与档案信息服务是文件与档案管理结果的呈现与展示,是文件与档案价值实现的直接平台。随着现代信息技术的发展和广泛应用,在企业中,为了满足对知识、对信息的渴求,企业内外部的各种类型的信息服务越来越呈现出多样化、丰富化的趋势。提升企业文件与档案信息服务的可感知性,有助于吸引用户,形成良好的服务体验,发掘和实现文件与档案的知识价值,为知识创新积累关键素材。

一、企业文件与档案信息资源开发的双向视角

在面向知识共享的企业文件与档案管理中,开发活动是使文件与档案增值,使利用者感受到文件与档案资源的可得性、有用性和易用性,并促使其最终选择和充分利用的过程。乌家培曾阐述对信息资源开发与利用的认识,"开发狭义的信息资源(即信息内容)有两重含义:一是从外延上发掘信息来源,开拓信息渠道,建立信息库存,加速信息流动;二是从内涵上不断充足和加工信息内容本身。"②从内涵与外延的角度来看,企业文件与档案的开发可分为基于内涵的开发和基于外延的开发。

(一)基于内涵的企业文件与档案资源开发

基于内涵的企业文件与档案资源开发,是对文件与档案资源进行深度挖

---

① 马费成、赖茂生:《信息资源管理》,高等教育出版社 2006 年版,第 293—294 页。
② 孟广均等:《信息资源管理导论》,科学出版社 2012 年版,第 242—243 页。

掘,通过分析、重组等加工过程充分外化文件与档案的价值与作用。一般而言,企业文件与档案是一个信息集合,"是经过自然的进程逐渐汇合在一起,达到了最终的排列顺序,它是一种生长的结果"①,这种结果使档案成为一个有机体,维护了它的原始记录性和凭证价值,但同时,也隐藏了文件与档案中信息单元之间的其他关联。基于内涵的文件与档案开发过程,是将文件与档案进行解构,通过信息描述,多维、多属性地揭示文件与档案的基本原始单位;再将这些基本原始单位按照新的关联重构,形成一个全新的结构体,并以可见的方式呈现。对基本原始单位的揭示和描述,以及新的关联的建立是基于内涵的开发中的两个关键步骤,对基本原始单位的揭示和描述应该全面、客观、准确,而新的关联是面向企业管理和各项业务活动而建立的,是凝结着文件与档案管理者智慧的结晶。在企业知识共享中,文件与档案往往因强调其凭证价值,而忽略了对信息内容的挖掘和重构,致使其因信息颗粒过大、信息结构不够灵活而不便于共享利用。基于内涵的资源开发,通过对文件与档案的解构,有效地控制了信息颗粒的大小,而重构又是一个动态适应的过程,便于为利用者提供针对性强、可用性强的信息。

(二)基于外延的企业文件与档案资源开发

基于外延的企业文件与档案资源开发,是以文件与档案为核心,吸引企业内外部各类相关信息资源,通过加工整合,为利用者提供信息服务。在现代企业中,一方面,市场经济的不断深化,全球经济的一体化,使企业的生存环境日趋复杂;另一方面,信息技术的发展,数据时代的到来,使企业所面对的信息源不断增加、信息量不断增大、信息价值密度不断降低,企业面临着如何对大量信息管理、利用等方面的新挑战。在上述两方面因素的影响下,企业文件与档案面向知识共享彰显其有用性、价值性,必须进行基于外延的开发,通过多种信息集成,实现企业信息服务的提升和创新。数据时代的到来,为基于外延的企业文件与档案资源开发创造了机遇,托马斯·H.达文波特曾预测"大数据及其分析,将会在未来10年改变几乎每一个行业的业务功能"。② 在企业中,

---

① [美]T.R.谢伦伯格:《现代档案——原则与技术》,黄坤坊等译,档案出版社1983年版,第25—26页。

② 涂子沛:《大数据:正在到来的数据革命》,广西师范大学出版社2012年版,第3—4页。

大量有用和可能无用的数据同时并存,"遍地是金子,又遍地是沙子"①,如何快速准确地淘汰"沙子"而发现"金子"是困扰每个企业的难题。而大数据分析则是一个"淘金"的过程,通过分析、挖掘,为企业提供有价值的数据和知识。事实上,许多专家都认为整套数据挖掘的过程中,有 80% 的时间和精力是花费在数据预处理阶段,其中包括数据的净化、数据格式转换、变量整合,以及数据表的链接等。高质量的数据是高质量的数据分析、数据挖掘的保障,"数据如果能满足其应用要求,那么它就是高质量的。数据质量涉及许多因素,包括准确性、一致性、时效性、可信性和可解释性"②,很显然,企业文件与档案要求与数据质量要求完全一致,在大数据分析中应充分发挥其优势,净化数据、清理数据,并结合自身的内容特点,与其他各种类型的数据共同形成对企业具有高价值的智力支持"产品"。

二、企业文件与档案信息服务的可及性

企业文件与档案信息服务的可及性是指将文件与档案信息服务有形化、表露化,即尽可能地附着在某些实体上,能够被用户清晰、明确地感知和触及。信息服务的可及性直接影响着信息服务被选择、被接受的程度。感知有用性、感知易用性是文件与档案信息服务可及性提升的基本原则,在面向知识共享的实现过程中,可交互性、可视化是提升文件与档案信息服务可及性效果的两大支柱。

(一)可交互性

在文件与档案信息服务过程中,可交互性是帮助用户深入了解服务"产品"特性、功能、适用等的重要途径,是帮助用户形成对档案信息服务产品正确的知觉的重要手段。从心理学的角度来看,"知觉是外界事物作用于人的感官而在人脑中产生的对这些事物整体的反映过程"③。但是,作为人的感性认识的知觉,并不是消极地、被动地反映事物,而是一个积极地、主动地对外界

---

① 左登基:《大数据:一场改变未来的信息革命》,《科技日报》2013 年 1 月 4 日。
② [美]韩家炜、Micheline Kamber、裴健:《数据挖掘:概念与技术(原书第 3 版)》,范明、孟小峰译,科学出版社 2009 年版,第 83—85 页。
③ 卢盛忠等:《管理心理学》,浙江教育出版社 2008 年版,第 112—113 页。

事物选择、组织和解释的过程,知觉者头脑中的认知框架直接影响了认知过程。在文件与档案信息服务中,可交互性便于文件与档案管理者了解影响用户对于文件与档案的认知,并通过交互过程引导用户形成对文件与档案正确的认知。尤其是在知识共享过程中,用户面对大量的知识,不可避免地产生无从选择的困惑,面对此种情景,如果缺乏知识管理者适时的交互过程,极易导致用户遵循固有的认知框架进行选择,即便原有框架是不完善的。

文件与档案信息服务的可交互性,从主观能动性上,可分为主动交互呈现和被动交互呈现。主动交互呈现是指在用户未明确表达自己的需求之时,通过对信息服务"产品"的推广和宣传,使用户形成正确的认知,并在用户头脑中形成文件与档案信息可用性、可选择性的认知图示;同时也包括在用户选择利用之后,积极主动与用户建立联系,收集关于信息服务的反馈和评价信息。被动交互呈现是指在用户选择利用信息服务产品的过程中,针对用户的问题进行解释,并协助用户顺利完成利用过程,避免利用的中止。从实现方式上,可分为现场交互呈现法和非现场交互呈现法。现场交互呈现法是文件与档案管理者与用户面对面,通过询问、讲解、演示、阐述等途径,直接帮助用户理解、感知服务的内涵;非现场交互呈现法往往是借助网络、电话等各种通信工具,定时或不定时地与用户发生联系,内容包括将文件与档案信息服务主动推送给用户、为用户答疑、了解用户对服务的体验等。

(二)可视化

"可视化(Visualization)是指人通过视觉观察并在头脑中形成客观事物的影像的过程,这是一个心智处理过程"[1]。大脑对从不同感觉器官输入的信息反应和吸收能力存在很大的差异,视觉被人类称为"优势分析器"。在通常情况下,"大脑对视觉输入的信息吸收率最高,可达83%;对听觉输入信息的吸收率次之,为11%;再次是嗅觉,可达3.5%"[2]。

视觉对信息吸收的优势,以及海量信息的产生,从根本上推动了可视化技

① 宋绍成、毕强、杨达:《信息可视化的基本过程与主要研究领域》,《情报科学》2004年第1期。
② 《记忆的讯息靠感觉器官输入脑中》,2006年2月7日,见 http://edu.sina.com.cn/l/2006-02-07/1800132531.html。

术的产生与发展。1987 年，Bruce H.McCormick 等人在美国国家科学基金会的学术报告"科学计算可视化"中强调了对"以新兴技术为基础的视觉化手段"的需求。"情报学领域的可视化包括数据可视化、信息可视化和知识可视化"[①]。"可视化"利用先进的计算机技术，通过文字、图形、图像、动画、视频等各种形式，以更为生动、更易理解的方式来展现数据的大小，诠释数据之间的关系，以便信息被更好地表达、传递和接收。美国耶鲁大学教授塔夫特曾强调可视化的关键在"设计"，他认为，"信息过载这回事并不存在，问题出在糟糕的设计，如果你用来表达数据的图形让人感觉杂乱不解，你就需要修改你的设计"。可视化用美丽的形式呈现可能非常沉闷繁冗的数据，使信息变得更有魅力。

在企业文件与档案信息服务过程中，极富价值的服务却得不到选择和认可，与其可视化程度也有直接关系。现代信息技术带来的可选择信息数量激增，使用户更为青睐直观化的、趣味化的、简易的知识呈现方式，而传统的文件与档案信息服务产品往往仍局限于文字、图形的静态信息传递，信息服务的呈现方式与用户偏好之间的矛盾日渐突出。比如，诸多档案编研成果，其主要内容仍是文字叙述，或仅辅以简单的图表，这种呈现方式越来越不适应用户的心理需求，不适应大数据时代的环境需求，以致很多具有优秀品质的服务产品得不到应有的利用。2012 年 2 月，《纽约时报》对 2013 年美国联邦政府的预算进行了可视化展示，他们用圆形大小标识金额的多少，用不同颜色表示额度增减变化，绿色代表增加，红色代表缩减，变化额度越大，则颜色越深，而且整个图形是动态的，能够放大、缩小和移动，引起了很多读者的兴趣和转载。可见，同一信息以不同的方式呈现，被利用者选择、接受的效果会有很大差异。当前，企业文件与档案信息服务产品在可视化方面有极大的提升潜力。文件与档案信息服务产品在实现过程中，应结合先进的计算机技术，将有价值的信息蕴含于美的形式设计中，以可视化的方式呈现给用户，可视化结果更加便于记忆和理解。文件与档案信息服务可视化的目的：一是信息展示；二是帮助人们

---

① 王忠军：《情报学进展 2010—2011 年度评论》(第 9 卷)，国防工业出版社 2012 年版，第 18—19 页。

发现原来未曾发现的知识或内在规律。因此,在企业文件与档案信息服务中,可以从两个方面着手:首先,将丰富的文件与档案信息进行整合、分析,从中提炼出有意义的信息,以多样的、生动的形式展现,打破原有的仅以文字或图文的静态呈现方式,以更加丰富、形象的形式,动静结合地呈现文件与档案信息;其次,通过计算机图形学等技术对文件与档案信息进行可视化分析,从中发现抽象、隐藏的联系,进行提炼并呈现。

三、企业文件与档案信息服务的形象设计

根据 IDC 的统计,"2011 年全球数据总量已经达到 1.8ZB,而这个数值还在以每两年翻一番的速度增长,预计到 2020 年全球将总共拥有 35ZB 的数据量"[①]。2010 年,全球企业一年新存储的数据就超过了 7000 拍字节,全球消费者新存储的数据约为 6000 拍字节,这相当于十多万个美国国会图书馆的藏书量。[②] 面对如此浩瀚的数据海洋,用户在选择信息时,具有良好形象的信息服务更加容易被用户识别和选择,良好的形象是接近用户的最可靠、最有力的抓手。

企业文件与档案信息服务的形象是指用户对企业文件与档案信息服务的整体印象和评价,它包括文件与档案信息服务者的形象、信息服务的环境形象、信息服务产品形象、信息服务标识形象等。在面向知识共享的实现中,企业文件与档案固然蕴含了大量有价值的信息,但它同样被湮没在日益剧增的海量数据中,在供过于求的买方"信息市场"中,文件与档案价值的被动实现受到越来越严峻的挑战,它需要树立良好的形象,被用户认知、认可、选择、共享和利用,以提升企业竞争力。"知名度"和"美誉度"是评判形象的两个重要维度,企业文件与档案信息服务的形象设计可以以此为线索。

(一)提升企业文件与档案信息服务的"知名度"

在市场竞争不断深化的现代社会,美国信息经济领域的著名教授托马斯·达文波特认为,能够始终保证自己以"数据最优"的方式运营的公司,将

---

① 左登基:《大数据:一场改变未来的信息革命》,《科技日报》2013 年 1 月 4 日。

② 《企业数据的秘密》,2012 年 11 月 12 日,见 http://finance.sina.com.cn/business。

会在竞争中坚持到最后。企业必须以事实为基础进行决策,大量使用数据分析来优化企业的各个运营环节,而这其中大量的数据就隐含在企业文件与档案中。包括企业管理者在内的各个职能部门的工作人员,所了解的、所接触的是企业局部的信息资源,而文件与档案管理者从宏观上梳理着整个企业信息资源的脉落。在当前企业中,从企业员工的角度来看,现代信息技术已成为企业管理和各项业务活动的重要工具,企业员工忙于面对各种系统和处理各种数据。在系统中产生数据,在系统中寻求数据支持,对于文件与档案信息服务的了解和关注较为欠缺;而从文件与档案信息服务的角度看,文件与档案管理者忙于做好本职工作,专注于对文件、档案的分类、整理,随时准备为用户提供利用。

但是,二者之间因缺少联系的桥梁而使得各自"原地踏步",文件与档案的知识价值未能及时充分发挥。知名度是让企业员工深入了解企业文件与档案信息服务的内容、特点、方式等。提升企业文件与档案信息服务的知名度,正是架起二者间的一座桥梁。企业文件与档案工作者在进行基础性工作的同时,应同时向企业员工阐明自身的工作内容、可用的信息资源、可提供的信息支持,形成对文件与档案信息服务特点、优势的正确认识,正确的认知是选择的前提。

(二)提升企业文件与档案信息服务的"美誉度"

美誉度是企业文件与档案信息服务受到企业及其成员信任、赞美的程度。文件与档案信息服务的美誉度高,文件与档案管理活动就容易形成良性循环。高美誉度是由企业文件与档案信息服务过程中的多种因素共同塑造的,主要包括高质量的文件与档案信息服务"产品",信息服务工作者科学的工作理念和态度,和谐的信息服务环境等。首先,高质量的信息服务产品是提升文件与档案信息服务美誉度的基石,是持续获取高美誉度的保障。高质量主要体现在"产品"能够满足用户的信息需求,"产品"具有内容的有用性、功能的价值性、形式的吸引性,在被用户选择之后得到肯定和信任。其次,文件与档案信息服务工作者是信息服务实现的主体,他们的工作理念和态度直接影响着信息服务的实现途径,影响着文件与档案信息传递的效果,往往较信息服务产品对用户产生的影响更深远。文件与档案的生命力在于被共享和利用,用户的认知水平、知识结构、对文件与档案信息服务已有的认知模式使用户呈现出不同的特点。在服务过程中，以用户为中心，根据用户的特点，以用户易于接受的方式完成服务是至善原则。再次，文件与档案信息服务环境是用户在接受信息服务过程中的第一体验。开放的环境体验有助于知识的流动和共享，将文件与档案信息服务场所建设成一个平等、开放的互动交流平台，有助于提升用户的认可度和满意度。

知识经济时代的竞争，不是劳动生产率的竞争，而是知识生产率的竞争。企业文件与档案既是重要的知识资源，又是重要的知识来源，能够直接或间接地为企业创造价值和利润。企业文件与档案信息服务能够推动文件与档案的共享和利用，是实现价值创造的"门户"。良好的形象是高知名度与高美誉度的完美结合，企业文件与档案信息服务应以此为依托，内外兼修，提升企业的知识共享和利用能力，实现知识创新。

本章小结

本章将企业文件与档案的管理过程和知识共享的过程结合起来，探索面向知识共享实现的企业文件与档案管理的具体对策和方法。内容涉及两个层面：一是整个企业文件与档案管理之于知识共享的实现；二是对知识共享活动自身产生和形成的文件与档案的管理。其中，既包括对知识共享活动有形的、直接外在的推动的探讨，也包括对增强知识共享活动内在动因、形成良好的长效机制的路径的探讨。具体表现为：对企业文件拟制的精细化管理，这是从源头上确保知识共享实现效果的对策；对知识共享活动中文件形成的控制，这是提高知识共享效率、降低共享成本的可行路径；将大众分类法与传统文件与档案分类有机融合，是以文件与档案为线索，有效整合碎片化信息，提升知识共享效果的有益探索；以企业文件与档案管理推进知识共享中"场"的建设，是发挥文件与档案的独特作用，形成知识共享良性循环的长效机制的重要方法；提升文件与档案信息服务的可感知性，是知识经济时代对文件与档案管理的必然要求，它是推动知识共享实现的必经之路。上述策略各自独立，而又互相影响，共同推动着知识共享的顺利实现。

第七章　面向知识共享的企业文件与档案管理典型案例研究

在本章中,笔者选取国内外具体企业,通过其档案馆等相关部门所开展的工作,揭示并分析企业文件与档案管理和知识共享的有效融合。

第一节　案例一:国家电网档案馆

一、"剧情"介绍

国家电网有限公司成立于 2002 年 12 月 29 日,是根据《公司法》规定设立的中央直接管理的国有独资公司,是关系国民经济命脉和国家能源安全的特大型国有重点骨干企业。公司以投资建设运营电网为核心业务,肩负着保障安全、经济、清洁、可持续电力供应的基本使命。公司连续 14 年获评中央企业业绩考核 A 级企业,2016 — 2018 年蝉联《财富》世界 500 强第 2 位、中国 500强企业第 1 位,是全球最大的公用事业企业。

随着举世瞩目的三峡水利工程竣工,为妥善保管三峡输变电工程档案,国务院三峡办、国家电网公司党组决定将国家电网公司档案馆与三峡输变电工程档案馆合并建设。2009 年,由国网办公厅牵头筹建工作,国网后勤部负责都城大厦场馆的基建改造;2010 年档案馆团队进驻,开展了一系列开馆前的场馆装修、组织建设、机制建设等筹备工作;2011 年 6 月 30 日档案馆正式开馆运营。国家电网档案馆(以下简称"国网档案馆")的建设目标是建立"国内一流企业档案馆、世界一流电网档案馆",其功能定位是"三个中心,一个窗口",即国家电网公司重要档案保管中心、档案信息资源数据中心、档案开发利用服务中心,企业形象和社会责任展示窗口。该馆自开馆以来,不断完善工作机制,提升管理水平,各项工作长足发展,得到上级领导和行业同人的一致认可,被国家档案局誉为央企档案馆"排头兵",被国务院国资委誉为央企档案馆"标杆",被国网公司党组誉为国网公司一张闪亮"名片"。

二、"剧情"分析

综观国网档案馆的管理活动和工作成绩,不难发现其对整个企业知识共享的贡献。首先,为整个电网集团捕获、积淀丰富的知识。档案馆先后制定《国家电网公司档案馆档案收集管理办法(试行)》《国家电网公司各门类档案整理标准》,建立健全各单位统一的线上档案征集系统等。目前档案馆馆藏文书档案 19.5 万余件,工程档案 13.6 万余卷,实物与荣誉档案 1814 件,照片档案 30.5 万余件,音像档案 1.3 万余件,图书期刊资料 1934 件;数字档案馆系统中电子档案 2.05 亿件;电子文件管理系统中电子文件 8.1 亿件,存储空间 36.8TB。丰富的档案资源既是重要的知识,又是新知识的来源,为企业知识共享的实现打下了坚实的基础。比如"通过强化电子文件与客户档案管理,95598 客服人员能够便捷快速地调阅分散在营销、生产、调度等业务中的客户用电资料,故障排查效率大幅提升,也正是档案工作对主业发展的大力支持"[①]。其次,紧跟数据时代的发展特点,通过档案数据化为企业知识共享提供可供利用、便于利用的知识。该馆通过数据挖掘智能化管理平台的研究与应用、智慧型数字档案馆研究等,将物联网、大数据等信息技术与档案服务融合,其馆藏档案数据、档案系统数据、电子文件管理系统数据已成为国网公司最权威的信息资源池。再次,充分发掘档案的文化价值,在档案文化价值的释放中提升员工的归属感,增强组织的凝聚力,同时推动知识共享"场"的建设。该馆形成了《百年电力辉煌今朝——中国电力历史第一》《卓越之路——国家电网公司发展历程》《档案价值》《国家电网公司十年荣誉》等一批编研产品,并举办了"变革·历程·收获——国家电网公司档案工作十年成就展""档案

---

① 国家档案局经科司综合调研组:《国家电网公司档案工作调研》,《中国档案》2017 年第 1 期。

记录辉煌　创新引领未来——国家电网建设成就展"等多次展览。在潜移默化中提升员工对组织的认同感与自豪感,进而形成有助于知识共享实现的"场"。最后,国网档案馆积极探索社交媒体的应用,不断创新档案知识共享的方式。国网档案馆运用"互联网+档案"等新理念,将档案工作与社交媒体应用相结合,建立了档案工作交流微信群和"国家电网档案"微信公众号的"微"平台。① 通过微平台推送国家电网公司档案工作最新发展动态,打破了各地分享的时空限制;为单位日常工作中沟通交流、问题解答、经验分享等提供平台,大大提高了工作效率;讲述档案故事、传播正能量,有效地提升了企业文化软实力;等等。这一系列的探索为国网档案馆新时代的文件与档案管理工作注入新的血液,也是数据时代档案工作面向企业知识共享实现路径的创新。

第二节　案例二:中国中化集团

一、"剧情"介绍

中国中化集团有限公司(以下简称"中化集团"或"中化")成立于1950年,前身是中国化工进出口总公司,现为国务院国资委监管的国有重要骨干企业,是最早入围《财富》全球500强榜单的中国企业之一,2017年名列第143位,设立能源、化工、农业、地产和金融五大事业部,拥有全球员工约5万人。中化集团自成立以来一贯高度重视档案工作,针对公司档案跨领域、业态多、历史久的特点,成立了集团档案协作组,以顶层设计为重点,以档案协作组为抓手,积极发挥下属企业的核心力量,鼓励各级企业立足自身,开拓创新,先行先试,成果推广。2018年,中化集团确立了"科学至上"的公司核心价值观,确定要全面转型为科学技术驱动的创新平台公司。在公司转型升级的关键时期,档案工作也将紧密围绕公司核心业务,进一步建立健全档案工作机制,全面推动跨部门合作,深度挖掘档案信息资源,积极鼓励共享创新,为公司创新

---

① 周峰:《国家电网公司档案工作"微"平台生奇效》,《中国档案》2018年第5期。

发展提供有力支撑;同时,还将统筹规划档案资源共享,鼓励有条件的事业部率先尝试建设共享档案室,实现资源配置集约化和科学化,全面优化数字档案馆建设,努力提升档案信息化建设水平,全力打造全集团档案共享中心。

中化集团不同事业部的档案工作各有特点,通过不同的途径,挖掘并彰显档案的价值。比如集团旗下房地产和酒店板块的平台企业——中国金茂——档案工作紧密结合公司年度管理主题,聚焦核心业务,立足客户需求,主动与客户关系部、工程管理部、营销部等部门加强沟通,实现跨部门合作共赢的目标,档案利用以服务公司业务发展为切入点,多措并举让档案真正"活起来"。比如,他们突破档案圈子、走出档案室,将档案工作做到工程建设现场、项目售楼处和热闹的交房现场。其中,"档案带你走进防水工程"将防水隐蔽工程相关文档展示于人来人往的交房现场,配合工程项目部、客户关系部及物业公司人员,以最真实的档案向前来收房的业主们表明公司对工程质量的信心,"小档案撬动大质量"。2017年,为庆祝中国金茂上市十周年,其所属区域公司——金茂北京——以国际档案日为宣传契机,举办了主题为"金茂十年,北京记忆"的公司发展历程专题展。展览以时间轴为基,通过精心挑选的典型档案展示公司成立至今在经营管理、资源拓展、工程建设、党建人文等方面的里程碑事件,在国际档案日宣传期间共计接待公司领导班子、员工以及来自兄弟单位的共计500余人参观。该展板目前已成为金茂北京办公区的一道亮丽风景线,成为新入职员工培训的必选课程之一。

(摘自:微信公众号"档案那些事"——500强企业的档案工作如何服务一线:档案追根溯源控质量、创新利用助销售)

二、"剧情"分析

不同企业有不同的发展特点,中化集团结合自身的特点,不断探索创新文档管理工作,激活档案价值,服务集团发展。首先,档案协作组的工作方式,既使得整个集团的档案工作"群龙有首",同时又机动灵活,尊重下属不同企业的多元化特点,有助于形成符合本企业发展的特色档案工作。其次,集团档案工作始终将合作、共享作为其文档工作的重要理念,从主动与各个业务部门联系,到建设共享档案室的规划,充分体现了集团对档案共享的重视,实践工作中的一系列成果,也充分证实了这一理念的正确性和科学性。再次,企业是一个开放的系统,社会公众对企业发展有重要影响,无论是提升企业的美誉度,还是直接的利润实现,公众都扮演了非常重要的角色。因此,面向公众,是面向知识共享的文档管理的重要组成部分。通常,很多企业认为企业档案是企业的私有财产,具有一定的机密性、内向性,较为排斥使之面向公众。然而,记录企业活动的文档也是社会公众认识企业、选择企业产品与服务的重要信息源,正如中化集团的营销人员所言,"营销人员的十句话抵不过档案人员的一份档案"。因此,将不涉及企业机密的文档通过各种形式积极展示给社会公众,使公众在文档共享中,汲取消除其疑虑、增强其对企业及其产品正确认识的知识,将是现代企业提升竞争力的有效路径。中国金茂"档案带你走进防水工程"的展示,实质上是与用户共享其最为关心的、最敏感的隐蔽工程文档,在共享中潜移默化地提高了客户对产品质量的满意度,并为公司树立起良好口碑。

第三节　案例三:沙特阿美石油公司

一、"剧情"介绍

沙特阿拉伯王国于 1932 年建国,沙特阿美石油公司(以下简称"公司")于 1933 年成立,目前,该公司是全世界最大的石油生产商。为保护文化遗产,公司出资建造了文化遗产博物馆,多个内部档案馆及阿卜杜勒阿齐兹国王世界文化中心。自公司成立伊始,档案工作一直备受重视。1946 年,公司成立了阿拉伯研究部,承担地理学、历史学、考古学等研究项目,利用项目成果实现公司增收。公司员工的国际化程度非常高,通过档案,公司的美国管理层了解了沙特阿拉伯王国不同地区的特征,从而能够从更具文化感知力的角度与沙特政府进行联络沟通。

阿卜杜勒阿齐兹国王世界文化中心高达 18 层,包括图书馆、档案馆、剧院、博物馆等机构,其中档案馆的功能用房包括特藏室、550 平方米的展厅等。

档案馆是中心的重要部分,体现了档案工作对展现公司良好品牌形象、加深情感认同、传递"默会知识"等方面的作用。阿卜杜勒阿齐兹国王世界文化中心通过展现档案如何为研究、展览、电影、出版提供服务,帮助公众更好认识公司历史,知晓公司如何实施社会责任项目。为了使"默会知识"更好留存,公司推出了专门的知识传承项目,档案在其中发挥了重要作用。档案工作人员主持和推进了"两代人的大事记"项目,由资深员工和年轻员工进行对话,以加深年轻员工对公司的了解,并向公司主要股东展现了档案工作的重要作用和价值。档案工作人员还录制了公司多位前 CEO 等重要人物的口述历史,了解并记录他们对公司的发展变化的看法。档案工作人员所做的这些工作还为以后的工作积累了资料,比如,这些资料可以用于公司纪录片的制作,帮助公司股东更好地了解公司情况等。

公司拥有分布在各大洲多达 6 万人的员工队伍,档案工作人员采取了一系列措施,一个途径是将目光聚焦在担任公司重要职务的人物身上,这些人往往掌握着更多的"默会知识",对公司运营有着更多经验,他们的参与对提升项目的影响力非常有利;另一个途径是聚焦重要的主题,比如公司石油勘探开采史、女性员工的角色、管理层中女性的地位等;还有一个途径是关注公司某一部门开展的具体项目,在采集口述历史的过程中,既能总结经验教训,又积累了宝贵资源。下一步,公司还将组织已退休的员工和在职的员工进行交流。这些工作有助于记录公司发展历史、促进公司创新、扩大对股东的影响等。

阿卜杜勒阿齐兹国王世界文化中心将档案馆放在更宽广的生态系统中,包括知识、学习、探索、研究、分析和创造等环节。档案馆将提供更深入的个人及群体"默会知识"的传承机制,加速外部知识资源的积累,以帮助公司实现经营目标,维护主要股东的利益,为公司未来发展提供持续有力的知识支撑。

二、"剧情"分析

沙特阿美石油公司重视文档记录,从多个维度发挥了档案的价值与作用,为公司的发展提供了全方位的智力支持。首先,公司重视档案工作,为档案管理以及档案资源的开发利用提供了良好的软硬件条件,为档案价值的发挥与释放奠定了坚实的基础。其次,公司将文档记录视为知识共享的重要内容,通过对档案资源的共享利用,使来自不同国家的员工以及国内外相关机构了解

"这是一家什么样的企业、代表了什么、将去往何处"等关于公司的基本状况。当今世界,市场竞争日趋激烈,公司只有在不断与内外部公众形成良好公共关系的过程中,才能被知晓、被认可、被选择并被依赖。企业的文件与档案记录,是内外部公众"走进"企业最具说服力的素材,公司恰恰认识到了这一点,通过展览展示等不同方式不断拉近与公众的距离,提升公司的吸引力。再次,公司充分认识到"默会知识"对组织发展的重要作用,注重对"默会知识"的沉淀与传递,其一系列对"默会知识"沉淀与传递的知识传承项目,淋漓尽致地体现了文件与档案在面向企业知识共享实现中的工具价值,体现了文件与档案不仅是知识共享的重要内容,也是企业实现知识共享的有力工具和有效方式。"默会知识"是1958年波兰尼在其名著《个体知识》中提出的,"波兰尼之所以提出'默会知识',是对传统的实证主义将知识看成是完全客观的、静态的一种挑战"。① 它主要是相对于显性知识而言的,是一种只可意会不可言传的知识,是一种经常使用却又难以通过语言文字符号予以清晰表达或直接传递的知识,是组织知识资源的重要组成部分,是知识创新的重要推动力。公司科学分析"默会知识"的"载体",通过"对话""口述"等形式尽可能将其外化、固化并传承,为公司积累了宝贵的知识财富。

---

　　① 百度百科:《默会知识》,2013 年 11 月 25 日,见 https://baike.baidu.com/item/% E9% BB%98%E4%BC%9A%E 7%9F%A5%E8%AF%86/6224571。

参考文献

一、专著

1. 中文

[美]阿尔温·托夫勒:《未来的冲击》,中国对外翻译出版公司 1985 年版。

阿里研究院:《互联网+:从 IT 到 DT》,机械工业出版社 2015 年版。

[英]安东尼·吉登斯:《社会的构成——结构化理论纲要》,李康、李猛译,中国人民大学出版社 2016 年版。

安景文:《现代企业管理》,北京大学出版社 2012 年版。

安小米:《基于 ISO15489 的文件档案管理核心标准及相关规范》,中国标准出版社 2008 年版。

[美]彼得·德鲁克等:《巨变时代的管理》,周文祥译,机械工业出版社 2006 年版。

[美]理查德·L.达夫特、多萝西·马西克:《管理学原理》,高增安等译,机械工业出版社 2009 年版。

朝乐门:《数据科学理论与实践》,清华大学出版社 2016 年版。

陈兆祦、和宝荣、王英玮:《档案管理学基础》,中国人民大学出版社 2005 年版。

冯惠玲:《政府电子文件管理》,中国人民大学出版社 2004 年版。

冯惠玲等:《电子文件风险管理》,中国人民大学出版社 2008 年版。

冯惠玲等:《电子文件管理:问题与对策》,中国人民大学出版社 2009 年版。

冯惠玲、张辑哲:《档案学概论》(第二版),中国人民大学出版社 2006 年。

顾基发、张玲玲:《知识管理》,科学出版社 2009 年版。

[德]哈拉尔德·韦尔策:《历史的观念译丛——社会记忆:历史、回忆、传承》,季斌、王立君、白锡堃译,北京大学出版社 2007 年版。

[美]哈罗德·拉斯韦尔:《社会传播的结构与功能》,何道宽译,中国传媒大学出版社 2015 年版。

[美]韩家炜、Micheline Kamber、裴健:《数据挖掘:概念与技术(原书第 3 版)》,范明、孟小峰译,科学出版社 2012 年版。

韩骏伟、胡晓明:《文化产业概论》(第二版),中山大学出版社 2009 年版。

胡鸿杰:《化腐朽为神奇——中国档案学评析》,世界图书出版公司 2010 年版。

胡鸿杰等:《项目开发与管理》,中国人民大学出版社 2008 年版。

黄霄羽:《魂系历史主义:西方档案学支柱理论发展研究》,中国人民大学出版社 2006 年版。

姜浩:《数据化:由内而外的智能》,中国传媒大学出版社 2017 年版。

[美]杰弗里·K.宾图:《项目管理》,鲁耀斌等译,机械工业出版社 2010 年版。

靖继鹏、马费成、张向先:《情报科学理论》,科学出版社 2009 年版。

[美]克莉丝汀·L.伯格曼:《大数据、小数据、无数据:网络世界的数据学术》,机械工业出版社 2017 年版。

[美]拉比尔·S.巴塞:《情境管理——全球新视角》,石晓军、刘宇、李恒金等译,机械工业出版社 2000 年版。

李昌远:《中国公文发展简史》,复旦大学出版社 2007 年版。

廖开际:《知识管理原理与应用》,清华大学出版社 2007 年版。

刘家真等:《电子文件管理——电子文件与证据保留》,科学出版社 2009 年版。

卢盛忠等:《管理心理学》,浙江教育出版社 2008 年版。

[美]罗伯特·K.默顿:《社会理论和社会结构》,译林出版社 2015 年版。

马费成、赖茂生:《信息资源管理》,高等教育出版社 2006 年版。

孟广均等:《信息资源管理导论》,科学出版社 2012 年版。

[美]E.莫洛根:《信息构架学:21 世纪的专业》,詹青龙、吴战杰、郭桂英

译,华东师范大学出版社 2008 年版。

[美]斯蒂芬·P.罗宾斯、戴维 A.德森佐、玛丽·库尔特:《管理学:原理与实践》,毛蕴诗主译,机械工业出版社 2010 年版。

覃兆刿:《双元价值观的视野:中国档案事业的传统与现代化》,中国档案出版社 2003 年版。

覃兆刿:《企业档案的价值与管理规范》,上海世界图书出版公司 2010 年版。

涂子沛:《数据之巅:大数据革命、历史、现实与未来》,中信出版社 2014 年版。

[美]托马斯·H.达文波特、劳伦斯·普鲁萨克:《营运知识:工商企业的知识管理》,王者译,江西教育出版社 1999 年版。

[美]托马斯·达文波特著:《数据化转型》,盛杨灿译,浙江人民出版社 2018 年版。

王超逸:《软实力与文化力管理》,中国经济出版社 2009 年版。

王芳:《数字档案馆学》,中国人民大学出版社 2010 年版。

王关义等:《现代企业管理》(第二版),清华大学出版社 2007 年版。

王健:《电子时代:机构核心信息资源管理:OA 环境中的文件、档案一体化管理战略》,中国档案出版社 2003 年版。

王健:《文书学》(第三版),中国人民大学出版社 2015 年版。

王晶晶等:《组织行为学》,机械工业出版社 2009 年版。

王伟军、甘春梅:《知识管理与知识服务研究:Web2.0 信息资源管理》,科学出版社 2011 年版。

王英、蔡盈芳、黄磊:《电子文件管理》,清华大学出版社 2016 年版。

王英玮:《档案文化论》,中国人民大学出版社 1998 年版。

王忠军:《情报学进展 2010—2011 年度评论》(第 9 卷),国防工业出版社 2012 年版。

王众托:《知识管理》,科学出版社 2009 年版。

吴宝康等:《中国大百科全书档案学分册》,中国大百科全书出版社 1993 年版。

吴大进等：《协同学原理和应用》，华中理工大学出版社 1990 年版。

［美］T.R.谢伦伯格：《现代档案——原则与技术》，黄坤坊等译，档案出版社 1983 年版。

徐拥军：《企业档案知识管理模式——基于双向视角的研究》，中国档案出版社 2009 年版。

涂子沛：《大数据》，广西师范大学出版社 2013 年版。

杨祥银：《美国现代口述史学研究》，中国社会科学出版社 2016 年版。

［日］野中郁次郎、绀野登：《知识经营的魅力：知识管理与当今时代》，赵群译，中信出版社 2012 年版。

易凌峰、朱景琪：《知识管理》，复旦大学出版社 2008 年版。

张斌：《新经济时代的企业档案管理》，中国档案出版社 2007 年版。

张斌：《档案价值论》，中央文献出版社 2000 年版。

周耀林、赵跃等：《面向公众需求的档案资源建设与服务研究》，武汉大学出版社 2017 年版。

2. 英文

Gareth Morgan, *Images of Organization*, Beverly Hills：Sage Publications, 1986.

Nonaka I and Takeuchi H, *The Knowledge-creating Company：How Japanese Companies Create the Dynamics of Innovation*, New York：Oxford University Press, 1995.

二、论文、期刊

1. 中文

安小米、焦红艳译：《文件管理国际标准 ISO15489》，《城建档案》2002 年第 3 期。

白华：《大众分类本体与知识组织系统融合研究》，《图书馆学研究》2016 年第 10 期。

卞咸杰：《论电子邮件归档中的"法规遵从"原则》，《浙江档案》2012 年第 8 期。

曹兴、刘芳、邬陈锋：《知识共享理论的研究述评》，《软科学》2010 年第 9 期。

费孝通:《反思·对话·文化自觉》,《北京大学学报》1997 年第 3 期。

郭宇等:《新媒体环境下企业知识共享模式研究——基于信息生态位视角》,《图书情报工作》2016 年第 15 期。

国家档案局经科司综合调研组:《国家电网公司档案工作调研》,《中国档案》2017 年第 1 期。

韩季红:《中国核电企业文档分类研究》,中国人民大学博士学位论文,2010 年。

韩延明:《理念、教育理念及大学理念探析》,《教育研究》2003 年第 9 期。

胡安安、徐瑛、凌鸿:《组织内知识共享信任机制的发展路径和改善方法研究》,《现代情报》2007 年第 8 期。

胡小明:《让数据应用回归冷静(一)》,《信息化建设》2017 年第 11 期。

黄小萍:《历史主义的胜利——从文件生命周期理论到文件连续体理论》,《档案与建设》2007 年第 5 期。

惠赟:《组织隐性知识共享的管理机制研究》,大连理工大学博士学位论文,2011 年。

蒋晴波、徐森:《知识共享主要影响因素研究的文献综述》,《经营与管理》2017 年第 12 期。

李硕:《关于知识经济时代企业档案工作的思考》,《兰台世界》2011 年第 5 期。

李晓丽:《文件连续体理论探析》,《山东档案》2008 年第 6 期。

李晓萌、任越:《大数据背景下企业档案信息资源共建共享机制》,《兰台世界》2016 年第 12 期。

李艳:《文化自觉的三重释义》,《东北师大学报(哲学社会科学版)》2012 年第 4 期。

李颖:《档案记忆观视野下的企业档案管理探析》,《档案学通讯》2013 年第 1 期。

李兆明:《职能简易分类的实践与再认识》,《北京档案》2008 年第 5 期。

刘玉照、刘建准、岳修志:《内容管理技术及其在图书馆中的应用研究》,《情报理论与实践》2006 年第 6 期。

吕璐、张朝、冯佩茹：《国外企业知识管理研究综述》，《知识经济》2018 年第 13 期。

马林青：《基于职能的文件分类体系》，中国人民大学博士学位论文，2011 年。

欧文斯：《档案馆：记忆的中心和传承者》，李音译，《中国档案》2011 年第 4 期。

彭明彧：《知识管理背景下档案工作的定位思考》，《湖北档案》2004 年第 Z1 期。

任越：《从观念到理论——档案双元价值论的演变轨迹研究》，《档案学研究》2012 年第 1 期。

宋萍萍：《集团企业档案共享服务平台建设探析》，《中国档案》2017 年第 5 期。

宋绍成、毕强、杨达：《信息可视化的基本过程与主要研究领域》，《情报科学》2004 年第 1 期。

孙芳芳：《"从文件生命周期"到"文件连续体"的演变及其思考》，《档案学通讯》2010 年第 4 期。

孙军：《参与知识管理——企业档案管理的发展趋势》，《档案与建设》2003 年第 6 期。

孙萍：《论企业问责制与内部控制制度的有效实施》，《现代商贸工业》2010 年第 13 期。

［加］特里·库克：《记录现代社会与档案鉴定》，李音译，《档案学研究》2012 年第 4 期。

［加］特里·库克：《电子文件与纸质文件观念：后保管及后现代主义社会里信息与档案管理中面临的一场革命》，刘越男译，《山西档案》1997 年第 2 期。

田晨、毕小青：《知识视角下的企业文档管理》，《档案学通讯》2001 年第 1 期。

田鹏：《Web2.0 环境下组织知识共享机制研究》，华中师范大学博士学位论文，2011 年。

田野:《法规遵从,证明你自己》,《中国计算机用户》2005 年第 23 期。

王建军、吴海民:《"蓝海战略"的经济学解释》,《中国工业经济》2007 年第 5 期。

王巍:《知识管理视角下构建现代企业档案管理新模式》,《现代企业》2018 年第 2 期。

王伟军、官思发、李亚芳:《知识共享研究热点与前沿的可视化分析》,《图书情报知识》2012 年第 1 期。

吴欣:《基于知识共享的企业集团有效运行研究》,中国人民大学博士学位论文,2007 年。

谢康、吴清津、肖静华:《企业知识分享——学习曲线与国家知识优势》,《管理科学学报》2002 年第 2 期。

许婷、陈礼标、程书萍:《蓝海战略的价值创新内涵及案例分析》,《科学学与科学技术管理》2007 年第 7 期。

薛洁、周智力:《大数据时代航天企业"档案+"管理模式新探》,《航天工业管理》2017 年第 6 期。

严永官:《论"事由原则"在档案整理中的作用——档案整理原则辨析之二》,《档案》2016 年第 10 期。

杨百寅、单许昌:《活性知识——中国企业崛起的激活剂》,《清华管理评论》2017 年第 Z1 期。

杨吕乐、张敏、张艳:《国内外知识共享研究的系统综述:基础理论、知识体系与未来展望》,《图书馆学研究》2018 年第 8 期。

于国波:《基于知识共享的企业技术创新能力提升机理及路径研究》,武汉理工大学博士学位论文,2007 年。

袁婕:《大数据时代的商机》,《现代商业》2012 年第 12 期。

张会超:《档案内容管理引论》,《山西档案》2007 年第 1 期。

张世林:《企业档案资产和所有权分析》,《档案学通讯》2011 年第 2 期。

张正强:《论国家标准〈文件元数据原则〉的制定及其原则、标准化性质和意义》,《北京档案》2011 年第 11 期。

赵思渊:《地方历史文献的数字化、数据化与文本挖掘:以〈中国地方历史文献数据库〉为例》,《清史研究》2016 年第 4 期。

周峰:《国家电网公司档案工作"微"平台生奇效》,《中国档案》2018 年第 5 期。

2. 英文

Avolio B J, "Promoting More Integrative Strategies for Leadership Theory-building", *American Psychologist*, Vol.62, No.1(2007).

Arthur George Tansley, "1947, The Early History of Modern Plant Ecology in Britain", *Journal of Ecology*, No.35(2000).

Anand V, Manz C C, Glick W H, "An Organizational Memory Approach to Information Management", *The Academy of Management Review*, No.4(1998).

Barney J Fim, "Resources and Sustained Competitive Advantage", *Journal of Management*, No.17(1991).

Kingston J, Macintosh A, "Knowledge Management Through Multi-perspective modeling: Representing and Distributing Organizational Memory", *Knowledge-based System*, No.13(2000).

L Cheraskin, "Business on Ahandshake", *Negotiation Journal*, No.8 (1992).

Mayer, R C, Davis, J H and Schoorman, F D, "An Integrative Model of Organizational Trust: Past, Present and Future", *Academy of Management Review*, No.2 (1995).

Moorman C, Miner A S, "The Impact of Organizational Memory on New Product Performance and Creativity", *Journal of Marking Research*, No.34(1997).

Richard Lytle and David Bearman, "The Power of Principle of Provenance", *Archivaria*, No.21 (1985–1986).

Stein E W, "Organization Memory: Review of Concepts and Recommendations for Management", *International Journal of Information Management*, No.15(1995).

Walsh J P, Ungson G P, "Organization Memory", *Academy of Management Review*, No.16(1991).

后　记

　　深秋又至,曾经最不喜欢的季节,便是秋季,多少年来,即便秋风送爽、丹桂飘香、硕果累累……都改变不了我记忆中秋季"枯黄落叶"的刻板印象。直到那个深秋的某一天,远山层林尽染的景色似乎是在瞬间让我发现了一个缤纷绚美的秋天,原来秋天是如此美丽。大概从那一刻起,我开始喜欢上了这独特的秋季。文件与档案管理,也曾被我有过因枯黄单调而致的嫌弃;幸好,我未曾放弃,当真正"走近并走进"它的时候,才发现原来我已置身于如此色彩缤纷而又独具韵味的风景之中;而数据时代的到来,正在将文件与档案变得更加"丰富多彩",它正在为文件与档案管理活动调和着更加灵动的色彩。

　　数据时代给文件与档案管理活动带来了巨大的机遇和严峻的挑战,文件档案工作者与研究者任重而道远,他们将在利用机遇和迎接挑战中更加生动地阐释文件档案以及文件档案管理活动的价值。企业档案工作是我国档案事业的重要组成部分,数据时代的企业文件档案管理既需要有对传统企业文件档案管理理论与实践的传承,更需要有结合时代特点的创新。置身于数据浪潮中的企业,较之以往任何时代,正在产生着更多的数据,同时其管理和决策的过程也更加依赖数据。然而,数据不是拿来即可用的,企业需要具备将数据转换为业务、决策、竞争力的能力,才能真正实现以数据支持决策,以数据驱动创新。数据、信息、知识、智慧之间剪不断理还乱的关系在数据时代的企业中呈现形式更具复杂多样性。企业文件是企业及其成员为履行职责、处理事务而制作形成的信息记录,是企业及其成员记录、固化、传递和存储信息的工具;企业档案则是指具有保存价值的企业文件。企业文件伴随企业活动而生,是事务处理的工具,是活动过程的记录;有价值的企业文件归档保存形成企业档案。企业文件与档案因其产生和形成过程而蕴含了"事务处理"和"活动过程"中不同表现形式以及不同形态的数据、信息、知识,文件与档案也凝聚了独特的信息价值、工具价值、凭证价值。数据时代,企业文件与档案仍将是企业中最具价值的基础性资源;企业对激活并释放蕴含于文件档案中的价值和能量的诉求更加迫切,而由于老问题未解决、新情况不断出现,因此数据时代对企业文件与档案管理的探索研究过程变得更具挑战性和吸引力。

本书以"面向知识共享"为研究的切入点,知识共享既是一种理念,也是一种行动;既是知识存在的具体方式,又是知识流动的动态体现;它真正架起了知识和生产力的桥梁。企业文件与档案既是知识共享的重要组成内容,也是知识共享顺利实现的工具。"面向知识共享",以动态的共享活动为过程,以平和的共享状态为目标,是数据时代企业文件与档案价值激活与能量释放的最直接、最有力的体现。本书写作力争做到理论与实践、应然与实然、管理与技术、宏观与微观、吸纳与创新的有机融合。希望通过对知识共享和企业文件与档案管理的契合研究探索数据时代企业文件与档案价值释放的活水之源;通过科学理念的阐释与框架的构建为数据时代企业文件与档案管理活动提供规律性、原则性指导;通过实现路径与关键策略的研究为企业提供具有可操作性的应用;通过典型案例的分析为书中部分内容提供一个有感性体验的场景。

数据时代企业文件与档案管理是一个充满诱惑与挑战的研究领域,在本书的写作过程中,既有过茅塞顿开的激动和柳暗花明的喜悦,也有过迷茫和质疑的彷徨,终究在挡不住的好奇和诱惑中摸索完成此书。由于自身水平所限,书中难免存在诸多不足与疏漏,感谢读者的理解与宽容,恳请读者批评指正,也愿不负您为之游走的时光!

最后,也是最重要的,由衷感谢河北大学管理学院给予大力支持的各位领导和同事,感谢学习工作中给予默默关爱的诸位师长,感谢学术交流中给予启迪的业界同人,感谢一路陪伴的家人,感谢为此书顺利出版辛勤付出的人民出版社。

李颖

2018 年 10 月 30 日

责任编辑：姜　玮
封面设计：徐　晖

图书在版编目(CIP)数据

数据时代面向知识共享的企业文件与档案管理研究/李颖 著. —北京：
　人民出版社,2019.5
ISBN 978－7－01－020600－4

Ⅰ.①数…　Ⅱ.①李…　Ⅲ.①企业-文件-档案管理-研究　Ⅳ.①F272.9

中国版本图书馆 CIP 数据核字(2019)第 055073 号

数据时代面向知识共享的企业文件与档案管理研究

SHUJU SHIDAI MIANXIANG ZHISHI GONGXIANG DE QIYE WENJIAN YU DANGAN GUANLI YANJIU

李　颖　著

人民出版社 出版发行
(100706　北京市东城区隆福寺街 99 号)

天津文林印务有限公司印刷　新华书店经销

2019 年 5 月第 1 版　2019 年 5 月北京第 1 次印刷
开本:710 毫米×1000 毫米 1/16　印张:13.5
字数:218 千字

ISBN 978－7－01－020600－4　定价:50.00 元

邮购地址 100706　北京市东城区隆福寺街 99 号
人民东方图书销售中心　电话 (010)65250042　65289539